高质量发展视域下黄河流域城市群工业可持续性评价

李 巍 成润禾 程金香 著

科学出版社

北 京

内 容 简 介

本书从推动黄河流域城市群生态环境保护和工业高质量发展的角度，阐明了开展黄河流域城市群工业可持续性评价的重要意义，通过分析工业可持续性与质量变革及其与效率变革之间的相互关系，重点构建了基于工业生态效率和工业增长质量的城市群工业可持续性效率-质量双螺旋评价概念模型，并建立了城市群工业可持续性评价技术框架。重点选择呼包鄂榆城市群、关中平原城市群及中原城市群进行案例应用，开展了包括城市群工业系统诊断、工业生态效率评价、工业增长质量评价、工业可持续性多情景预测评估四项研究内容，为有针对性地提出工业发展可持续性改善对策措施提供科学决策支持。

本书可供黄河流域产业发展政策规划、产业环境影响评价、区域绿色发展、环境规划与管理、政策分析与评估等领域的科研和技术人员使用，也可供相关专业的研究生和本科生参考。

图书在版编目（CIP）数据

高质量发展视域下黄河流域城市群工业可持续性评价 / 李巍，成润禾，程金香著. —北京：科学出版社，2022.11
ISBN 978-7-03-071148-9

Ⅰ. ①高⋯ Ⅱ. ①李⋯ ②成⋯ ③程⋯ Ⅲ. ①黄河流域－城市群－城市工业－可持续发展－研究 Ⅳ. ①F427

中国版本图书馆 CIP 数据核字（2021）第 272596 号

责任编辑：孟莹莹 程雷星 / 责任校对：严 娜
责任印制：吴兆东 / 封面设计：无极书装

科学出版社 出版
北京东黄城根北街 16 号
邮政编码：100717
http://www.sciencep.com

北京中科印刷有限公司 印刷
科学出版社发行 各地新华书店经销

*

2022 年 11 月第 一 版　开本：720×1000　1/16
2022 年 11 月第一次印刷　印张：13 1/2　插页：6
字数：272 000

定价：99.00 元
（如有印装质量问题，我社负责调换）

前　言

　　黄河流域生态保护和高质量发展是重大国家战略。城市群已成为黄河流域推进新型工业化和社会经济高质量发展的重要载体,也是流域经济和工业发展格局中的战略支撑点和核心增长极。目前该流域已形成的七个城市群以流域33.6%的面积承载了流域60%以上的人口,贡献了区域70%的GDP。凭借黄河流域各城市群鲜明的要素分布特点,在空间上正逐渐形成以城市群为地理单元的工业集聚和发展特征。当前,我国经济发展已经由追求高速增长和数量扩张,转向推进高质量发展和提高效率的新发展阶段。城市群可持续的工业发展是实现城市群高质量发展的重要驱动。然而,黄河流域城市群工业发展质量和生态环境保护的现状距离实现黄河流域高质量发展的目标仍有很大的差距和改善空间。工业发展导致的城市群环境污染和资源能源消耗问题也愈发严重,呈现出对资源禀赋依赖严重、产业结构失衡、环境污染严重等诸多突出问题。在黄河流域生态保护和高质量发展被列为重大国家战略的背景下,改善黄河流域城市群工业可持续性状态是破解工业发展与资源环境矛盾、实现城市群高质量发展的关键所在和必然途径。

　　基于上述背景,本书梳理了黄河流域城市群工业发展现状特征和高质量发展面临的主要挑战,剖析了高质量发展视域下工业可持续性理论内涵和重要意义,分析了工业可持续性与质量变革及效率变革之间的相互作用机制,构建了基于工业生态效率和工业增长质量的城市群工业可持续性效率-质量双螺旋评价概念模型,并建立了"工业系统诊断-可持续性状态评价-影响因素识别-多情景预测评估"的城市群工业可持续性评价技术框架。在此基础上,本书选择了位于黄河流域中上游的呼包鄂榆城市群、中游的关中平原城市群及中下游的中原城市群三个以能源和重工业为主导产业的城市群开展工业可持续性评价的应用研究。重点从城市群工业系统诊断、工业生态效率评价、工业增长质量评价、工业可持续性多情景预测评估四项研究内容入手,分析不同层面城市群工业可持续性的时空演化,探索城市群之间和城市群内部的工业可持续性水平的时空差异与变化趋势,剖析影响城市群工业可持续性变化的主要因素,基于影响因素开展多情景预测分析,并对三大城市群的工业发展提出了相应的对策建议,为城市群高质量发展和环境保护提供科学决策支持。

　　本书是国家自然科学基金重大专项项目"黄河流域城市群与产业高质量发展的协同推进路径与模式"(项目批准号：72050001)子课题"黄河流域城市群、产业发展与生态环境的交互作用机理"的研究成果之一,该子课题于 2021 年 1 月批准立项。该子课题负责人为本书第一作者李巍教授(北京师范大学环境学院二级教授)。参与书稿撰写的作者还有：成润禾(交通运输部规划研究院环境资源所博士后)、程金香(交通运输部规划研究院环境资源所副所长,高级工程师)。此外,北京师范大学环境学院硕士研究生刘伟、康哲等参与了第 2 章和第 4 章部分数据的收集和整理工作；北京师范大学环境学院研究助理乐荣武参与了第 2 章部分内容的梳理和书稿统稿过程中的文字校对、文献整理等工作；北京航空航天大学博士研究生李志兵参与了部分章节的数据处理工作。

本书对黄河流域城市群工业可持续性评价的理论、方法和对策进行了系统的分析探讨。希望本书能为关注黄河流域发展规划、黄河流域产业发展政策规划、工业发展规划与管理、区域绿色发展、黄河流域可持续发展等专业或领域的学者、行政管理者和社会各界人士提供新的观察视角和新的知识体验。作为一本系统研究黄河流域城市群工业可持续性的学术专著,本书的特色和学术贡献主要有以下几方面：一是立足城市群高质量发展视角与要求,将工业生态效率和工业增长质量同时纳入城市群工业可持续性评价体系,并据此构建了城市群工业可持续性评价的效率-质量双螺旋评价概念模型,丰富和发展了当前工业可持续性评价的理论体系。二是针对当前工业可持续性评价多以状态评价为主的问题,建立了工业系统诊断-可持续性状态评价-影响因素识别-多情景预测评估的系统化、完整的城市群工业可持续性全过程评价技术框架及其相应的技术体系,这是对当前城市群工业可持续性评价技术体系的有益完善和系统发展,有效地提高了工业可持续性评价预测结果的准确性和对策建议的针对性,是对传统工业可持续性评价结果对决策支撑不足的有效改善。三是以黄河流域城市群为例开展工业可持续性评价,对城市群高质量发展背景下资源禀赋依赖严重的重工业城市群,准确把握城市群内不同空间尺度下工业发展的经济社会目标与资源环境目标间的权衡关系,进而制定和实施针对城市群工业发展可持续性改善提升行之有效的政策措施,对完善产业结构、改善生态环境有一定的现实意义。

本书引用了许多同行的研究成果,作者向他们致以崇高的敬意和衷心的感谢!由于作者水平有限,书中疏漏之处在所难免,敬请广大读者批评指正。

作 者
2022 年 4 月

目 录

前言
第1章 黄河流域城市群高质量发展与工业可持续性总论 ⋯⋯⋯⋯⋯⋯⋯⋯⋯⋯ 1
  1.1 黄河流域城市群工业可持续性评价的重要意义 ⋯⋯⋯⋯⋯⋯⋯⋯⋯⋯⋯ 1
  1.2 高质量发展视域下工业可持续性的内涵 ⋯⋯⋯⋯⋯⋯⋯⋯⋯⋯⋯⋯⋯⋯ 4
    1.2.1 城市群工业高质量发展的内涵 ⋯⋯⋯⋯⋯⋯⋯⋯⋯⋯⋯⋯⋯⋯⋯⋯ 4
    1.2.2 城市群工业可持续性的内涵 ⋯⋯⋯⋯⋯⋯⋯⋯⋯⋯⋯⋯⋯⋯⋯⋯⋯ 4
    1.2.3 高质量发展视域下城市群工业可持续性的内涵 ⋯⋯⋯⋯⋯⋯⋯⋯⋯ 5
  1.3 城市群高质量发展与工业可持续性的理论关系 ⋯⋯⋯⋯⋯⋯⋯⋯⋯⋯⋯ 6
    1.3.1 交互关系剖析 ⋯⋯⋯⋯⋯⋯⋯⋯⋯⋯⋯⋯⋯⋯⋯⋯⋯⋯⋯⋯⋯⋯ 6
    1.3.2 工业可持续性与效率变革的关系 ⋯⋯⋯⋯⋯⋯⋯⋯⋯⋯⋯⋯⋯⋯⋯ 9
    1.3.3 工业可持续性与质量变革的关系 ⋯⋯⋯⋯⋯⋯⋯⋯⋯⋯⋯⋯⋯⋯⋯ 10
  1.4 工业可持续性评价相关理论及研究进展 ⋯⋯⋯⋯⋯⋯⋯⋯⋯⋯⋯⋯⋯⋯ 11
    1.4.1 工业可持续性评价基础理论 ⋯⋯⋯⋯⋯⋯⋯⋯⋯⋯⋯⋯⋯⋯⋯⋯⋯ 11
    1.4.2 研究视角与重点内容 ⋯⋯⋯⋯⋯⋯⋯⋯⋯⋯⋯⋯⋯⋯⋯⋯⋯⋯⋯ 14
    1.4.3 评价框架与技术方法 ⋯⋯⋯⋯⋯⋯⋯⋯⋯⋯⋯⋯⋯⋯⋯⋯⋯⋯⋯ 18
    1.4.4 评价现状与存在的问题 ⋯⋯⋯⋯⋯⋯⋯⋯⋯⋯⋯⋯⋯⋯⋯⋯⋯⋯ 21
第2章 黄河流域城市群与工业发展总体概况 ⋯⋯⋯⋯⋯⋯⋯⋯⋯⋯⋯⋯⋯⋯ 24
  2.1 黄河流域城市群的发展现状和挑战 ⋯⋯⋯⋯⋯⋯⋯⋯⋯⋯⋯⋯⋯⋯⋯⋯ 24
    2.1.1 黄河流域城市群战略定位 ⋯⋯⋯⋯⋯⋯⋯⋯⋯⋯⋯⋯⋯⋯⋯⋯⋯⋯ 24
    2.1.2 黄河流域城市群发展现状 ⋯⋯⋯⋯⋯⋯⋯⋯⋯⋯⋯⋯⋯⋯⋯⋯⋯⋯ 28
    2.1.3 黄河流域城市群高质量发展面临的挑战 ⋯⋯⋯⋯⋯⋯⋯⋯⋯⋯⋯⋯ 29
  2.2 黄河流域三大城市群工业发展概况 ⋯⋯⋯⋯⋯⋯⋯⋯⋯⋯⋯⋯⋯⋯⋯⋯ 31
    2.2.1 三大城市群工业发展定位 ⋯⋯⋯⋯⋯⋯⋯⋯⋯⋯⋯⋯⋯⋯⋯⋯⋯⋯ 32
    2.2.2 三大城市群工业发展总体趋势 ⋯⋯⋯⋯⋯⋯⋯⋯⋯⋯⋯⋯⋯⋯⋯⋯ 33
    2.2.3 城市群工业结构变化特征 ⋯⋯⋯⋯⋯⋯⋯⋯⋯⋯⋯⋯⋯⋯⋯⋯⋯⋯ 38
第3章 城市群工业可持续性评价概念模型与技术框架 ⋯⋯⋯⋯⋯⋯⋯⋯⋯⋯ 47
  3.1 城市群工业可持续性系统分析 ⋯⋯⋯⋯⋯⋯⋯⋯⋯⋯⋯⋯⋯⋯⋯⋯⋯⋯ 47
    3.1.1 工业环境可持续性的耦合机制 ⋯⋯⋯⋯⋯⋯⋯⋯⋯⋯⋯⋯⋯⋯⋯⋯ 47
    3.1.2 工业环境可持续性的系统层次 ⋯⋯⋯⋯⋯⋯⋯⋯⋯⋯⋯⋯⋯⋯⋯⋯ 50

3.2 工业可持续性评价效率-质量双螺旋概念模型 ·········· 51
3.2.1 效率-质量双螺旋概念模型评价的理论基础 ·········· 51
3.2.2 效率-质量双螺旋概念模型评价的结构与要素 ·········· 52
3.2.3 效率-质量双螺旋相互作用机制 ·········· 54
3.2.4 工业可持续性主要驱动机制 ·········· 55
3.3 城市群工业可持续性评价重点内容与技术框架 ·········· 59
3.3.1 工业可持续性评价重点 ·········· 60
3.3.2 工业可持续性评价技术方法 ·········· 60
3.3.3 工业可持续性评价技术程序 ·········· 72
3.4 城市群工业可持续性评价指标体系构建 ·········· 76
3.4.1 工业可持续性评价指标 ·········· 76
3.4.2 工业生态效率评价指标筛选 ·········· 78
3.4.3 工业增长质量指标筛选 ·········· 82
3.4.4 工业增长质量指标合理性验证 ·········· 89

第 4 章 黄河流域三大城市群工业系统综合诊断 ·········· 94
4.1 三大城市群工业发展诊断 ·········· 94
4.1.1 工业比较优势分析 ·········· 94
4.1.2 工业发展问题分析 ·········· 97
4.1.3 资源环境问题分析 ·········· 98
4.2 三大城市群工业绿色全要素生产率诊断 ·········· 103
4.2.1 工业绿色全要素生产率的动态变化趋势 ·········· 103
4.2.2 工业绿色全要素生产率的分解分析 ·········· 105

第 5 章 黄河流域三大城市群工业生态效率评价 ·········· 114
5.1 工业生态效率时间特征分析 ·········· 114
5.1.1 城市群层面的工业生态效率时序变化与比较 ·········· 114
5.1.2 城市层面的工业生态效率时序变化与比较 ·········· 116
5.2 工业生态效率空间分异特征分析 ·········· 118
5.2.1 工业生态效率的空间差异性演化特征 ·········· 120
5.2.2 工业生态效率的空间分布格局特征 ·········· 121
5.3 工业生态效率影响因素分析 ·········· 125
5.3.1 变量选取 ·········· 125
5.3.2 模型构建 ·········· 130
5.3.3 回归结果分析 ·········· 134

第 6 章 黄河流域三大城市群工业增长质量评价 ·········· 141
6.1 工业增长质量时空演变分析 ·········· 141

  6.1.1 工业增长质量时间变化特征 ·· 142
  6.1.2 工业增长质量空间演化特征 ·· 149
 6.2 工业增长质量差异性分析 ·· 155
  6.2.1 城市群内部工业增长质量差异性分析 ······································· 155
  6.2.2 研究区整体工业增长质量差异性分析 ······································· 157
 6.3 工业增长质量影响因素分析 ··· 159

第7章 黄河流域三大城市群工业可持续性预测评估 ············ 166
 7.1 工业可持续性影响因素分析 ··· 166
  7.1.1 工业可持续性主要影响因素分析 ·· 166
  7.1.2 工业可持续性情景设计因子的选择 ··· 167
 7.2 工业发展情景设计 ·· 169
  7.2.1 基准情景 ·· 170
  7.2.2 工业结构优化情景 ·· 170
  7.2.3 技术创新情景 ··· 171
  7.2.4 环境治理情景 ··· 171
  7.2.5 组合情景 ·· 171
 7.3 模型验证及目标判定 ·· 172
  7.3.1 模型验证 ·· 172
  7.3.2 目标判定 ·· 173
 7.4 工业发展多情景预测评估 ·· 174
  7.4.1 基准情景下工业可持续性影响预测分析 ··································· 179
  7.4.2 工业结构优化情景下工业可持续性影响预测分析 ······················· 180
  7.4.3 技术创新情景下工业可持续性影响预测分析 ····························· 181
  7.4.4 环境治理情景下工业可持续性影响预测分析 ····························· 181
  7.4.5 组合情景下工业可持续性影响预测分析 ··································· 182

第8章 黄河流域三大城市群工业可持续性提升对策建议 ············ 184
 8.1 三大城市群工业可持续性改善总体发展路径 ··································· 184
 8.2 三大城市群分阶段工业可持续性改善对策 ······································· 187
  8.2.1 呼包鄂榆城市群分阶段工业可持续性改善对策 ·························· 188
  8.2.2 关中平原城市群分阶段工业可持续性改善对策 ·························· 188
  8.2.3 中原城市群分阶段工业可持续性改善对策 ································ 189

参考文献 ·· 190
附录A 黄河流域三大城市群各城市工业结构概览 ·································· 202
附录B 黄河流域三大城市群全局空间自相关性回归结果 ························ 205
彩图

第1章　黄河流域城市群高质量发展与工业可持续性总论

黄河流域生态保护和高质量发展是重大国家战略。2019年9月，中共中央总书记、国家主席、中央军委主席习近平在郑州主持召开黄河流域生态保护和高质量发展座谈会，会上强调，"黄河流域生态保护和高质量发展"是重大国家战略[①]，重点阐释了流域保护与发展的关系，以及未来的重大战略任务，强调要"更加注重"保护和治理的系统性、整体性、协同性。2021年10月，习近平在深入推动黄河流域生态保护和高质量发展座谈会上指出，沿黄河省区要落实好黄河流域生态保护和高质量发展战略部署，坚定不移走生态优先、绿色发展的现代化道路[②]。这是深度推进我国生态文明建设的重大战略考量，是实现南北交融、东西互补的区域协调发展战略的最新部署。城市群已逐渐成为黄河流域经济社会发展的重要支撑点和增长极，但与此同时，工业发展对资源禀赋依赖严重、产业结构失衡等诸多突出问题逐渐显现，工业发展导致的城市群环境污染和资源能源消耗问题也愈发严重。2021年10月发布的《黄河流域生态保护和高质量发展规划纲要》中将"以城市群为主的动力系统更加强劲"作为黄河流域高质量发展的重要目标之一，提出了包括高质量高标准建设沿黄城市群，加大工业污染协同治理力度，提升科技创新支撑能力，建设全国重要能源基地，加快战略性新兴产业和先进制造业发展等城市群和工业高质量发展的重要目标。改善黄河流域城市群工业可持续性状态是破解工业发展与资源环境矛盾，实现城市群高质量发展的关键。

1.1 黄河流域城市群工业可持续性评价的重要意义

当前，我国经济发展的空间结构正在发生深刻的变化，城市群正在成为承载发展要素的主要载体（习近平，2019）。作为我国重要的流域之一，黄河流域经过近几十年的建设和发展，规划和形成了中原、山东半岛、关中平原、兰西、宁夏沿黄、呼包鄂榆和晋中等七个城市群，以占黄河流域33.6%的面积贡献了区域70%

[①] 习近平：在黄河流域生态保护和高质量发展座谈会上的讲话. http://www.xinhuanet.com/politics/leaders/2019-10/15/c_1125107042.htm.

[②] 习近平主持召开深入推动黄河流域生态保护和高质量发展座谈会并发表重要讲话. http://www.gov.cn/xinwen/2021-10/22/content_5644331.htm.

的 GDP，并且养育了流域 60%以上的人口（方创琳，2020）。城市群已成为黄河流域推进新型工业化和社会经济高质量发展的重要载体（Zhang et al.，2020；Fang and Yu，2017），也是流域经济和工业发展格局中的战略支撑点和核心增长极（马海涛和徐楦钫，2020）。

2020 年，中央财经委员会第六次会议进一步将推动沿黄地区中心城市及城市群高质量发展列为黄河流域生态保护和高质量发展要高度重视解决的突出重大问题之一（盛广耀，2020），为黄河流域城市群探索可持续发展路径提供了指导性方向（刘琳轲等，2021；夏军，2019）。2021 年，《黄河流域生态保护和高质量发展规划纲要》中进一步明确了城市群在推动流域高质量发展中的战略作用和重要意义。黄河流域城市群目前正处于进一步发展过程中，相比于京津冀、长三角、珠三角等已经成熟的城市群，尽管黄河流域城市群内尚未形成有效的发展关联，但城市群作为黄河流域经济社会发展要素的主要载体，其内部各城市之间的发展联系正在逐渐增加。以城市群为尺度是国家制订流域和产业发展规划必然趋势，城市群是黄河流域高质量发展与可持续发展的重要研究尺度。

工业是黄河流域城市群形成和发展的重要动力，在推动城市群经济发展和社会快速繁荣过程中起到重要作用（申桂萍和宋爱峰，2020；Dai et al.，2015）。凭借黄河流域各城市群鲜明的要素分布特点，在空间上也正逐渐形成以城市群为地理单元的工业集聚和发展特征。当前，我国经济发展已经由追求高速增长和数量扩张，转向推进高质量发展和追求经济增长质量、效率及效益的发展阶段（马海涛和徐楦钫，2020；任保显，2020）。城市群可持续的工业发展是城市群高质量发展的重要驱动（孙艺璇等，2021；Li H et al.，2019）。然而，该流域城市群工业发展质量和生态环境保护的现状与实现黄河流域高质量发展的目标仍有很大的差距和改善空间。

随着大量工业和能源项目的集聚，黄河流域城市群工业系统在支撑城市群经济社会发展的同时，资源型产业和重化工产业规模过高、产业结构单一等问题导致该流域城市群普遍面临着过度的资源开采和消费，严重的大气和水环境污染以及生态退化等诸多的生态环境问题（徐辉等，2020）。当前黄河流域城市群的工业发展与生态环境问题中已出现了明显的城市群集聚特征。以呼包鄂榆城市群为例，其凭借着丰富的煤炭、天然气、稀土等矿产资源，城市群内采煤、发电、冶金、煤化工等资源型产业和重化工产业发展迅速（Chen et al.，2020；陈博文等，2013），目前已发展成为我国重要的能源、化工、原材料及基础工业基地（卢硕等，2020），然而，在 2017 年，该城市群工业贡献了约 70%的能源消耗，83%的 SO_2 排放量和 80%的烟尘排放量。此外，研究表明，城市群工业项目的集聚是黄河流域城市群内大多数城市空气环境质量不达标的主要原因（Zhang et al.，2010）。因此，开展针对城市群工业发展的可持续性评价，对于破解工业发展与环境保护之间的矛盾，实现城市群经济发展目标和资源环境目标之间的权衡与协调发展，推动黄河流域城市群高质量发展具有重要意义（崔盼盼等，2020）。

此外，城市群工业系统并不是孤立存在的，与所在城市和城市群之间存在持续的物质、能量、资金和信息的相互流动和交换（Arbolino et al.，2018a），与城市群和所在城市在经济、社会、资源和环境等要素上存在复杂的交互影响和相互支撑作用。对城市群工业系统的可持续性评价不仅需要从工业生产的角度考虑工业发展与资源消耗和环境污染排放之间的配置效率水平，还需要考虑工业系统与城市群和所在城市之间的交互关系。与此同时，城市群工业发展往往具有一体化的规划和统一的环境管理目标，能够形成比单一城市更加完善的工业链条和更高程度的工业循环经济，并且能够有效避免城市中生产、生态和生活的资源与空间的竞争。但城市群内各城市的资源禀赋、产业特点、技术水平、工业发展定位和工业发展阶段均存在较大差别（贾卓等，2020），工业发展在城市群内既有相互协作，又不可避免地出现工业发展的不均衡。这种工业发展的不均衡必然带来城市之间工业可持续性的差异性。因此，从城市群尺度开展工业可持续性评价研究相比于城市尺度，对于探讨流域工业发展的差异性，提高评价的精确性，并有针对性地制定推动黄河流域城市群高质量发展对策具有重要意义。近年来，我国城市工业正处于加速向清洁和高端产业转型的阶段（Pan，2012），城市群内工业发展与资源环境之间的主要矛盾也正逐渐发生转换。在城市群高质量发展的背景下如何准确把握城市群内不同空间尺度下工业发展的经济社会目标与资源环境目标的权衡关系和综合状态，识别工业可持续性时空变化的主要驱动因素及其转换过程，进而制定和实施针对城市群工业发展可持续性改善提升行之有效的政策措施，是当前城市群工业可持续性评估面临的一个现实任务和重要课题。

因此，本书以位于黄河流域中上游的呼包鄂榆城市群、黄河流域中游的关中平原城市群和黄河流域下游的中原城市群为例，开展城市群工业可持续性评价研究。致力于厘清工业可持续性与城市群高质量发展的相互关系，在此基础上，分别从生产过程出发分析工业生态效率，从工业系统与所在城市交互关系出发分析工业增长质量，进而分析不同层面城市群工业可持续性的时空变化，以及城市群之间和城市群内部的工业可持续性水平的时空差异与变化趋势。还系统梳理了城市群工业可持续性变化的主要矛盾和关键影响因素，构建了基于工业可持续性影响因素的多情景预测分析模型，为黄河流域城市群实施有针对性的工业发展可持续性改善的对策措施，推动城市群高质量发展和环境保护提供科学决策支持。研究成果构建了城市群工业从可持性的状态、驱动和制约因素、情景预测到改善对策的评价技术体系框架，丰富和发展了城市群工业可持续性的评价内容及评价理论。

1.2 高质量发展视域下工业可持续性的内涵

1.2.1 城市群工业高质量发展的内涵

党的十九大报告作出了"我国经济已由高速增长阶段转向高质量发展阶段"的重大判断。习近平总书记将高质量发展解释为"能够很好满足人民日益增长的美好生活需要的发展，是体现新发展理念的发展，是创新成为第一动力、协调成为内生特点、绿色成为普遍形态、开放成为必由之路、共享成为根本目的的发展"[①]。对高质量发展的内涵的探究已成为学术研究的热点，田秋生（2018）认为高质量发展是一种新的发展方式和发展战略，是以质量和效益为价值取向，并高度聚合"创新、协调、绿色、开放、共享"五大发展理念的新的发展模式。马茹等（2019）在国家尺度将经济高质量发展定义为更高质量、更具效率、更加稳定、更为开放的新时代中国经济发展模式。

从城市群工业系统的高质量发展内涵上看，高质量发展既是五大发展理念的一脉相承，也是新时代下做好经济工作的根本目标和要求。工业作为推动我国经济高质量发展的核心部门，已有学者对工业高质量发展的概念内涵进行了一定的探究。易昌良（2020）从结构优化、技术创新、资源节约、环境改善、惠及民生等诸多方面定义了中国工业高质量发展的内涵；杨鹏（2020）认为区域和城市群工业的高质量发展应当立足产业、区位、创新、人才等基础条件，城市群工业高质量发展就是要实现区位融合程度更深、创新能力更强、供给条件更好、产业结构更优、经济效益更高、资源消耗更少的工业发展。尽管学者对工业高质量发展的内涵尚未形成统一的定义，但总结当前研究看，学者和研究机构普遍认为工业高质量发展是工业规模、结构、技术和管理等工业发展的核心驱动要素协同作用的结果（刘琳轲等，2021；卢硕等，2020）。因此，本书在当前研究中对城市工业高质量发展内涵剖析的基础上，将城市群工业高质量发展的内涵定义为规模效益提高、产业结构持续优化、技术创新持续升级和工业管理治理能力有效加强的工业发展模式。从实现路径上看，效率变革、质量变革和动力变革是工业高质量发展的实现途径（Chen et al., 2020；徐辉等，2020）。

1.2.2 城市群工业可持续性的内涵

可持续性概念源于世界银行在 1992 年提出的"考虑环境责任的发展"。随

[①] 2019 年，习近平这样谈高质量发展. http://www.xinhuanet.com/politics/xxjxs/2019-12/11/c_1125334606.htm.

后，环境被认为是可持续性经济、社会和环境三重底线的核心问题（Moldan et al.，2012）。

近年来，随着可续性逐渐被引入工业发展研究，已有学者尝试对工业可持续性（industrial sustainability，IS）进行定义。Plate（1993）认为工业可持续性是以可接受的价值成本获得足够数量和质量的资源，以满足工业生产需求而不造成任何环境退化。Hueting（2010）将工业可持续性定义为在子孙后代保障重要环境功能的前提下，实现人类高质量生活的工业生产模式。Nguyen 和 Ye（2015）则将工业可持续性定义为始终不突破资源和环境承载能力的工业发展状态。尽管当前关于工业可持续性的定义尚未形成共识，但多数学者和研究机构都认为工业可持续性的关键是工业发展与资源环境的耦合。

结合前人研究，本书将城市群工业可持续性定义为：通过将环境问题纳入城市群工业发展和决策，在避免工业发展对资源的不可持续性开发和对环境不可挽回的损害的前提下，最大化城市群工业的经济效益和社会效益，从而实现城市群及群内城市经济社会目标与环境保护目标高水平权衡与协同的工业发展状态。

1.2.3 高质量发展视域下城市群工业可持续性的内涵

结合前文对城市群工业高质量发展的概念内涵分析，高质量发展视域下工业可持续性是将工业高质量发展与工业可持续性在关键内涵、目标和系统结构上相融合。将工业高质量发展内涵融入城市群工业可持续性系统中，探索技术创新、结构调整、规模效益和管理治理等工业高质量发展影响因素对工业发展与资源环境耦合的驱动和制约作用。

如图 1-1 所示，高质量发展视域下城市群工业环境可持续性的关键是为解决城市群工业系统内经济社会发展与环境保护的冲突，强调环境保护基础之上的工业发展和经济社会进步（Angelakoglou and Gaidajis，2015）。其核心目标是工业发展动力从资本、土地、劳动力等生产要素投入驱动向技术进步等效率驱动转换，既要实现工业经济的进一步发展，也需要注重生态环境保护。因此，高质量发展视域下的工业可持续性也可以被看作是从生态环境保护和资源可持续利用的角度，为工业发展设定不能突破资源环境开发边界，并在此范围内，通过技术创新、结构调整、区域协调优化等方式最大化实现工业经济发展目标。

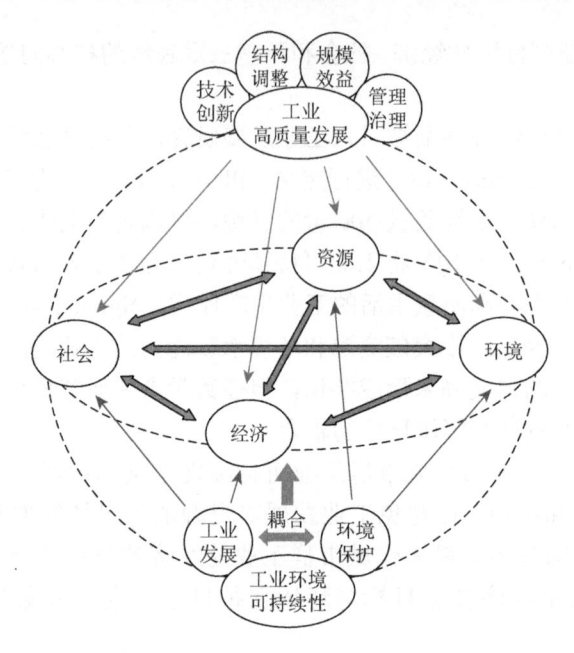

图 1-1　高质量发展视域下城市群工业环境可持续性

1.3　城市群高质量发展与工业可持续性的理论关系

1.3.1　交互关系剖析

经济高质量发展不是简单指经济总量和物质财富数量层面的增长，而是在多个维度上的全面提升，是经济总量与规模增长到一定阶段后，经济结构优化、新旧动能转换、经济社会协同发展、人民生活水平显著提高的综合结果。经济的高质量发展既是"创新、协调、绿色、开放、共享"五大发展理念的一脉相承，也是新时代下做好经济工作的根本目标和要求。本质上，城市群高质量发展是以质量和效率为导向，并融合了"五大发展理念"的发展模式（徐辉等，2020）。目前，对不同层次的经济高质量发展内涵的探究已成为学术研究的热点，国家发展改革委经济研究所课题组在国家尺度将经济高质量发展定义为高质量、高效率、高稳定，且更加开放的发展模式（任保显，2020）。城市群的高质量发展不仅涉及社会、经济、生活、环境、基础设施的高质量，还包括整个系统的高质量和系统内部的协调性（马海涛和徐楦钫，2020）。

推动效率变革、质量变革和动力变革是实现城市群工业高质量发展的关键（刘世锦，2017）。其中，效率变革是主线，其目标是以更少的资源投入和污染排放，换取更多的工业产出，提高工业生产要素的转化效率，是高质量发展在工业生产层面的目标。质量变革是主体，包括城市群国民经济各领域、各层面素质的全面提高，是在更大的范围内工业系统与城市和城市群交互支撑层面的目标（盛朝迅，2017）。质量变革既包括工业产品质量、生产方式的变革和提升，也包括工业系统与所在城市在生产技术、民生改善、社会福利、资源支撑、环境保护等方面的交互影响。相比而言，动力变革是基础，是实现质量变革、效率变革的前提条件。一方面，在城市群高质量发展背景下，工业发展动力从资本、土地、劳动力等传统生产要素为主的投入转向以创新要素为主，更多依靠技术进步、科技投入等；另一方面，动力变革也是实现效率和质量变革的工业优化发展的调整措施。因此，效率变革和质量变革是城市群高质量工业发展的核心目标，动力变革是实现这一目的的驱动机制。

图 1-2 为工业可持续性与城市群高质量发展的相互关系。城市群高质量发展的三大变革从资源环境效率、产业结构、能源结构调整、人居环境改善、社会公平、管理治理能力等多个方面为工业可持续性提出了改善目标。工业可持续性是将环境问题纳入工业发展和决策，在避免工业发展对资源的不可持续性开发和对环境不可挽回损害的前提下，最大化城市群工业发展的经济和社会效益，从而实现经济社会目标与环境保护目标高水平权衡与协同的工业发展状态（Hueting，

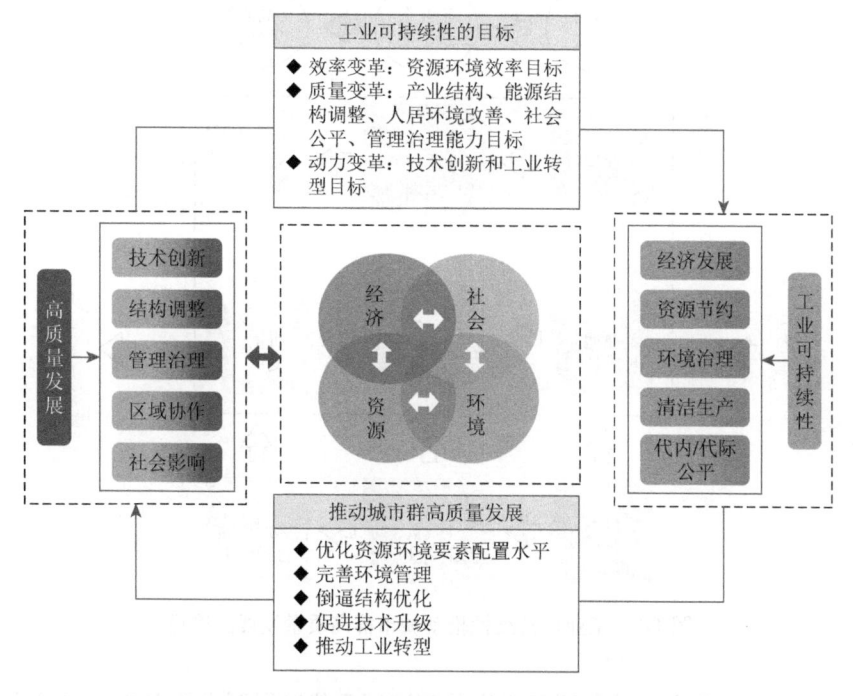

图 1-2 工业可持续性与城市群高质量发展的相互关系

2010）。工业可持续性的改善和提高必然是通过提高清洁生产能力、提高资源节约利用水平、调整产业结构等方式加快实现产业转型升级，并通过工业发展促进社会福利进步，带动社会公平（翁青青，2018），从而推动和实现城市群工业的高质量发展。由图1-2可以看出，城市群高质量发展是工业可持续性改善的必然目标。同时，工业可持续性评价也是推动黄河流域城市群高质量发展的有效途径。

通过工业可持续性推动并实现高质量发展，关键是要解决好工业可持续性与效率变革的关系，以及工业可持续性与质量变革的关系。如图1-3所示，与高质量发展的效率和质量变革相对应，工业可持续性推动城市群高质量发展的两大要素分别是：一方面，在工业系统自身生产层面，资源投入要素和期望产出（工业经济产出）、非期望产出（污染物）要素的综合配置水平，即工业生态效率（industrial ecological efficiency，IEE）；另一方面，在工业系统与城市群交互影响层面，在"经济-社会-资源-环境"等要素维度上工业对城市群的影响和城市群对工业生产支撑作用的综合水平，即工业增长质量（industrial growth quality，IGQ）。下文将分别具体对IEE和IGQ的概念进行界定，并分别就IEE对效率变革、IGQ对质量变革的作用进行分析。

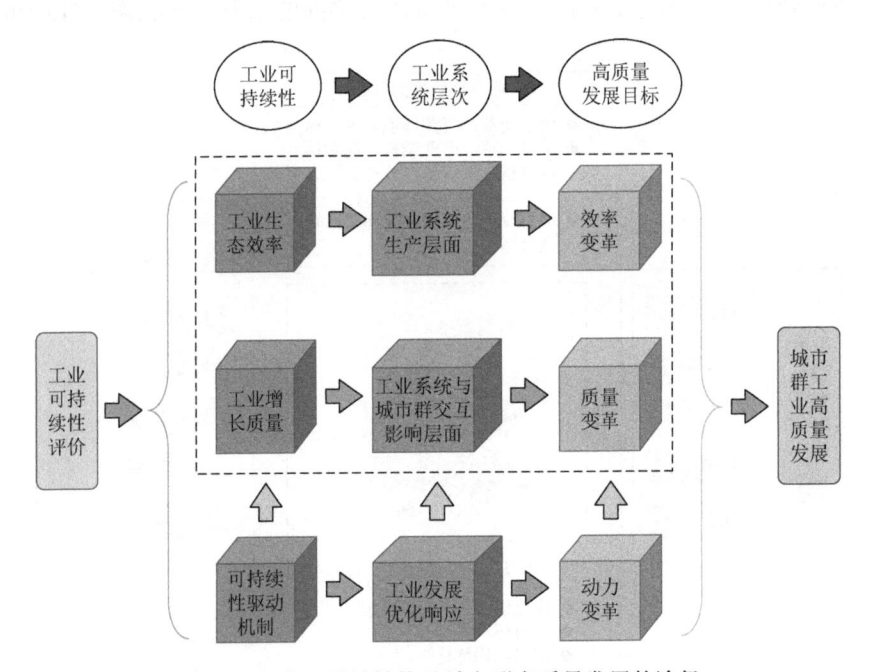

图 1-3　工业可持续性推动城市群高质量发展的途径

就黄河流域而言，城市群已成为黄河流域承载发展要素的主要空间载体，其既是黄河流域经济发展的重心区，也是黄河流域污染治理和生态保护的重要空间单元,很多生态环境问题在城市群内部出现相似性和集聚性。城市群的经济高质量发展是实现黄河流域高质量发展的关键,其核心是城市群内工业发展和资源环境的高水平协调。通过工业可持续性评价,提高 IEE 和 IGQ,能够有效缓解黄河流域工业发展与资源环境之间的矛盾。

1.3.2 工业可持续性与效率变革的关系

由前文分析可知,效率变革的关键之一是以既定的投入换取最大的产出,城市群工业发展中应当以最低的生产成本获取最大化的工业产出,其中包括减小工业生产过程中资源消耗和污染排放总量与强度,提高工业资源与环境的综合效率。城市群工业系统是多种要素复合而成的复杂系统,各种要素在其中的关系错综复杂,城市群工业效率的提高需要在一个综合的框架下统筹考虑多方面的协同作用。工业可持续性的改善则要求,既要推动工业经济进一步发展,也要注重环境保护。工业生态效率是工业可持续性的重要研究视角,目的是改善工业生产层面的可持续性,强调以尽可能小的资源消耗和污染排放,最大化工业经济产出。从这个意义上看,工业可持续性对效率变革具有有效的推动作用。

本书将 IEE 定义为,在工业生产层面从生态环境保护和资源可持续利用的角度,最大化工业产出和经济发展。其要求是在工业发展带动城市群经济进步的同时,减少对城市群的资源和能源消耗,降低环境污染,从而提高城市群的工业可持续性,促进城市群的高质量发展。

就黄河流域而言,严重污染和资源大量消耗是该流域城市群高质量发展面临的突出问题,特别是资源能源和环境效率的问题。黄河流域城市群工业结构单一,多数城市群依托本地资源优势发展能源和原材料产业。2017 年,黄河流域城市群以煤炭、石化、电力、钢铁、有色冶金、建材等为主的能源基础原材料产业在工业主营业务收入的占比在 40%以上,显著高于全国平均水平,特别是中上游省区,其能源基础原材料产业的比重基本在 60%以上(金凤君等,2020)。这样的产业结构特征,必然带来工业发展对资源和能源的大量消耗。事实上,黄河流域城市群工业能源消耗占全流域能源消耗的 70%以上,能源消耗强度也明显高于全国平均水平。以能源重化工和基础制造业为主的城市群工业发展模式同样带来了严重的环境污染,加重了该流域地区生态环境负担,同时制约了城市群的整体高质量发展。黄河流域水资源整体短缺,水资源总量仅占全国的 10.27%(盛广耀,2020),城市群高耗水产业的集聚增加了水资源的承载压力,且流域城市群工业用水强度达到 19.65m³/万元,远高于全国平均的 14.58m³/万元。相比于水资源短缺,工业用水效率不高也是限制工业高质量发展的重要因素。

显然,这些问题严重制约了工业可持续发展。因此,破解黄河流域城市群工业发展与资源环境之间的矛盾，需要统筹考虑工业的资源节约与污染减排。通过对城市群工业系统开展工业生态效率评价，推动工业要素配置效率水平的优化，促进工业可持续性改善（Valenzuela-Venegas et al.，2016），为城市群工业高质量发展提供更多空间。

1.3.3　工业可持续性与质量变革的关系

　　城市群高质量发展是立足于生态环境保护基础上的发展，城市群工业高质量发展既要注重工业系统自身的生态环境问题，还要考虑工业系统与所在城市和城市群的交互作用。质量变革强调城市群工业发展在各方面素质的全面提高，黄河流域城市群依然处于工业化和城镇化中期（邓祥征等，2021），城市群工业系统的质量变革强调工业系统的绿色发展水平和转型发展，包括工业发展过程中其与城市在经济、社会、自然环境和资源上的全面协调，并带动城镇化与城市群发展，促进城市群就业和减贫等。

　　IGQ 是工业可持续性的另一个重要研究视角，在保障工业发展的同时，为工业发展划定经济增长目标、社会发展要求、环境和资源边界（Cheng and Li，2019）、代际公平和代内公平目标等，以此促进工业发展综合水平的提升，为实现工业高质量发展提供支撑条件。具体来看，城市群工业增长质量能够通过技术进步和工业结构优化带动能源供应和消费结构变化，促进污染治理和资源利用技术的提高。同时，通过提高环境管理水平，升级污染治理设备，从源头降低污染排放和资源消耗强度，从而保护和改善城市群生态环境（刘琳轲等，2021）。与此同时，还要考虑工业对城市和城市群当地服务业的带动作用、工业对当地就业结构优化和人才集聚的带动作用（张芷若和谷国锋，2020），以及工业发展过程中平衡城市群的区域公平和收入分配公平等问题。

　　事实上，工业增长的水平、方式、侧重点和目标不同，工业与城市和城市群之间的相互影响综合水平就不相同。工业可持续性应系统考虑工业发展与城市和城市群在多要素层面上的交互支撑水平，通过对工业系统开展工业发展质量的评价，将工业技术升级、污染减排、结构调整、社会公平与城市群工业发展相关的要素集合在统一的框架内进行统筹分析和考虑，进而推动城市群工业系统的质量变革。

　　总之，在黄河流域生态保护与高质量发展战略背景下，工业可持续性评价需要充分考虑黄河流域城市群能源禀赋高、水资源短缺，城市群工业发展对资源禀赋依赖严重，同时资源对城市群经济社会发展具有重要影响的特点，在评价中既要通过 IEE 考虑工业系统自身生产过程中投入产出要素的综合配置水平，也要考虑工业发展过程中工业系统与城市群在经济、社会、环境上相互影响的综合质量。

1.4 工业可持续性评价相关理论及研究进展

1.4.1 工业可持续性评价基础理论

1. 可持续性发展理论

可持续性发展理论主要是通过考虑环境方面的要求在制定经济发展目标时要同时考虑环境质量和社会公平问题（Feleki et al.，2020）。早在 1972 年，《生长的极限》就从人口增长、农业生产、不可再生资源消耗、工业生产和污染产生等方面开始讨论人类发展的极限（王福全，2017）。1987 年，《我们共同的未来》（即《布伦特兰报告》）将可持续性定义为，既能满足我们现今的需求，同时又不损及后代子孙满足他们需求的能力。从此，可持续发展和可持续性成为人们对未来发展方向的设定目标（黄璐，2015）。1992 年，巴西里约热内卢举行的联合国环境与发展会议中提出的《里约环境与发展宣言》和《21 世纪议程》进一步将可持续发展确定为全球社会经济发展的目标（Shaaban and Scheffran，2017）。2002 年世界可持续发展峰会提出可持续发展的三大支柱——经济发展、社会进步、环境保护，即各国能够在不造成过度环境恶化的情况下实现积极的经济和社会发展，既保护后代的权利和机会，又为兼容当代人开发行为做出贡献（Hák et al.，2016）。至此，可持续性在各国工业和城市发展战略制定过程中被广泛考虑。2015 年，联合国发布了可持续发展目标（sustainable development goal，SDG），并确定了 17 项广泛目标和 169 项相互关联的目标，其中包括建设可持续性的城市和促进工业的可持续发展（Obersteiner et al.，2016）。

全球工业化和城市化进程的加快，加剧了土地、水和空气污染及生态环境的扰动，这已经引起了人们对当前经济发展模式不可持续性的担忧，因此 IS 开始成为工业发展的优先考虑事项（Tugnoli et al.，2008；Arbolino et al.，2017）。特别是对于发展中国家，其在工业全球化和全球产业分工体系中处于资源、能源输出和低端制造产品加工地位，其城市往往承接和发展了大量从发达国家转移而来的高污染、高能耗项目，工业发展和生态环境矛盾日益突出（Cheng and Li，2019；Stoycheva et al.，2018）。工业决策者和研究人员逐渐将解决城市工业对环境的不利影响视为提高城市可持续性的核心问题（Moldan et al.，2012）。

工业可持续性的特点是低投入消耗、低排放、高社会经济发展效率（熊倩，2019）。近年来，国内外围绕 IS 开展了相关研究，初步形成了一系列的相关理论和研究体系，包括工业生态学（陶阳，2010；Scordato et al.，2018）、工业共生（Shi and Li，2019；Neves et al.，2020）等。这些研究工作进一步围绕可持续性的三大支柱对工业可持续发展提出了要求,包括:在经济支柱上,通过优化物质和能源的供应与消耗,以最低成本生产商品(翟璐,2013);在环境支柱上,考虑资源的总量和消耗程度来开发资源,并减少污染排放,提高工业综合效率;在社会支柱上,提高社会福利和解决收入公平等。但也有研究者提出,IS 应该超越传统三重底线的可持续研究逻辑,认为资源作为工业的重要生产要素,应当与经济、社会、环境具有同样的优先级(Hritonenko et al.,2015),并与循环经济、全要素生产率、环境管理规制等问题相结合(海骏娇,2019),并将其纳入工业的设计、生产和价值链监管中,在平衡经济发展与自然资源的使用和环境保护之间对工业系统形成全面优化(Blum et al.,2020)。

IS 最初很大程度上被等同于工业的环境可持续性,主要针对工业生产过程中的污染排放和资源节约利用等环境问题,强调工业系统中"经济-环境"的内部冲突,而不涉及社会公正的内涵(海骏娇,2019),也不考虑工业发展过程中与所在城市的交互作用关系及相互影响。Plate(1993)认为企业层面的 IS 是以可接受的价值成本获得足够数量和质量的资源,以满足工业生产需求而不造成任何环境退化。早期 IS 研究主要是针对工业系统自身的可持续性,集中在微观企业层面上进行产品、生产流程、工艺、技术等的环境绩效评估和优化分析,多用于解决污染物排放、碳排放、能源消耗等单一要素问题(Neri et al.,2018),以及在中观行业和工业园区层面主要考虑工业系统内部设计、生产和价值链监管等方面的系统内部能源和资源利用效率评价、物质流分析等(Cagno et al.,2019)。

随着研究的深入,对 IS 的研究开始外延到城市、区域和国家尺度。研究者逐渐发现工业是无法与周边环境隔离存在的,工业发展不仅存在能源、资源的消耗和污染排放,同时工业也影响着城市和区域的基础设施建设、就业情况和居民收入等(Kravchenko et al.,2019)。工业系统的可持续性水平很大程度上决定了城市和区域的可持续发展状况(Verma and Raghubanshi,2018),IS 研究不能仅局限于工业系统本身,还需要更广泛地考虑工业发展与周边环境的相互支撑和相互作用(Arbolino et al.,2018b)。因而,IS 的研究重点也从单纯的工业污染排放和能源消耗的环境影响评价研究,开始转向综合分析工业系统对区域和城市的经济、环境、社会与资源的影响等。在当前城市、区域和国家等宏观尺度的工业可持续性研究中,往往将城市或区域内所有工业生产主体看作一个完整的工业系统整体,通过综合分析资源消耗、污染排放、经济产出、社会影响等,识别城市和工业在各要素交互的综合表现,从而解决工业发展的经济社会目标与资源环境目标的权衡与协同(Wang C et al.,2018)。与此同时,我国学者将 IS 的内涵进一步延伸,主要关注工业绿色发展、工业高质量发展等。其中,工业绿色发展是一种在不对环境和资源造成严重危害的前提下,保持一定经济增长,同时减少贫困、增加就业的工业发展模式,既与工业可持续性的经济、社会、环境三大支柱相对应,又可以为可持续性实现代内公平和代际公平提供有效路径（翁青青，2018），工业绿色发展被认为是工业可持续性水平的表征。高质量发展则被看作是工业可持续性改善的最终目标（申桂萍和宋爱峰，2020），在工业高质量发展状态下，工业可持续性能够实现工业系统各要素的合理匹配，同时工业系统与资源环境系统能够实现从低水平向高水平的耦合。

2. 区域经济理论

工业作为城市和区域的主导产业，城市和城市群的工业发展对区域经济和社会协调发展具有明显的影响和带动作用。对城市群工业环境可持续性的研究必然需要在城市群和区域背景下，以区域经济学理论为基础进行分析。相关理论包括不平衡发展理论、地域生产综合体和地域分工理论等。①不平衡发展理论认为由于资源稀缺，区域应集中有限的资源和资本，优先发展关联效应最大的产业，带动后向联系部门、前向联系部门和整个产业部门的发展，并且优先发展资源禀赋和发展条件优越的地区，从而在总体上实现经济增长。该理论强调了经济部门或产业的区域不平衡发展，突出了重点产业和重点地区，有利于提高资源配置效率。事实上，城市群内工业发展也不是均衡发展，并不是所有地区都有条件建设大量的能源和工业项目，应优先发展旅游资源禀赋高、产业优势明显的区域，可以看出不平衡发展理论对城市群工业发展的重要性。②地域生产综合体理论和地域分工理论共同形成了城市群工业系统的区域组织形态理论。其中，地域生产综合体理论强调在一个完整的地区内，根据地区的自然条件、运输和经济地理位置，有计划地安置工业行业和相关企业组织生产，从而形成区域产业集群效果，这样一种城市或区域范围内的工业经济结构就是生产综合体。

城市群工业系统的形成基于这两个理论，将每个城市作为一个完整的工业系统整体，能够有效地通过资源消耗、污染排放、经济产出、社会影响分析工业的整体可持续性水平。同时，城市群内部和城市群之间资源开发与利用同样存在地域分工的要求，尽量避免同质、同类产业大量集聚，并尽量形成区域范围内完善的上下游产业链和循环经济链。

3. 复杂系统理论

复杂系统理论是一般系统理论的升级与演化，既具有一般系统理论的基本特征，还具备复杂性、非线性等独有特点。复杂系统理论把研究对象视为一个由多个子系统构成的有机整体，各子系统之间相互关联、相互制约，共同构成一个复杂的系统网络，每一个子系统的变化既会受到其他子系统的影响，也会给新的子系统带来变化。系统科学的核心思想是系统的整体观念。任何系统都是一个有机整体，整体的性质和功能不等同于各要素性质、功能的叠加，它具有各要素在孤立状态下所没有的性质，即"整体大于部分之和"。整体性、关联性、层次性、动态性、开放性以及时序性是所有系统的共同基本特征。其中，耦合理论、耗散结构理论、伺服原理对工业环境可持续性系统的研究具有重要的作用。

1）耦合理论

耦合源于物理学的概念，是自然界中普遍存在的现象，根据耦合的层次和耦合程度的大小可将耦合划分为不同类型。"系统耦合"的概念同样源于物理学，系统耦合指的是两个或两个以上具有内在联系的子系统，在一定的条件下所形成的具有更高级别的紧密机构功能体。通过耦合系统间的物质、能量和信息的不断交换与流动，原有系统之间相互孤立、独立运作的局面被打破，新的耦合系统在结构和功能上避免了原有系统的不足，并能够实现持续稳定的发展。系统在耦合时发生结构互斥、不协调，造成系统内部要素的相互冲突与破坏的现象称为系统相悖。系统耦合需要达到三个条件：一是子系统之间具有内在联系；二是子系统之间表现出物质和能量上的异质性；三是各子系统之间要存在耦合途径。

2）耗散结构理论

耗散结构理论是复杂系统随时与外界进行物质和能源交换的过程中，其内部参量的变化可达到一定的阈值（即系统的"临界点"）。当超过这个临界点时，系统就会由混沌状态自发地转变为宏观有序状态，并逐渐形成更多稳定的有序结构，即"耗散结构"。耗散结构决定了复杂系统与外部环境以及内部各子系统之间发生变化时并不是线性的，存在着多向因果、交互影响关系，存在着多种非线性相互作用。当系统处于远离平衡态的条件下时，非线性作用放大了系统内部的随机涨落，使这个系统达到稳定有序。耗散结构理论对经济学等多个学科领域都产生了巨大的影响，也适用于城市工业环境可持续性评价研究。

3）伺服原理

伺服原理是指复杂系统的子系统与系统要素受到满足一定条件下的外界环境影响时，该系统的突变结构与状态主要受到少数几个子系统和系统要素的影响，而系统中的其他子系统和系统要素则会由这些少数子系统和系统要素所控制。

1.4.2 研究视角与重点内容

IS 评价被认为是从环境保护的角度指导城市可持续发展决策的过程（Hacking and Guthrie，2008）。IS 评价可以为工业活动提供一系列必须满足的标准（Arbolino et al.，2018b），帮助企业主接受和理解其对社会与环境的责任，并分析城市工业系统可持续性在短期和长期进一步提高的潜在可能（Kravchenko et al.，2019）。Cagno 等（2019）认为，IS 评价是一个妥善处理工业环境目标的有效手段，即通过监控和评价工业系统的可持续或不可持续的进展（常远，2019），判断工业发展的环境合理性，并告知政策制定者和公众当前的环境状况、主要问题和挑战，并提出实现可持续发展目标的优先领域（Pupphachai and Zuidema，2017；Verma and Raghubanshi，2018）。Arbolino 等（2018b）认为，IS 评价本身就是一个多学科的权衡和协同的概念，并且可通过有效的评估方式来协调"三重底线"不同支柱之间的相互关联。

当前，IS 评价已经被应用于解决工业发展与资源环境系统耦合的问题，并为城市工业决策者提供有效的决策支撑信息。在评价尺度上 IS 评价研究包括了工业发展从微观到宏观多个方面的问题。表 1-1 为 IS 相关研究文献信息统计。从表 1-1 可以看出，在微观层面，IS 评价多针对工业企业层面对生产流程、工艺技术等进行环境绩效评估和优化分析。在宏观层面，IS 评价主要针对工业园区、城市、省域、全国等不同尺度工业系统，且已经开展大量的相关研究。然而，对城市群层面，尤其是对工业发展的资源环境等具有特殊禀赋条件城市群的 IS 评价研究较少。

表 1-1 工业可持续性相关研究文献信息统计

	文献	研究内容	评价技术框架	应用实证领域	尺度
1	García-Álvarez and Moreno，2018	欧洲 28 个国家可持续性绩效分析	环境绩效评价指数（EPASI）	WIS*	国家
2	Oțoiu and Grădinaru，2018	世界 167 个国家的可持续性分析	环境状态和可持续性指数（ESSI）	WIS	国家
3	Zuo et al.，2017	2006~2011 年中国省际环境绩效评价	驱动力-压力-状态-影响-响应（DPSIR）	WIS	省域
4	Arbolino et al.，2018a	以意大利 20 个地区为例分析产业政策成效	工业可持续性指数（ISI）	WIS	城市
5	Feleki et al.，2020	希腊的塞萨洛尼基市的生态服务绩效评价，并提出可持续性优先措施清单	城市可持续性特征指数（ICARUS）	WIS	城市
6	Kılkış，2019	对欧洲东南部 120 个城市基于不同水耗和能耗的工业发展情景下的环境污染物	"水-环境-能源"体系（WEE）	WIS	城市
7	Nguyen and Ye，2015	越南在湄公河三角洲 13 个省市工业部门创造社会经济增长和促进环境提升的效率评价	可持续性三重底线（TBL）框架与全局主成分分析	WIS	城市
8	Sun et al.，2017	2000~2010 年中国 277 个城市的社会经济发展、生态基础设施建设和综合可持续性评价	"社会-经济-生态"（SEE）评价体系	WIS	城市
9	Zinatizadeh et al.，2017	伊朗克尔曼沙阿市 1996 年、2006 年和 2016 年 IS 绩效评价	全排列多边形图示指标（FPPSI）	WIS	城市
10	Cheng and Li，2019	对鄂尔多斯工业绿色转型发展替代方案的环境可持续性评价	"三线一单"与三重底线相结合（TLESE）	WIS	城市

续表

文献	研究内容	评价技术框架	应用实证	
			领域	尺度
11 Zhao et al.，2017	对中国6个生态工业园区进行工业环境综合效益评价，并排序	可持续性三重底线(TBL)与多准则决策结合	WIS	工业园区
12 Piyathanavong et al.，2019	287家泰国制造企业在绿色制造、清洁生产、绿色精益、绿色供应链管理、逆向物流和循环经济方面的环境挑战	描述性统计和推理统计方法	制造业	国家
13 Iddrisu and Bhattacharyya，2015	对20个发展中国家能源工业政策的环境绩效进行评价	可持续能源发展指数（SEDI）	能源工业	国家
14 Kahraman et al.，2009	对土耳其可再生能源战略优化方案筛选	可持续性三重底线框架与模糊公理设计方法结合（FAD）	可再生能源产业	国家
15 Shaaban and Scheffran，2017	对埃及电力生产技术的优化调整研究	综合指数	电力生产	国家
16 Ryberg et al.，2018	欧盟洗衣机行业生产过程的污染排放分析和环境承载力状态评价	行星边界与全生命周期相结合（PB-LCA）	洗衣机生产	大区域
17 Cebi et al.，2016	从资源和能源角度对土耳其爱琴海地区生物质发电行业的可持续性进行评估	三重底线框架与模糊公理设计相结合	生物质发电	城市
18 Li et al.，2017	福建罗源湾附近的沿海工业废水排放方案的可持续性评价	多准则决策与灰色关联分析的可持续评价方法	工业废水排放	城市
19 Liu X et al.，2018	福建省石狮海洋生物科技园2013~2016年的可持续发展状况评价	驱动力-压力-状态-影响-响应（DPSIR）	海洋生物技术产业	工业园区
20 Yaylacı and Düzgün，2017	对土耳其埃尔比斯坦煤盆地（AECB）基于利益攸关方的关切和优先事项纳入矿业部门的可持续性评价	可持续性三重底线框架	煤矿行业	工业基地
21 Cagno et al.，2019	意大利北部城市制造业可持续性绩效水平评价及排名变化分析	工业可持续性评价指数框架（IEI）	制造业	企业
22 Laura et al.，2020	从水环境质量视角评估危地马拉帕纳哈切尔（Panajachel）的污水污泥再利用方案的可持续性	可持续性三重底线与多准则决策框架相结合	污水循环利用行业	企业

* WIS 为工业系统整体评价（whole industrial system）。

此外，目前宏观层面的工业可持续性评价，总体上以 IS 状态评价为主。但从工业可持续性评价视角上看，应包括工业发展与环境要素关系分析视角、考虑生产过程中资源消耗和污染排放的生态效率视角、工业发展对城市在经济-社会-环境要素综合影响的发展绩效视角以及针对工业发展方案的 IS 评价比选等，具体总结分析如下：

工业发展与特定环境要素的关系视角的 IS 评价，如格兰杰因果检验、环境的库兹涅茨曲线及脱钩分析等。该视角的 IS 评价可以准确地判断工业发展与环境污染、资源消耗的因果关系和相互关联（贾卓等，2020），并可分析和识别资源要素对工业发展的贡献情况，以及工业与污染排放之间的长期变化趋势，能够为特定的资源要素和环境污染物制定有效的节约和减排措施（彭红松等，2020）。然而，这种工业与环境要素关系评价往往只关注工业发展与单一环境要素二者之间的关系，没能形成工业发展与重要资源环境要素之间的综合关系的分析（蒯鹏，2016；卢硕等，2020）。相比而言，工业发展的生态效率评价和多要素发展绩效评价则需要从综合的视角评价工业发展的可持续性水平。

工业生态效率视角的 IS 评价，则是对工业系统生产过程中利用全部要素投入获得产出的能力，同时考虑工业系统资源利用和污染排放要素配置水平的综合效率评价（卢燕群和袁鹏，2017），侧重于分析工业系统在生产过程物质层面上的 IS 状态。通常，工业生态效率视角的 IS 评价可通过工业结构、规模和技术因素解析工业生态效率背后资源能源消耗和污染物排放的配置水平变化的影响（胡妍和李巍，2016）。当前，对于工业生态效率的评价包括资源环境效率评价、工业综合效率评价、工业生态效率评价等。例如，蔺雪芹等（2019）对中国工业资源环境效率空间演化特征进行了分析，黄磊和吴传清（2019）探究了长江经济带城市群工业绿色发展效率及其空间驱动机制，陈彦晖（2009）则基于 DEA 模型对我国 30 个省域的工业可持续性进行分析，发现工业技术效率是影响我国工业可持续性的主要因素。在黄河流域工业可持续性研究中，阎晓和涂建军（2021）从生态效率的视角，对 2003~2017 年黄河流域 37 个资源型城市的可持续性水平及其时空演化规律进行了分析评价，发现工业扩张已无法促进黄河流域工业可持续性的进步。巨虹等（2020）采用生态全要素生产率作为衡量标准，测算并分析了 2006~2016 年黄河流域主要地市的工业发展水平。

考虑多要素综合绩效视角的 IS 评价，侧重工业发展在可持续性多个维度上的综合绩效表现。相对于生态效率评价，多要素的综合 IS 综合评价更多关注于工业发展与所在城市、城市群、区域之间相互影响的综合水平（翟璐，2013）。鉴于工业发展过程必然与周围社会和自然环境系统存在交互作用（Moldan et al.，2012），基于多要素的 IS 综合评价已成为在区域、城市等多个宏观尺度上 IS 状态评价中的主流。Nguyen 和 Ye（2015）从工业对流域城市经济、社会和水环境影响的角度对湄公河三角洲城市进行了 IS 绩效评价。杨雪莼（2019）从"食物-能源-碳"视角对北京产业发展的资源环境压力进行了分析。杜勇（2017）对我国六个主要石油城市的石油产业发展与城市的交互影响进行了可持续性综合分析。在城市群层面，Wang D 等（2018）从可持续性三重底线，分别考察了京津冀地区工业发展在经济、社会和环境三个方面对所在区域的影响。张国俊等（2020）从产业结构、产业活力和发展水平等发展要素与环境状态、环境响应和环境压力等环境要素之间的耦合关系,分析中国三大城市群的可持续性水平。然而,针对黄河流域城市群的 IS 综合质量评价则鲜有研究。

针对工业发展方案的 IS 评价视角,主要从工业可持续性的角度对城市或区域具体工业企业或工业项目的选址、生产技术和生产方案等进行评价。例如,Cebi 等(2016)从资源和能源角度对土耳其爱琴海地区生物质发电选址方案进行了 IS 评估;Laura 等(2020)关注水环境质量,评估了帕纳哈切尔(Panajachel)的污水污泥再利用技术的可持续性。当前,对工业发展方案的 IS 评价主要集中于城市尺度和工业园区尺度(微观和中观层面)的分析,鲜有针对城市群尺度(宏观层面)对综合工业发展方案的 IS 评价研究。

总之,从评价视角来看,当前的 IS 评价多以单一视角进行,鲜有针对城市群或城市,从多视角共同进行的 IS 评价。相较于单一要素的环境与工业关系评价视角,生态效率与多要素的 IS 综合评价都是从综合的视角对 IS 状态进行分析,其特点在于能够将工业发展涉及的所有资源和能源要素、环境污染要素,以及工业技术升级、工业减排、工业结构等问题在一个框架下进行统筹考虑并协同进行分析(王昀,2016)。应当注意的是,工业生态效率更多关注工业系统内部,强调工业生产的投入与产出之间的匹配水平最优,而 IS 综合评估则更多关注工业发展对周边环境的影响,以及周边环境对工业发展的支撑等方面的综合效应最大。事实上,在宏观尺度,特别是在城市群尺度上,工业可持续性评价不仅需要关注工业系统自身生产层面的资源环境效率问题,还需要有效监控和评价工业系统与城市或城市群在经济-社会-环境要素上的相互影响和支撑的综合表现,从而全面系统地对城市群工业可持续性进行分析评价。本书尝试以综合视角将二者纳入一个评价框架中,同时从工业生产和工业与城市群交互支撑两个方面,分别通过工业生态效率和工业增长综合质量分析对城市群 IS 状态进行评价。

1.4.3 评价框架与技术方法

1. 工业可持续性评价框架研究进展

IS 评价需要基于不同的评价框架、技术与方法来实现,被认为是工业可持续性评价的基础和载体(Kaur and Garg,2019),提供了量化和监测城市工业系统 IS 的有效工具(Iddrisu and Bhattacharyya,2015)。IS 的核心是工业系统在不同层面上的生产要素与资源环境的耦合,由于 IS 尚未形成明确的定义,研究者对 IS 理解也各不相同,因而研究者从不同角度构建和发展了大量的 IS 评价模式与框架(Kravchenko et al.,2019),如表 1-1 所示。一般认为,工业可持续性评价的技术框架主要分为政策型评价框架和主题型评价框架两大类。

政策型评价框架主要是将发展战略规划、环境管理政策与可持续性"三重底线"相结合形成的评估体系,并形成统一的指标选择维度(Arbolino et al., 2018b)。该框架的主要目的是通过环境政策的目标要求约束和优化工业发展,通常采用综合指数的方法进行评价,其中由全球报告倡议组织(Global Reporting Initiative, GRI)开发的可持续性指标体系应用最为普遍,可用于评估不同类型、不同空间尺度的工业可持续性(Yaylacı and Düzgün, 2017)。我国2016年发布的"三线一单"环境管理政策也为IS评价提供了一套目标导向型的政策评价框架,并已被应用于评价鄂尔多斯市和广州南沙工业基地的工业可持续性(Cheng and Li, 2019; Cheng et al., 2020)。在城市群尺度上,陈锦锦(2018)结合可持续性三重底线与耦合协调度模型,对中原城市群可持续性进行了评价。

主题型评价框架则通常根据需要评价的区域、工业行业和评价目的或主题,选择与评价主题相匹配的技术方法和指标体系。Zhao等(2017)为评价中国六个生态工业园区的IS,从循环经济的角度构建了生态工业园区效益综合评价的混合框架,并结合灰色德尔菲法和模糊多准则决策法等技术方法进行了评估。Benedetti等(2018)构建了能源绩效框架(EnPIs)对意大利制造业企业的能源环境绩效进行了评价。Ryberg等(2018)通过结合行星边界(planetary boundary, PB)和生命周期评价(life cycle analysis, LCA)理论构建了PB-LCA框架评估环境承载力状态,以此分析欧盟洗衣机行业的IS绩效水平。应当指出的是,主题型框架在城市群尺度IS评价中应用较少,Wang C等(2018)运用"驱动力-压力-状态-影响-响应"(DPSIR)框架与全局主成分分析方法对京津冀城市群进行了IS绩效评价。Sun等(2018)将DPSIR与Mamdani模糊推理方法相结合构建评价框架,并选取相关指标,从生态安全的角度对珠三角城市群的IS进行了评价。

政策型评价框架的优点在于具有统一的评价方法和指标框架,可以有效提高IS评价在城市和行业间的可比性和有效性(Moldavska and Welo, 2019)。但政策型评价框架研究目标单一,评价灵活性不足。比较而言,主题型评价框架能够针对评价目标的解析和研究区特征,设计相应的评价模块,并选择相应的评价方法和指标,从而构建适合的IS评价技术体系(Cagno et al., 2019)。因此,主题型评价框架更适合处理复杂的工业可持续性评价。目前,针对黄河流域的IS的评价,主要是基于全要素生产率评价框架,从高质量发展视角(曾贤刚和牛木川, 2019)和工业生态效率的视角对工业可持续性进行相关的研究(关伟等, 2020; 巨虹等, 2020; 申桂萍和宋爱峰, 2020),但尚未形成针对黄河流域城市群的工业可持续性评价框架。

综上所述,当前的IS评价体系与评价内容基本对应,但其评价目标多数是针对IS状态评价设计的评价体系,其评价对象、评价方法、评价内容和评价目标相对单一,尚未形成能够贯穿IS的状态评价、影响因素、多情景预测评估以及工业转型调整反馈的工业可持续性评价技术体系。正如 Angelakoglou 和 Gaidajis（2015）所言，现有的 IS 评价技术体系不完善，也是影响其作为城市群工业发展决策工具的主要原因之一。

2. 工业可持续性评价方法研究进展

近年来，相关研究人员和工业主管部门从不同角度对工业可持续性评价方法进行了研究，提出了许多工业可持续性的评价方法（图1-4）。现已形成的工业可持续性评价方法在评价范围和评价重点上既有相同之处，也有各自特点。例如，生命周期评价（LCA）重点考虑包括原材料的提取、加工、生产、使用和处置在内所有工业生命周期阶段中产生的一种或多种环境影响（Wey，2019），适合于工业企业和特定工业行业的环境绩效评价、生产过程的优化管理等。物质流分析（material flow analysis，MFA）和能量流动分析（energy flow analysis，EFA）则强调在一个明确的工业生产系统中通过分析生产过程的物质和能量平衡情况，评价工业发展的环境影响和能源效率水平（Valenzuela-Venegas et al.，2016；Shen J et al.，2019）。比较而言，在宏观尺度上的工业可持续性（IS）评价中，综合指数方法和生态综合效率评价方法被国内外学者更广泛地应用于包括城市、省域甚至国家的工业可持续性状态评价（Angelakoglou and Gaidajis，2015）。

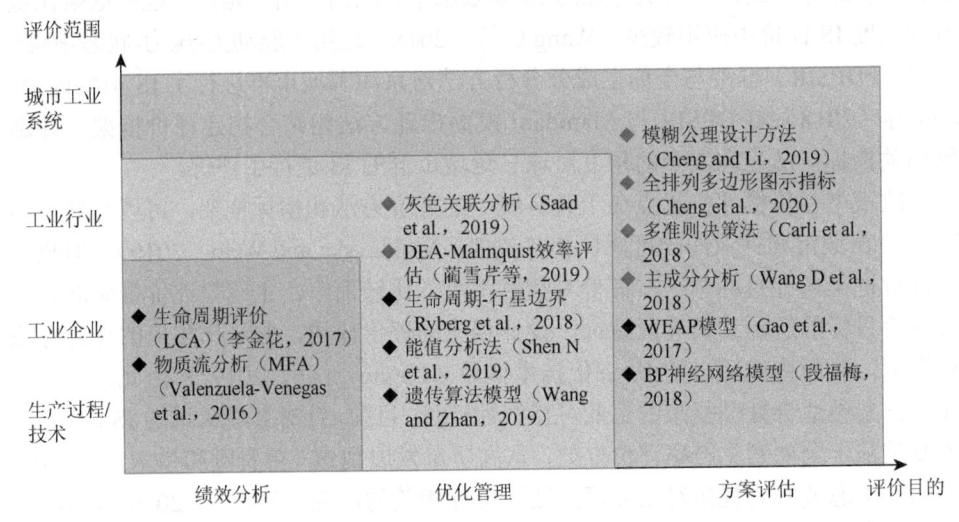

图1-4 工业可持续性（IS）评价方法及应用特点

综合指数评估法是通过指标框架的层次设计，从宏观视角分析不同空间尺度工业发展对所在城市、城市群及区域内经济、社会和环境等不同子系统的影响（Moldavska and Welo，2019），以及工业系统内部技术、管理水平、投资、结构和规模效应等多元化维度中各种因素之间的联系（Arbolino et al., 2018a; Singh et al., 2009）。当前，在不同空间尺度上的 IS 状态评价中，极差法、耦合协调度模型和全排列多边形图示指标法（full permutation polygon synthetic indicator method, FPPSI）等各种综合指数方法被广泛应用于可持续性的状态评价。其中，耦合协调度模型被广泛应用于评价工业与其他系统的交互耦合关系，并以此分析工业可持续性的水平（Du et al., 2012）。例如，刘琳珂等（2021）通过耦合协调度模型，分析黄河流域城市群高质量发展与生态保护之间的耦合关系和耦合水平，以此表征城市群的工业可持续性水平。FPPSI 则能够从系统的视角分析综合指数、维度指数和具体指标的表现与 IS 目标之间的差距，准确地找到工业发展亟须优化调整的问题和矛盾。Sun 等（2017）采用 FPPSI 对中国特大型、大型和小型城市的 IS 水平进行评价，并根据指标评价结果为各尺度的工业可持续性提出了改善对策。

基于数据包络分析（data envelopment analysis, DEA）方法的工业生态综合效率评价在 IS 状态评估中应用最为广泛，并应用于区域、省域和城市等多个空间尺度的评价中。张子龙等（2015）基于环境效率概念，利用超效率 DEA 方法，构建了工业环境效率的评价模型，对全国及东部、中部、西部地区城市的环境效率空间差异的收敛特征及其影响因素进行了实证研究，对收敛性和可持续性的变化趋势进行了分析。申桂萍和宋爱峰（2020）将工业高质量系统划分为工业经济生产和环境污染治理两个子系统，采用两阶段 DEA 方法对黄河进行了实证研究，从而分析环境保护目标与工业发展目标的协同状态。在城市群尺度上，程序（2019）采用基于松弛变量（slack-based measure, SBM）的 DEA 和网络 DEA 相结合对 2008~2017 年长三角城市群 26 个城市的工业发展效率进行了评价。张静文（2018）基于 SBM 模型和 Malmquist-Luengerber 生产率指数，从静态和动态两个方面对长江中游城市群工业环境效率进行了评价。

近年来，在城市和区域可持续性评估研究中，有学者提出单纯的综合指数方法或效率分析方法在评价 IS 状态时都存在一定的局限性（Bui et al., 2019）。工业生态效率分析处理城市群工业问题时，可以更有效地分析工业系统生产过程中资源消耗和污染排放的效率水平，但是忽略了城市工业系统与所在城市在经济、社会和环境方面的相互影响机制（徐维祥等，2021；华敏，2017）。综合指数可以通过选择合适的指标对单要素资源和环境效率进行分析，但难以处理全要素的工业能源环境效率问题（Wang et al., 2019）。

1.4.4 评价现状与存在的问题

通过对当前国内外文献梳理可以看出，现有的 IS 评价在评价尺度、评价视角、评价内容以及评价技术方法等方面还存在一些问题与不足，如图 1-5 所示。对照研究现状，需要对以下内容开展进一步的研究。

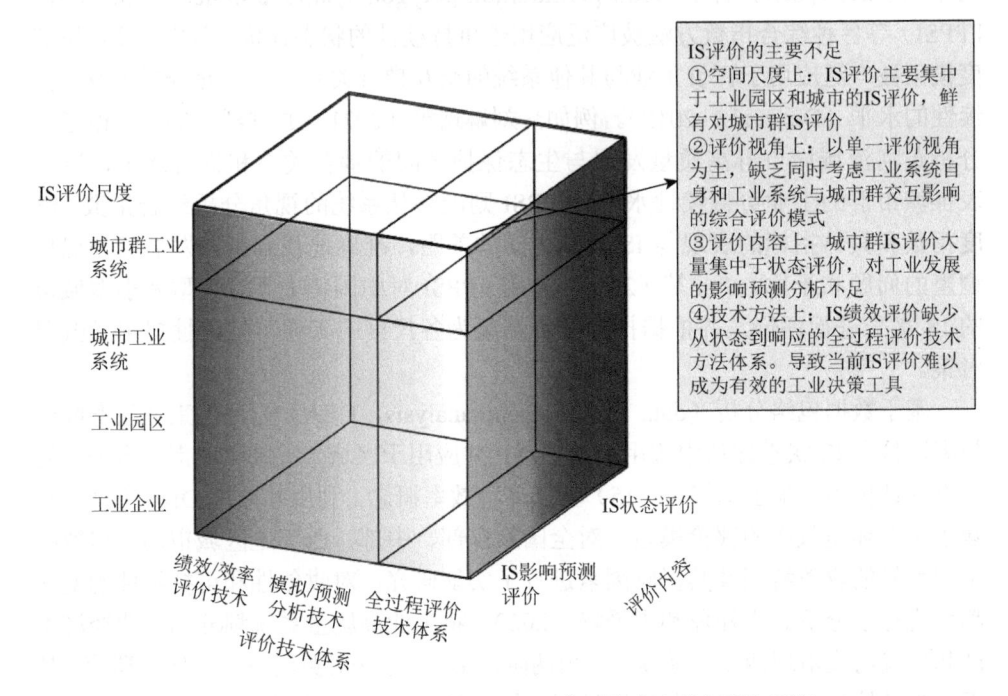

图 1-5　当前工业可持续性（IS）评价研究存在的问题与不足

（1）从评价视角与评价内容来看，目前的 IS 评价以多要素的综合绩效评估或是工业环境效率评价等 IS 状态评估为主。无论是 IS 的综合绩效评估，还是工业环境效率评价，都具有一定的局限性，主要表现在无法全面分析工业系统自身生产过程和工业与周围环境相互影响两个层面的 IS 状态。其中，工业环境效率评价体系中的工业生态效率评价能够有效解决工业生产层面投入产出要素在"量"上的配置水平，但是难以探索从投入到产出过程中工业系统的内部变化，以及工业系统与周边城市群和城市之间的相互影响；而工业综合绩效评价体系中的工业增长质量评价能够通过建立综合指数，对指标和维度指数变化的分析识别工业增长过程中工业系统内部的变化过程，以及工业与城市群的交互作用，但是难以有效处理在此过程中生产要素的匹配问题。因此，当前以单一视角为主的评价导致了 IS 评价视角和评价内容的系统性不足，评价的结果可能会存在偏差。为此，亟待构建旨在综合考虑工业生态效率和工业增长质量各相关要素的 IS 综合评价模型。

（2）从评价技术与方法来看，目前的工业可持续性评价以 IS 状态评价为主，即主要根据IS时空演化特点，发现亟待解决的工业发展问题，但很少基于发现的这些问题，为城市工业系统设计未来工业转型发展路径情景，并预测分析这些问题及其影响因素对工业可持续性变化可能的影响。工业可持续性评价目前缺少从IS状态到预测响应的完整的评价技术体系。对工业发展的优化对策建议也仅限于对IS时空演化的特点进行分析与提炼，由于对工业可持续性状态变化的驱动和制约机制及其背后的主要影响因素关注不足，IS评价对整个工业系统的问题识别和预测结果的准确性和深度不足，对工业发展提出的优化调整对策针对性和可操作性不够，评价结果与决策脱节。

第 2 章　黄河流域城市群与工业发展总体概况

黄河及沿岸流域是中华民族最主要的发源地之一，也是国家生态文明建设的主战场，黄河流域在我国经济社会发展和生态安全屏障建设中占据着十分重要的战略地位，给人类文明带来了巨大影响。正由于如此，保护黄河已被提升到事关中华民族伟大复兴和永续发展的千秋大计的战略高度，共同抓好大保护，协同推进大治理，需要特别关注城市群在黄河流域生态保护和高质量发展中的特殊战略地位和发挥的重要作用，以城市群为鼎支撑黄河流域高质量发展和黄河流域生态经济带的建设。2019 年 12 月 16 日中共中央总书记、国家主席、中央军委主席习近平发表在《求是》杂志的重要文章《推动形成优势互补高质量发展的区域经济布局》中明确指出，"我国经济发展的空间结构正在发生深刻变化，中心城市和城市群正在成为承载发展要素的主要空间形式"[①]。城市群是高度一体化的城市集合体，是国家新型城镇化和经济发展的战略核心区。城市群不论是在国家层面，还是在黄河流域层面都具有不可替代的战略地位。

2.1　黄河流域城市群的发展现状和挑战

2.1.1　黄河流域城市群战略定位

1. 城市群的发展功能定位

黄河流域已经形成七大城市群，分别是兰西城市群、宁夏沿黄城市群、呼包鄂榆城市群、关中平原城市群、晋中城市群、中原城市群和山东半岛城市群。其中，得到据国务院批准实施的城市群发展规划包括《关中平原城市群发展规划》、《中原城市群发展规划》、《兰州—西宁城市群发展规划》和《呼包鄂榆城市群发展规划》。如表 2-1 所示，根据国务院已批复的城市群规划及其他各省区规划中对各城市群的功能定位，对黄河流域七大城市群功能定位进行综合分析。总体来看，位于黄河流域上游的兰西城市群定位为维护国家生态安全支点和向西连接欧亚大陆的重要枢纽，位于中上游"几"字弯的宁夏沿黄城市群和呼包鄂榆城市群整体定位为全国高端能源化工基地、新材料基地以及东部产业向西承接区，位于中下

---

① 推动形成优势互补高质量发展的区域经济布局. http://www.xinhuanet.com/politics/2019-12/15/c_1125348940.htm.

游的关中平原城市群和中原城市群则重点定位为国家创新高地、先进制造业和现代服务业基地,位于下游的山东半岛城市群则是依托山东省发展优势,定位为我国北方重要开放门户、京津冀和长三角重点联动区及环渤海地区重要增长极。

表 2-1 黄河流域城市群发展功能定位

	城市群名称	发展功能定位
上游地区	兰州—西宁城市群	维护国家生态安全的战略支撑,优化国土开发格局的重要平台,促进我国向西开放的重要支点,支撑西北地区发展的重要增长极,沟通西北西南、连接欧亚大陆的重要枢纽
	宁夏沿黄城市群	全国重要的能源化工和新材料基地,中国面向阿拉伯国家和地区的经济文化交流中心,西北地区人与自然和谐发展示范区,宁夏经济社会发展的辐射源
	呼包鄂榆城市群	全国高端能源化工基地,向北向西开放战略支点,西北地区生态文明合作共建区,民族地区城乡融合发展先行区
中游地区	晋中城市群	国家重要的能源基地与先进制造业基地,山西省国家资源型经济转型综合配套改革的核心示范区,中国内陆及环渤海联动发展的重要增长极
	关中平原城市群	向西开放的战略支点,引领西北地区发展的重要增长极,以军民融合为特色的国家创新高地,传承中华文化的世界级旅游目的地,内陆生态文明建设先行区
	中原城市群	经济发展新增长极,重要的先进制造业和现代服务业基地,中西部地区创新创业先行区,内陆地区双向开放新高地,绿色生态发展示范区
下游地区	山东半岛城市群	我国北方重要开放门户,京津冀和长三角重点联动区,国家蓝色经济示范区和高效生态经济区,环渤海地区重要增长极

总体来看,呼包鄂榆城市群、关中平原城市群和中原城市群整体上以能源重工业为主要战略定位,是推动黄河流域工业高质量发展的重点区域。

2. 黄河流域城市群空间格局定位

《黄河流域生态保护和高质量发展规划纲要》中提出构建形成黄河流域"一轴两区五极"的发展动力格局。其中,山东半岛城市群、中原城市群、关中平原城市群、黄河"几"字弯都市圈和兰州—西宁城市群等共同形成黄河流域未来发展的"五极",是区域经济发展增长极和黄河流域人口、生产力布局的主要载体。

如图 2-1 所示,在全国城市群"5+9+6"的空间组织格局中黄河流域七大城市群中有三个稳步建设的区域级城市群(包括山东半岛城市群、中原城市群、关中平原城市群)和四个引导培育的地区级城市群(包括兰西城市群、晋中城市群、呼包鄂榆城市群和宁夏沿黄城市群),共同形成了支撑黄河流域生态保护和高质量发展的"3+4"空间组织格局(方创琳,2020)。黄河流域城市群晋中处于国家"三纵两横"的城镇化战略格局中,形成了以轴串群的"十"字形发展格局。其中,山东半岛城市群、中原城市群、晋中城市群、关中平原城市群、兰西城市群五个城市群位于横贯东西的沿陆桥城镇化主轴,呼包鄂榆城市群、关中平原城市群和宁夏沿黄城市群位于包昆城镇化主轴(图 2-2)。与此同时,中原城市群是沿陆桥城镇化主轴线与包昆城镇化主轴线的交汇点,关中平原城市群是沿陆桥城镇化主轴线与京哈京广城镇化主轴线的交汇点，山东半岛城市群是沿陆桥城镇化主轴线与沿海城镇化主轴线的交汇点，它们是国家新型城镇化的重要节点区域。

➢ 稳步建设的区域级城市群：
关中平原城市群、中原城市群、山东半岛城市群
➢ 引导培育的地区级城市群：
兰西城市群、宁夏沿黄城市群、呼包鄂榆城市群、晋中城市群

图 2-1　黄河流域城市群"3+4"空间组织格局

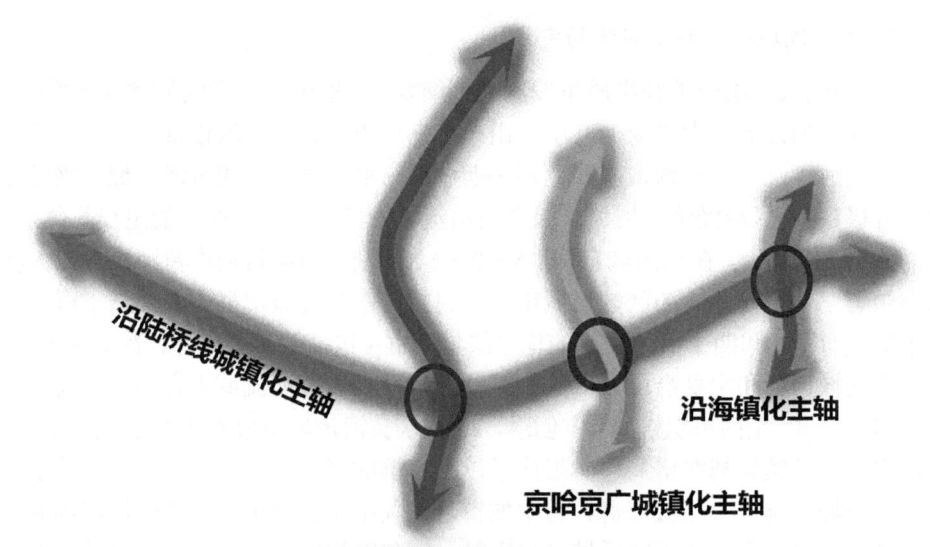

图 2-2　黄河流域城市群"以轴串群"城镇化发展格局

3. 城市群在黄河流域高质量发展中的战略地位

1）城市群是黄河流域人口高密度集聚区

从人口集聚程度分析，2016年黄河流域城市群总人口为2.51亿人，占黄河流域九省区总人口的60.34%，其中城镇人口1.21亿人，占黄河流域九省区城镇人口的54.75%。城市群人口密度为293.04人/km^2，比黄河流域九省区平均人口密度高176.38人/km^2。

2）城市群是黄河流域高质量发展重心区

2016年黄河流域城市群GDP为14.51万亿元，占黄河流域九省区GDP的71.16%，其中第一产业增加值1.05万亿元，第二产业增加值6.79万亿元，第三产业增加值6.67万亿元，分别占黄河流域九省区的56.15%、74.21%和71.22%。全社会固定资产投资12.88万亿元，社会消费品零售总额6.27万亿元，实际利用外资418.89亿美元，财政总收入1.31万亿元，分别占黄河流域九省区的67.93%、77.89%、81.83%和68.23%。城市群是黄河流域经济发展的战略核心区，主导着黄河流域经济发展的命脉。每个城市群都是所在省区经济社会发展的战略核心区和高质量发展的重要引擎。

3）城市群是环境污染综合治理与生态保护重点区

从生态地位分析，黄河流域是我国北方地区重要的生态安全屏障，在国家"两屏三带"的生态安全战略布局中，青藏高原生态屏障、黄土高原—川滇生态屏障、北方防沙带等均位于或穿越黄河流域，建有三江源草原草甸湿地生态功能区、黄土高原丘陵沟壑水土保持生态功能区等12个国家重点生态功能区，城市群与这些重点生态功能区形成错位布局关系，因而形成了黄河流域高质量发展与生态环境高水平保护的互补互进格局。

从环境污染治理占比分析来看，过去"四高一低"的传统粗放经济发展道路导致城市群在成为黄河流域经济发展战略核心区的同时，产出了流域70%以上的污染。据不完全统计，2016年黄河流域城市群工业废水排放总量30.85亿t，占黄河流域九省区的78.47%；工业SO$_2$排放量241.62万t，占78.45%；工业烟尘排放量200.32万t，占54.53%。城市群是今天环境污染的重灾区，也是未来环境污染治理的重点区。

4）城市群是传承黄河文化、弘扬中华文明的重要承载区

黄河流域是中华民族的发祥地，孕育了5000年华夏文明，黄河文化是中华文明的重要组成部分，是中华民族的根和魂，这里孕育了华夏文化、秦唐文化、河湟文化、河洛文化、西夏文化、齐鲁文化等饱含丰富文化内涵的文化类型，黄河流域城市群囊括了郑州、西安、洛阳、开封等多朝古都和中国历史文化名城，不少中心城市都是具有3000～5000年建城史和定都史的政治、经济和文化中心，以中心城市为核心的城市群是传承黄河文化、弘扬中华文明的重要承载区，是黄河文化遗产的重要保护地。文化同时也是驱动城市群形成发育的重要因素，秦唐文化、华夏文化驱动着关中平原城市群的形成发育，西夏文化驱动着宁夏沿黄城市群的形成发育，齐鲁文化驱动着山东半岛城市群的形成发育，等等。深入挖掘黄河流域文化蕴含的时代价值，传承黄河文化，弘扬中华文明，延续历史文脉，坚定文化自信，是推动城市群高质量发展的支撑力、凝聚力和向心力，是实现中华民族伟大复兴的中国梦的关键所在。

2.1.2 黄河流域城市群发展现状

表 2-2 为黄河流域城市群主要经济指标及对比。具体来看，黄河流域七大城市群总面积约 85.69 万 km²，占全国城市群的 29.1%；2016 年底总人口 2.51 亿人，占全国城市群的 24.15%，城镇人口 1.21 亿人，占全国城市群的 21.2%；GDP 占全国城市群的 21.45%，其中第一产业增加值占全国城市群的 23.16%，第二产业增加值占全国城市群的 22.83%，第三产业增加值占全国城市群的 19.98%，三次产业结构为 7.22∶46.82∶45.96；全社会固定资产投资 12.88 万亿元，占全国城市群的 25.79%；财政总收入 1.31 万亿元，占全国城市群的 16.49%；社会消费品零售总额 6.27 万亿元，占全国城市群的 21.4%；实际利用外资 418.89 亿美元，占全国城市群的 15.64%；粮食总产量 1.34 亿 t，占全国城市群的 28.11%。城镇居民人均可支配收入为 30156 元，与全国城市群平均水平持平。总体来看，黄河流域城市群属于发育程度较低、资源型产业比重大的城市群。

表 2-2 黄河流域城市群主要经济指标及对比（2016 年）

	人口/亿人	城镇人口/亿人	GDP/万亿元	第一产业增加值/万亿元	第二产业增加值/万亿元	第三产业增加值/万亿元	全社会固定资产投资/万亿元	财政收入/万亿元
黄河流域城市群	2.51	1.21	14.51	1.05	6.79	6.68	12.88	1.31
黄河流域九省区	4.16	2.21	20.39	1.87	9.15	9.38	18.96	1.92
占全国城市群的比例/%	24.15	21.20	21.45	23.16	22.83	19.98	25.79	16.49
占黄河流域九省区的比例/%	60.34	54.75	71.16	56.15	74.21	71.22	67.93	68.23

由表 2-3 可以看出，1980~2016 年，黄河流域城市群人口密度由 191.82 人/km² 增加到 293.04 人/km²，历年平均人口加密速度为 1.18%，慢于同期全国城市群人口的加密速度（2.11%）。2016 年黄河流域城市群人口密度低于中国城市群平均人

口密度，更低于珠江三角洲（简称珠三角）城市群（1095.11 人/km²）、长江三角洲（简称长三角）城市群（657.58 人/km²）和京津冀城市群（522.82 人/km²）的人口密度。其中，关中平原城市群人口密度只有 269.57 人/km²，呼包鄂榆城市群只有 64.95 人/km²，宁夏沿黄城市群只有 106.33 人/km²。城镇密度由 12.22 个/万 km² 增加到 33.71 个/万 km²，总体上城镇密度低于 58.97 个/万 km² 这一全国平均城镇密度，远低于长三角的 118.95 个/万 km²、珠三角的 97.45 个/万 km² 和京津冀的 70.56 个/万 km² 的城镇密度。其中，宁夏沿黄城市群只有 15.58 个/万 km²，呼包鄂榆城市群只有 13.26 个/万 km²，分别相当于全国城市群平均城镇密度的 26% 和 22%。

表 2-3　黄河流域城市群人口密度与城镇密度变化表

城市群名称	人口密度/(人/km²)		城镇密度/(个/万 km²)	
	1980 年	2016 年	1980 年	2016 年
兰西城市群	69.6	121.67	2.88	23.86
宁夏沿黄城市群	51.16	106.33	8.15	15.58
呼包鄂榆城市群	37.48	64.95	4.34	13.26
晋中城市群	127.86	235.79	10.4	29.87
关中平原城市群	192.97	269.57	15.5	95.97
中原城市群	480.93	704.35	19.59	78.3
山东半岛城市群	348.49	525.7	48.28	69.23
黄河流域城市群平均	191.82	293.04	12.22	33.71
中国城市群平均	177.79	378.98	23.99	58.97

2.1.3　黄河流域城市群高质量发展面临的挑战

1. 城市群具有明显的发展差异

从地域分布看，上中下游城市群发展差异很大，具有明显的地带性差异。从城镇、人口和经济规模分析，下游地区城市群的总体发展水平明显高于中游地区城市群，中游地区又明显高于上游地区。黄河上中游地区城市群的规划面积虽然普遍较大，但是城镇、人口和经济规模却相对较小。上游、中游和下游城市群总体规划面积（分别为 30.5 万 km²、17.7 万 km² 和 17.1 万 km²）依次缩小，城镇、人口和经济规模则完全相反。设市城市数量依次为 17 个、29 个和 54 个，建制镇数量依次为 575 个、952 个和 1182 个，人口依次为 2600 万、5300 万和 1.1 亿人，地区生产总值依次为 2.04 万亿、2.46 万亿和 8.06 万亿元，上下游城市群的差异明显。2016年上游的兰西城市群人均GDP只有3.52万元，城镇居民人均可支配收入只有25011元，农村居民人均可支配收入只有8554元，而下游的山东半岛城市群分别达到6.72万元、32628元和14317元，分别是兰西城市群的1.91倍、1.30倍和1.67倍。总体来看，越向黄河上游的城市群其人口与城镇集聚程度越低，总体发育程度越低，经济总量也越小，实际利用外资越少，经济外向度越低，创新能力也越低，对黄河流域的辐射带动能力也越弱。

2. 城市群城市之间网络联系不够紧密

黄河流域中上游城市群尚未形成具有网络联系的整体效应。兰州—西宁、宁夏沿黄、呼包鄂榆、晋中等城市群，区内城市数量少，城镇密度低，规模等级体系不完整；核心城市在区内地位较为突出但辐射功能较弱，小城市规模小、布局散、发展水平低。整体上看，城市群体系结构相当松散，城市间联系强度较弱。严格来说，这些地区具备了城市群的基本雏形，但仍处在核心城市集聚、扩张的发展阶段，尚未形成城市发展联动的整体态势。山东半岛、中原和关中平原城市群已呈现出城市群的基本特征，产业发展水平较高，产业结构相对合理，城镇体系相对完整，区域一体化发展的要求强烈。但与国内外成熟城市群相比，城镇发展、经济水平的差距很大，城市间分工协作和经济联系的紧密度不够，区域一体化发展的能力和机制建设还需进一步加强。

3. 高质量发展的动力严重缺乏

黄河流域城市群高质量发展的动力机制尚不健全。相较于发达地区城市群，科技创新、对外开放、市场化程度等均较为落后，对科技、人才、资金等关键要素的吸引力偏弱，不能满足黄河流域转型发展的迫切要求。

在科技创新方面，科技研发投入较低，高素质、高层次人才短缺，创新能力总体不强。在全国36个直辖市、省会城市和计划单列市中，2017年黄河流域城市群的核心城市平均研发（research and development，R&D）经费支出为144.81亿元，仅为其他城市平均R&D经费支出的45%，专利授权数为1.27万件，仅为其他城市平均专利授权数的44%。同时，黄河流域城市群核心城市科技投入强度低，R&D经费支出占GDP的比重仅有西安市高于全国直辖市、省会城市和计划单列市的平均水平。

在对外开放方面，开放型经济体系尚未形成。2017年黄河流域城市群九个核心城市，外商直接投资实际使用金额为196.03亿美元，城市平均为21.78亿美元，仅为其他城市平均水平的46%。特别是西宁、兰州、银川、呼和浩特、太原等上中游城市群核心城市，当年外商直接投资实际使用金额均不足4亿美元。对外贸易依存度为29.6%，远低于48.2%的全国平均值。

4. 能源和传统重工业比重远大于先进制造业

2016年黄河流域城市群经济结构中：第一产业增加值比重为7.24%，比全国城市群高0.54%；第二产业增加值比重为46.82%，比全国城市群高2.84%；第三产业增加值比重只有45.94%，反而比全国城市群低3.38%。可见黄河流域城市群经济结构中第二产业比重大，资源型产业和传统制造业占主导，高端制造业和工业服务业与城市群形成发育中所期望的产业结构不相匹配，依靠创新驱动加快黄河流域城市群产业升级转型面临较大挑战。其中，宁夏沿黄城市群第二产业比重高达53.17%，属于重型产业结构；中原城市群第二产业比重也达到了49.45%，传统制造业比重明显偏大；关中平原城市群第一产业比重高达9.83%，比同期全国第一产业产值比重高出3.13个百分点。体现出这些城市群产业结构层次低，创新能力弱，经济发展的外向度低，实际利用外资少。2016年实际利用外资418.89亿美元，仅占全国城市群的15.86%。黄河流域城市群大部分处于我国中西部地区，由于历史、自然条件等，经济社会发展相对滞后，与东部地区以及长江流域城市群相比存在显著差距。

2.2 黄河流域三大城市群工业发展概况

工业是黄河流域城市群形成和发展的重要动力，在推动城市群经济发展和社会快速繁荣过程中起到重要作用。凭借黄河流域各城市群鲜明的要素分布特点，在空间上也正逐渐形成以城市群为地理单元的工业集聚和发展特征。在黄河流域城市群中，上游的呼包鄂榆城市群、中游的关中平原城市群和下游的中原城市群均属于国家级城市群，在黄河流域高质量发展中的战略地位尤为突出。2018年，三大城市群人口规模、GDP分别约占七大城市群的47%、42%，其中，呼包鄂榆城市群的人均GDP更是远超其他城市群。呼包鄂榆、关中平原和中原三大城市群对黄河流域高质量发展具有重要的支撑作用。因此，如表2-4所示，本节以位于黄河流域范围内的呼包鄂榆城市群、关中平原城市群和中原城市群为案例研究区，开展城市群工业可持续性（IS）评价研究。

表2-4 黄河流域三大城市群空间范围

城市群	范围	城市
呼包鄂榆城市群	4个地级市	呼和浩特市、包头市、鄂尔多斯市、榆林市
关中平原城市群	10个地级市	西安市、铜川市、宝鸡市、咸阳市、渭南市、商洛市、庆阳市、天水市、临汾市、运城市
中原城市群	14个地级市	长治市、晋城市、郑州市、开封市、洛阳市、安阳市、鹤壁市、新乡市、焦作市、濮阳市、三门峡市、济源市、聊城市、菏泽市

2.2.1 三大城市群工业发展定位

1. 呼包鄂榆城市群

呼包鄂榆城市群于 2018 年获国务院批复成为国家级城市群，拥有呼和浩特、包头两座大城市和鄂尔多斯、榆林两座中等城市，一批小城市和小城镇正在加快发育，城市和城镇间互动密切，协同发展态势明显。呼包鄂榆城市群位于全国"两横三纵"城市化战略格局包昆通道纵轴的北端，在推进形成西部大开发新格局、推进新型城镇化和完善沿边开发开放布局中具有重要地位。

2018 年 2 月发布的《呼包鄂榆城市群发展规划》中，呼包鄂榆城市群产业发展将以全国高端能源化工基地作为首要战略定位，以保障国家能源安全为目标，坚持高端、清洁、环保、安全的发展方向，延伸产业链，提升附加值，推动协同发展，实施创新驱动，加快转型升级，建成高端能源化工基地。此外，呼包鄂榆城市群还将充分发挥区位优势，加大对外开放力度，全方位推进与蒙古国、俄罗斯的务实合作，加快推进中蒙俄经济走廊建设，强化基础设施互联互通，深化人文交流合作，加快外向型经济发展，建设向北向西开放战略支点。

2. 关中平原城市群

关中平原城市群地处我国内陆中心，是亚欧大陆桥的重要支点，是西部地区面向东中部地区的重要门户。在交通设施方面，以西安为中心的"米"字形高速铁路网、高速公路网加快完善，国际枢纽机场和互联网骨干直联点加快建设，全国综合交通物流枢纽地位已经凸显。

2018 年批复的《关中平原城市群发展规划》明确指出，关中平原城市群工业体系完整，产业聚集度高，是全国重要的装备制造业基地、高新技术产业基地、国防科技工业基地。航空、航天、新材料、新一代信息技术等战略性新兴产业发展迅猛，文化、旅游、物流、金融等现代服务业快速崛起，产业结构正在迈向中高端。西北唯一的自由贸易试验区和一批国家级产业园区，为现代产业发展提供了重要平台和载体。

关中平原城市群不仅是向西开放的战略支点，也是引领西北地区发展的重要增长极。未来要立足古丝绸之路起点，发挥区位交通连接东西、经济发展承东启西、文化交流东西互鉴的独特优势，依托中国（陕西）自由贸易试验区等高层次开放平台，畅通向西开放、向东合作通道，强化交通商贸、科技教育、文化旅游和国际产能合作，构建全方位开放格局。以西安国家中心城市和区域性重要节点城市建设为载体，以沟通西北主要经济区的综合性运输通道建设为支撑，加快人

3. 中原城市群

中原城市群地处全国"三纵两横"城市化战略格局陆桥城镇化主轴与京哈京广城镇化主轴交汇区域，极具发展潜力。中原城市群产业体系完备，工业发展的战略定位为装备制造、智能终端、有色金属、食品等产业集群式发展。2016年12月发布的《中原城市群发展规划》中提出，中原城市群将建设成为中西部地区的"经济发展新增长极"，"深入推进供给侧结构性改革，强化大都市区引领和中心城市带动，建设高端发展平台，提升城市群综合实力，打造体制机制较为完善、辐射带动力强的发展区域，成为与长江中游城市群南北呼应、共同带动中部地区崛起的核心增长区域和支撑全国经济发展的新空间"。同时，还要"坚持高端化、集聚化、融合化、智能化战略取向，发展壮大先进制造业和战略性新兴产业，加快发展现代服务业，推动一二三产业融合发展，培育一批位居国内行业前列的先进制造业龙头企业和产业集群"，建设成为重要的先进制造业和现代服务业基地。

2.2.2 三大城市群工业发展总体趋势

1. 城市群总体经济发展特点

如表 2-5 所示，2017 年案例研究区三大城市群总面积为 43.81 万 km^2，辖区人口总数约为 11781.21 万人，GDP 总量约为 65000 亿元，共贡献了黄河流域七个城市群 40% 以上的经济总量（方创琳，2020），是黄河流域经济和工业发展的重要集聚区。然而三大城市群的资源禀赋、发展基础及战略定位均有不同，因而人口规模、经济水平、产业结构等方面也呈现出不同的特征。

表 2-5　黄河流域三大城市群主要社会经济指标（2017 年）

城市群	面积/ 万 km^2	人口/ 万人	GDP/ 亿元	人均 GDP/ 万元	人口密度/ （人/km^2）	产业结构占比
呼包鄂榆	17.53	1146.45	12361.51	10.78	65.41	3.36：48.12：48.52
关中平原	15.09	4178.53	17665.18	4.23	276.98	9.83：44.64：45.53
中原	11.19	6456.23	35238.82	5.46	577.12	8.68：49.45：41.87
城市群平均	43.81	11781.21	65265.51	5.54	268.97	7.98：47.90：44.12

注：表中中原城市群数据仅包括本书所涉及的中原城市群 14 个城市。

在经济规模上，三大城市群 2017 年 GDP 分别为 12361.51 亿元、17665.18 亿元和 35238.82 亿元。如图 2-3 所示，在 1998~2017 年，该流域三大城市群经历了经济的快速增长，城市群生产总值平均增速为 12.84%，高于全国平均水平的 8.32%。其中，呼包鄂榆城市群生产总值增速最快，年均增长率达到 16.5%。

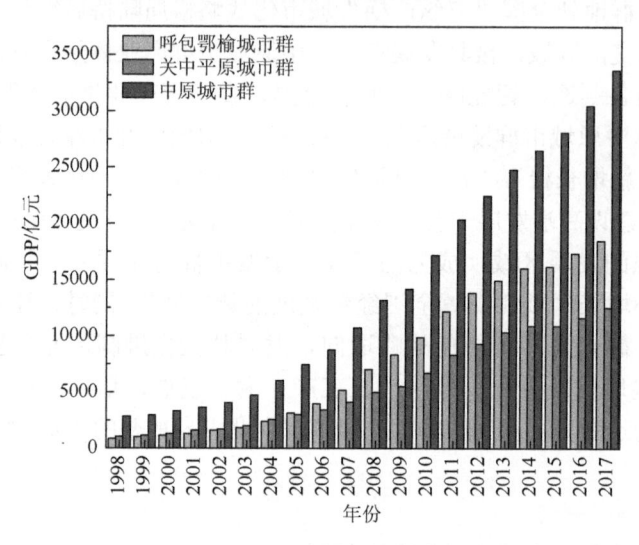

图 2-3 黄河流域三大城市群 GDP 变化趋势（1998~2017 年）

具体来看，如表 2-6 所示，郑州、西安等中心城市的经济规模较大。2017 年，郑州市的 GDP 高达 9130 亿元，在三大城市群中位列第一。西安市 GDP 7470 亿元，仅次于郑州市，其次是洛阳市、包头市、鄂尔多斯市、呼和浩特市、榆林市等。由此可见，关中平原和中原城市群内部各市差距较大，中心化趋势明显，而呼包鄂榆城市群的经济发展较为均衡。

表 2-6 2000~2017 年三大城市群 GDP （单位：亿元）

城市群	城市	2000 年	2005 年	2010 年	2015 年	2017 年
呼包鄂榆城市群	呼和浩特市	200	773	1866	3091	3332
	鄂尔多斯市	150	595	2643	4226	3580
	包头市	253	861	2293	3722	4080
	榆林市	105	448	1757	2492	3318
关中平原城市群	西安市	646	1314	3243	5801	7470
	铜川市	35	72	188	307	349
	宝鸡市	195	415	978	1788	2192
	咸阳市	234	432	1099	2153	2293

续表

城市群	城市	2000年	2005年	2010年	2015年	2017年
关中平原城市群	渭南市	165	330	801	1430	1651
	商洛市	55	114	286	619	757
	庆阳市	57	144	358	609	585
	天水市	81	146	300	554	615
	临汾市	191	525	890	1161	1320
	运城市	188	471	830	1174	1336
中原城市群	长治市	170	399	920	1195	1478
	晋城市	146	320	731	1040	1152
	郑州市	728	1661	4041	7312	9130
	开封市	226	408	927	1617	1888
	洛阳市	423	1112	2320	3507	4290
	安阳市	256	557	1316	1883	2250
	鹤壁市	85	186	429	718	828
	新乡市	281	525	1184	2000	2358
	焦作市	229	584	1240	1926	2280
	濮阳市	204	384	775	1336	1621
	三门峡市	162	334	872	1256	1461
	济源市	58	139	341	498	600
	聊城市	275	693	1622	2664	3064
	菏泽市	211	514	1370	2420	2820

2. 城市群三大产业变化趋势

黄河流域三大城市群矿产资源禀赋普遍极高，在我国所有城市群中资源型城市占比最多，三大城市群所属的28个城市中有16个被确定为资源型城市。依托丰富的矿产资源，三大城市群的煤炭开采、煤电、煤化工等重化工业迅速发展，并形成了以工业发展为主要推动力的经济结构。

如图2-4所示，2001~2019年，呼包鄂榆城市群规模以上工业增加值从198.64亿元增长至4480.96亿元，涨幅高达22倍；关中平原城市群规模以上工业增加值从476.93亿元增长至5081.97亿元，涨幅接近10倍；中原城市群规模以上工业增加值从971.57亿元增长至13410.59亿元，涨幅近13倍。

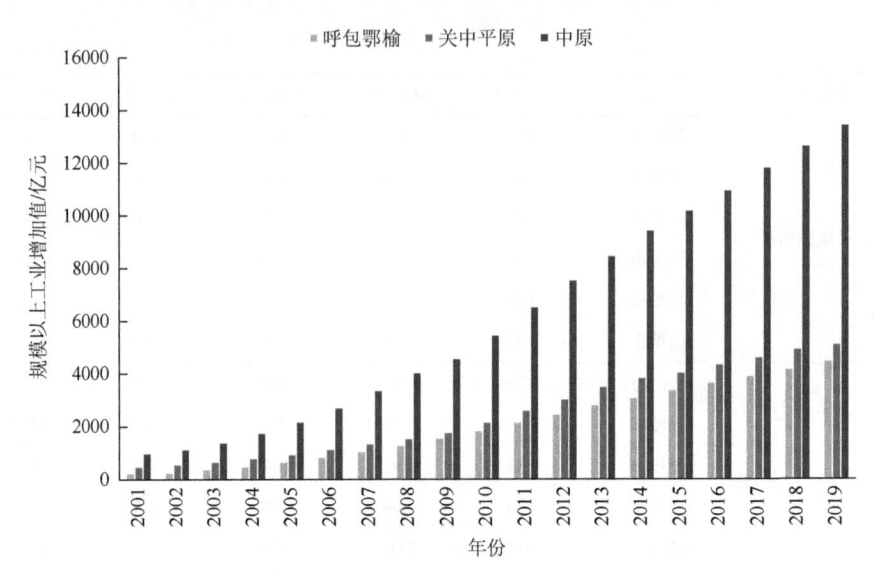

图 2-4　三大城市群工业发展趋势

呼包鄂榆城市群产业特色鲜明，煤炭、油气、电力、新能源已成为支柱产业。煤制油、煤制烯烃、煤制天然气等项目集中，是全国最重要的现代煤化工产业示范基地，其新材料、冶金和装备制造等产业在国内占有重要地位。鄂尔多斯市作为全国重要的能源化工基地，煤化工、煤电、清洁能源已成为鄂尔多斯市的支柱产业；包头市是该地区制造业、工业中心，全球轻稀土产业中心；榆林市 2017 年 802 户规模以上工业企业完成总产值 4234 亿元，比 2016 年增长 27.6%，煤化工产业正在迈向高端化；呼和浩特市作为内蒙古自治区首府，旅游、商贸、金融、大数据等服务业发展较快。从工业增加值占比来看，2017 年鄂尔多斯市、榆林市的工业增加值占比分别为 63.64%、61.27%，工业发展的社会经济推动作用尤为明显。从三大产业的区位熵来看，呼包鄂榆四市的产业发展存在着明显的梯度和各自的比较优势。呼和浩特市第三产业是地区的专业化部门，在竞争中具有比较优势，服务业专业化程度较高，成为其经济增长的动力，并对周边城市有带动作用。

与呼包鄂榆城市群相比，关中平原城市群内部的产业结构梯度差异明显，发展极不平衡。西安市作为关中平原城市群的中心城市，产业结构持续优化，以"高端产业和产业高端"为特点的先进制造业是西安市社会经济的支柱产业。2020 年，西安制造业增加值 1622.63 亿元，占 GDP 比例为 16.2%，增速 7.3%，比 GDP 增速高 2.1%。2020 年在新冠肺炎疫情突发的背景下，以高技术、数字化支撑工业企业持续生产，逆势而上，先进制造业六大支柱产业产值增速为 23.7%，拉动规模以上工业较快增长，规模以上工业增加值增速达到 7.0%，高于全国的 4.2%，高于全省的 6%，在副省级城市中排在第三位，工业增速位次较 2015 年提升五位。

此外，现代服务业不断壮大，网络订餐、线上购物、共享经济、数字经济、互联网金融等新型产业实现数字经济与实体经济融合发展，成为经济增长、稳定就业的新动力。如表 2-7 所示，从三次产业结构占比来看，2017 年只有西安的第三产业占比高于全国平均水平 51.6%，也只有西安、运城、天水的产业结构呈现出配第-克拉克定理中"三二一"的高级产业结构状态，而宝鸡、咸阳、铜川、渭南、商洛、临汾、庆阳均为"二三一"的产业结构状态，特别是宝鸡和咸阳，第二产业占比高达 63.51%和 57.93%。根据钱纳里工业化阶段理论的划分方法，西安已进入后工业化阶段；宝鸡、铜川、临汾第一产业占比均小于 10%，均以第二产业为主，处于工业化后期阶段；咸阳、渭南、商洛、运城、天水、庆阳第一产业占比处于 10%~20%，以第二产业或第三产业为主，处于工业化中期阶段。

表 2-7 2017 年关中平原城市群各城市三次产业的结构状况

城市	地区生产总值/万元	GDP 增速/%	人均地区生产总值/元	第一产业占GDP 比例/%	第二产业占GDP 比例/%	第三产业占GDP 比例/%
西安	62571800	8.5	71357	3.71	35.12	61.17
宝鸡	19321400	9.3	51262	8.87	63.51	27.62
咸阳	23909700	7.7	48016	14.44	57.93	27.63
铜川	3116070	7	36803	7.67	51.90	40.42
渭南	14886210	7.5	27743	15.1	46.03	38.87
商洛	6992980	10	29574	13.82	53.17	33.01
运城	12223486	4	23106	16.49	36.31	47.20
临汾	12051761	3.4	27102	7.96	46.56	45.48
天水	5905136	8.6	17800	17	32.17	50.83
庆阳	5978324	7.7	26734	14.3	48.17	37.53

中原城市群各城市的发展水平不同，三大产业结构相差明显。总体来看，2017 年中原城市群三产占比为 8.68：49.45：41.87，第二产业在经济结构中占优势地位。具体来看，郑州市的 GDP 居于城市群之首，产业结构相对合理，近年来，已经形成了非金属矿物制造业、计算机通信业、批发零售、交通运输以及金融业等多个行业蓬勃发展的局面。从产业结构来看，第二产业和第三产业对其地区生产总值影响较大，二者在地区生产总值中占比达 80%以上，而第一产业占比较低。就演变趋势看，第二产业和第三产业在地区生产总值中所占比重逐渐提高，到 2017 年两者合计占比达 98.26%，而第一产业在郑州市的地区生产总值中所占比重随时间变化而下降，至 2017 年已经减少至不到 2%。在郑州市地区生产总值的支柱产业中，第二产业所占比重呈逐渐减小的趋势，第三产业随经济发展占比逐

渐增加，2015 年呈现出赶超第二产业的趋势，从 2016 年开始，其在地区生产总值中的占比已超过第二产业。从工业增加值占比来看，济源市的工业增加值约占 GDP 的 60%，是中原城市群中工业主导地位最突出的城市。2020 年，济源市规模以上工业中，传统产业增长 3.3%，占规模以上工业的 61.8%；战略性新兴产业增长 14.7%，占规模以上工业的 4%；高新技术产业增长 14.2%，占规模以上工业的 31.2%；高耗能工业增长 4.7%，占规模以上工业的 56.5%。此外，城市群内的鹤壁、焦作、濮阳等地市的工业增加值占 GDP 比重也均超过 50%。

综合来看，中原城市群近 10 年来吸纳就业能力显著增强，制造业、其他工业和其他服务业为中原城市群三大支柱行业，而高级生产性服务业与一般生产性服务业发育程度较低，中原城市群整体处于产业价值链的中下游。并且第二产业比重不断提高，第三产业比重下降明显，呈现产业结构退化和再工业化趋势。此外，中原城市群的专业化分工格局正在减弱，表现为反映职能强度的区位熵值显著下降。

2.2.3 城市群工业结构变化特征

1. 城市群主导产业变化趋势

为分析三大城市群主导产业在 1998～2017 年的变化情况，依据《国民经济行业分类》（GB/T 4754—2017）中的行业分类，将三大城市群 1998～2017 年各行业占相应城市群工业总产值比重排名（附录 A），选取各年占比最高的五个行业作为城市群主导产业。表 2-8 为上述方法选取的 1998～2017 年三大城市群重点年份主导产业变化情况。

表 2-8　黄河流域三大城市群主导产业变化（1998～2017 年）

城市群	1998 年 产业	占比/%	2007 年 产业	占比/%	2017 年 产业	占比/%
呼包鄂榆城市群	黑色金属冶炼和压延加工业	34.5	煤炭开采和洗选业	26.3	煤炭开采和洗选业	28.9
	纺织业	10.0	黑色金属冶炼和压延加工业	16.5	化学原料和化学制品制造业	9.8
	电力、热力生产和供应业	7.6	电力、热力生产和供应业	11.2	石油和天然气开采业	9.1
	有色金属冶炼和压延加工业	6.5	有色金属冶炼和压延加工业	7.3	电力、热力生产和供应业	9.0
	化学原料和化学制品制造业	6.1	食品制造业	6.4	石油加工、炼焦和核燃料加工业	8.3

续表

城市群	1998年 产业	占比/%	2007年 产业	占比/%	2017年 产业	占比/%
关中平原城市群	计算机、通信和其他电子设备制造业	11.7	黑色金属冶炼和压延加工业	11.6	煤炭开采和洗选业	8.5
	汽车制造业	8.2	有色金属冶炼和压延加工业	10.4	有色金属冶炼和压延加工业	8.3
	黑色金属冶炼和压延加工业	7.2	汽车制造业	10.1	汽车制造业	7.9
	电力、热力生产和供应业	6.5	石油加工、炼焦和核燃料加工业	9.7	黑色金属冶炼和压延加工业	7.4
	有色金属冶炼和压延加工业	6.2	煤炭开采和洗选业	6.9	石油加工、炼焦和核燃料加工业	6.4
中原城市群	电力、热力生产和供应业	9.0	有色金属冶炼和压延加工业	11.9	非金属矿物制品业	10.5
	非金属矿物制品业	8.0	非金属矿物制品业	8.9	有色金属冶炼和压延加工业	8.1
	煤炭开采和洗选业	7.9	电力、热力生产和供应业	8.3	化学原料和化学制品制造业	7.8
	化学原料和化学制品制造业	7.3	黑色金属冶炼和压延加工业	7.1	通用设备制造业	5.8
	农副食品加工业	6.4	化学原料和化学制品制造业	6.3	农副食品加工业	5.7

从表 2-8 可以看出，呼包鄂榆城市群、关中平原城市群和中原城市群 1998～2017 年工业发展均以资源型产业和传统制造业等重工业为主导，但各城市群产业发展过程各有差异。

从变化过程上看，呼包鄂榆城市群工业化早期以钢铁等黑色金属冶炼和压延加工业以及纺织业为主，之后能源行业在这一城市群逐渐占据主导。2007 年和 2017 年煤炭开采和洗选业占比分别达到 26.3% 和 28.9%，与此同时，煤化工、天然气开采、煤电等煤基产业占工业总产值比重逐年提高，到 2017 年占城市群工业增加值的 60%。关中平原城市群和中原城市群主导产业发展都相对平均，占比最高的产业始终在 10% 左右。从关中平原城市群主导产业变化过程上看，汽车制造、有色金属冶炼和压延加工、黑色金属冶炼和压延加工在 1998～2017 年始终是城市群主导产业。同时，凭借着城市群内七个资源型城市带来的巨大资源禀赋优势，煤炭开采和洗选业在 2007 年后占工业总产值比重逐渐提高，到 2017 年已成为关中平原城市群产值最高的工业行业。相比于呼包鄂榆城市群和关中平原城市群，域内以非资源型城市为主的中原城市群则以制造业为主导，非金属矿物制品业、化学原料和化学制品制造业、有色金属冶炼和压延加工业在工业总产值中占比最高，同时作为我国重要的粮食产区，农副食品加工业在过去20年始终是中原城市群的主导产业。

2. 城市群工业结构变化

根据工业发展中各行业对生产要素（劳动力、资本和技术）的依赖程度，参考陈磊（2018）的产业划分方法，将城市群内工业行业分为劳动密集型产业、资本密集型产业和技术密集型产业这三大类。图2-5为1998~2017年三大城市群劳动密集型、资本密集型和技术密集型产业占城市群总产值的比重变化情况。表2-9为三大城市群各城市工业结构变化。

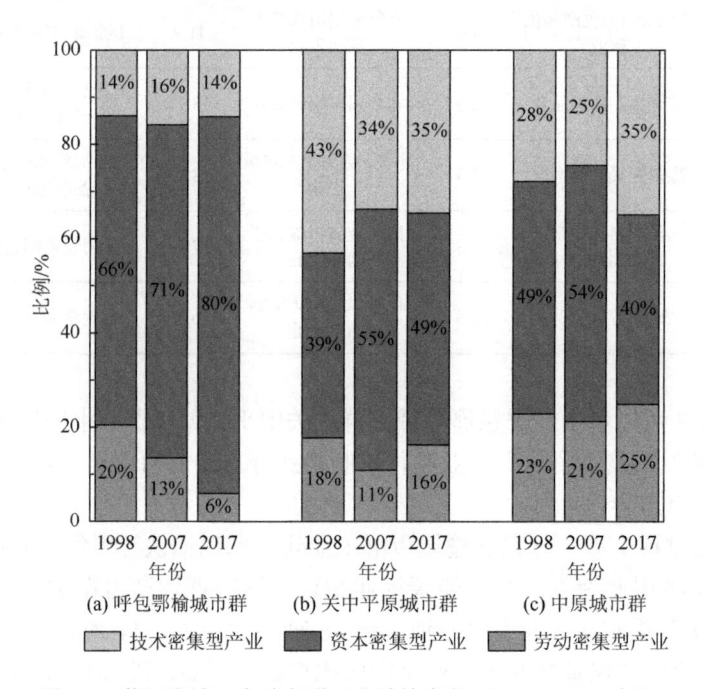

图2-5 黄河流域三大城市群工业结构变化（1998~2017年）

第 2 章　黄河流域城市群与工业发展总体概况 ·41·

表 2-9　黄河流域三大城市群各城市工业结构变化（1998~2017 年）

城市群	城市	1998 年				2007 年				2017 年			
		劳动密集型产业	资本密集型产业	技术密集型产业	工业总产值	劳动密集型产业	资本密集型产业	技术密集型产业	工业总产值	劳动密集型产业	资本密集型产业	技术密集型产业	工业总产值
呼包鄂榆城市群	呼和浩特	34.10	41.10	24.80	83.64	37.84	37.71	24.45	822.78	23.28	56.70	20.02	1340.60
	包头	14.47	75.30	10.22	277.95	6.15	74.92	18.93	1286.41	6.93	83.60	9.47	3440.91
	鄂尔多斯	30.37	53.44	16.19	61.64	11.66	78.09	10.25	959.51	2.17	78.76	19.07	3449.65
	榆林	13.96	69.29	16.75	20.57	1.39	90.04	8.57	758.53	2.40	85.05	12.55	4134.46
关中平原城市群	西安	23.08	10.02	66.90	340.37	15.36	15.89	68.75	1577.05	13.47	18.43	68.10	5388.20
	铜川	10.58	85.64	3.79	25.46	4.96	87.46	7.58	123.76	12.51	75.70	11.79	559.04
	宝鸡	15.95	47.55	36.51	161.91	15.95	47.55	36.51	809.53	17.78	57.74	24.48	3058.71
	咸阳	22.10	17.44	60.46	178.45	22.56	44.64	32.80	583.37	32.81	45.43	21.77	3090.97
	渭南	10.39	75.61	14.00	117.42	10.39	75.61	14.00	469.68	16.04	60.48	23.48	2048.17
	商洛	4.72	36.72	58.56	12.23	4.45	80.27	15.28	630.10	2.83	68.60	28.58	392.41
	庆阳	6.59	91.11	2.30	51.43	2.44	96.72	0.85	199.23	3.91	94.65	1.44	476.30
	天水	19.39	22.37	58.24	26.57	12.33	31.48	56.18	88.96	12.22	37.07	50.72	316.14
	临汾	10.79	67.76	21.45	97.76	0.90	89.91	9.19	960.54	1.35	93.28	5.37	1625.82
	运城	17.05	58.43	24.52	105.81	10.80	73.23	15.97	839.12	13.73	59.39	26.88	1667.08
中原城市群	长治	1.62	83.18	15.20	146.02	2.87	72.45	24.68	508.80	4.84	80.13	15.02	1664.20
	晋城	4.36	88.30	7.34	135.60	4.02	86.02	9.96	436.90	2.42	77.11	20.47	1108.44
	郑州	19.62	55.05	25.32	504.76	16.54	59.12	24.33	3135.63	12.39	44.39	43.22	16286.56
	开封	42.22	18.19	39.59	103.76	36.14	24.13	39.73	187.63	52.04	17.66	30.30	2799.82
	洛阳	13.53	48.49	37.98	303.30	6.79	68.12	25.09	2167.92	17.63	50.25	32.12	7262.67

续表

城市群	城市	1998年				2007年				2017年			
		劳动密集型产业	资本密集型产业	技术密集型产业	工业总产值	劳动密集型产业	资本密集型产业	技术密集型产业	工业总产值	劳动密集型产业	资本密集型产业	技术密集型产业	工业总产值
中原城市群	安阳	16.87	55.77	27.37	196.40	12.83	72.07	15.09	1261.60	21.19	50.75	28.06	4103.89
	鹤壁	31.20	47.63	21.17	73.56	34.73	40.37	24.90	463.77	41.93	33.61	24.47	2175.10
	新乡	26.93	27.69	45.38	244.61	30.13	24.02	45.85	1062.82	26.74	19.90	53.36	4104.86
	焦作	28.43	45.56	26.01	457.86	28.43	45.56	26.01	1831.44	29.14	33.47	37.39	6586.45
	濮阳	23.48	58.18	18.34	130.90	25.25	53.02	21.73	831.51	42.34	18.11	39.55	3909.12
	三门峡	11.95	78.37	9.68	125.05	5.48	85.48	9.04	1022.03	7.23	81.75	11.02	3932.14
	济源	9.97	72.25	17.78	39.46	3.13	84.09	12.78	460.10	11.86	64.09	24.06	2024.38
	聊城	40.85	12.42	46.73	204.86	36.07	33.17	30.76	2103.23	34.85	31.07	34.08	7327.27
	菏泽	60.81	23.71	15.48	69.41	49.92	24.33	25.75	966.51	40.39	22.61	37.00	8064.01

注：表中数据为四舍五入结果。

在城市群层面，从图 2-5 可以看出，三大城市群在 1998~2017 年工业结构均出现了明显的变动。呼包鄂榆城市群技术密集型、资本密集型和劳动密集型产业占比从 1998 年的 14%：66%：20%，变化到 2017 年的 14%：80%：6%。这表明资本密集型产业在呼包鄂榆城市群工业结构中占绝对主导，同时，结合表 2-7 中主导产业的变化情况，以资源型城市为主的呼包鄂榆城市群已经出现了工业发展对煤炭资源型产业的路径依赖。关中平原城市群三类产业占比从 1998 年的 43%：39%：18%，变化到 2017 年的 35%：49%：16%，资本密集型产业比重提高 10 个百分点并取代技术密集型产业成为关中平原城市群占比最高的产业类型。中原城市群三类产业占比从 1998 年的 28%：49%：23%，变化到 2017 年的 35%：40%：25%，技术密集型产业在 20 年间比重增加了 7 个百分点，而资本密集型产业减少了 9 个百分点。

在城市层面，如表 2-9 所示，呼包鄂榆城市群内四个城市都以资本密集型产业为主，产业结构在 1998~2017 年没有发生明显变化。关中平原城市群内产业结构则发生了巨大的变化，除西安几乎保持不变外，渭南、铜川资本密集型产业占比在 1998~2017 年降低了 10%左右，技术密集型产业占比均提高 5%以上，然而，另外两个工业规模较大的城市宝鸡和咸阳技术密集型产业占比明显降低，资本密集型和劳动密集型产业占比明显提高。在中原城市群内除聊城和三门峡外，其他所有城市在 1998~2017 年资本密集型产业占比均出现不同程度的下降，同时，晋城、郑州、焦作、濮阳和菏泽的技术密集型产业占比在 1998~2017 年都提高了 10%以上。

三大城市群以及群内城市在主导产业和工业结构的变化，必然会带来城市群工业生态效率和工业增长质量的时空变化，从而带来工业可持续性的明显变化。城市群之间和城市群内部城市之间工业结构的差异也必然会导致工业可持续性存在时空差异。

3. 城市群工业发展格局特征

1）呼包鄂榆城市群

呼包鄂榆城市群工业化早期以钢铁等黑色金属冶炼和压延加工业及纺织业为主，此后能源行业在这一城市群逐渐占据主导地位，其中，煤炭开采和洗选业占比最高。从工业结构来看，资本密集型产业在呼包鄂榆城市群工业结构中占绝对主导，且资本密集型产业比重呈上升趋势。

如表 2-10 所示，分城市来看，呼和浩特市在城市群中发挥区域中心城市作用。呼和浩特市作为内蒙古自治区的省会城市，产业发展以现代服务业、现代农牧业和新兴产业为主，工业产业在社会产业结构中比重低，呼和浩特市资源型产业基础薄弱，与包头市、鄂尔多斯市、榆林市相比并无优势的资源型产业，而以大数据产业和新能源产业为代表的战略性新兴产业已初具规模，但综合发展水平较低。呼和浩特市当前正大力建设国家级乳业生产加工基地和大数据产业基地。

表 2-10　呼包鄂榆城市群各城市的优势产业

城市	优势产业
呼和浩特市	农副产品加工业、大数据产业
包头市	稀土新材料、新型冶金、现代装备制造、农畜产品精深加工
鄂尔多斯市	能源化工业
榆林市	能源化工业

包头市作为城市群区域重要的传统型工业城市，是国家新型城镇化综合试点城市和"中国制造 2025"试点示范区。近年来包头市城市经济增长逐渐摆脱了单纯依赖资源开采，非资源型产业开始成为经济增长的主要动力。包头市近年来重点发展稀土新材料、新型冶金、现代装备制造、农畜产品精深加工等产业，打造具有全球影响力的"稀土+"产业中心。

鄂尔多斯市和榆林市作为区域重要节点城市，均为资源型城市且处于快速成长期。资源开发量不断上升，资源可开采年限长，资源型经济发展迅速。鄂尔多斯市具有国家高新技术产业园区、装备制造基地、空港园区、综合保税区，打造资源精深加工中心和一流的能源化工产业示范基地。榆林市近年来发展能源化工产业，建设高端能源化工基地。

2) 关中平原城市群

从关中平原城市群主导产业变化过程上看，汽车制造、有色金属冶炼和压延加工、黑色金属冶炼和压延加工在 1998～2017 年始终是城市群主导产业。同时，凭借着城市群内七个资源型城市带来的巨大的资源禀赋优势，煤炭开采和洗选业在 2007 年后占工业总产值比重逐渐提高，到 2017 年已取代计算机、通信和其他电子设备制造业成为关中平原城市群产值最高的工业行业。2017 年关中平原城市群资本密集型产业取代技术密集型产业成为占比最高的产业类型，表明传统的资源型产业比重逐渐超过装备制造业。

表 2-11 为关中平原城市群各城市优势产业。西安市作为陕西省的省会城市，是中国西部地区最重要的国防科技工业和高新技术产业基地。由于特殊的战略地位，西安市拥有较全的工业门类，共计 39 个工业大类，191 个中类，525 个小类，装备制造基础良好，军工科教资源富集。装备制造业一直是西安市的龙头产业，当前该市朝着先进制造业强市方向迈进，做大电子信息业、汽车、航空航天等八大产业集群，打造高新技术、文化旅游、先进制造业三大产业带，产业集聚效应显著提升。

表 2-11 关中平原城市群各城市的优势产业

城市	部分优势产业
西安市	装备制造、电子信息业、汽车零部件、航空航天
铜川市	能源化工业、食品加工业
宝鸡市	汽车零部件、钛及钛合金、能源化工业、装备制造业
咸阳市	能源化工业、食品加工业、装备制造业、电子信息业、建材业、医药制造业、纺织服装业
渭南市	能源化工业、装备制造业
商洛市	有色金属冶炼及压延加工业、木材加工业和非金属采矿业
庆阳市	煤炭开采和洗选业
天水市	机械制造、电工电气、装备制造业
临汾市	能源化工业
运城市	能源化工业

咸阳市随着西咸一体化进程的进一步推进,咸阳—西安主城区已基本连成一片,成为关中城市群建设发展的核心区域。咸阳逐步构建起以能源化工业、食品加工业、装备制造业、电子信息业、建材业、医药制造业、纺织服装业七大支柱产业为代表的特色产业体系。

宝鸡市在改革开放以后从以往的粗放型工业加工转变为以汽车零部件、钛及钛合金、能源化工、装备制造业五大支柱产业集群,钛及钛合金产业的发展规模居全国之首、全球第二。

铜川市、庆阳市、临汾市和运城市均为资源型城市,渭南市正着力打造高端能源化工基地,临汾市和庆阳市的采矿业区域优势明显,临汾市的支柱性产业为依托煤炭发展的能源化工业。

综合来看,关中平原城市群中,西安市的经济发展水平遥遥领先于其他城市。从工业产业来看,采矿业和能源化工产业在关中平原城市群中占有很大的优势,其中,铜川市、宝鸡市、咸阳市、渭南市、临汾市、庆阳市、运城市优势明显。制造业水平整体比较低下,西安—咸阳—渭南是关中平原城市群制造业集聚的最大核心区域,而宝鸡市则是制造业集聚的另一核心区域,形成了两个核心的空间格局。其他城市的制造业水平普遍较低。

3) 中原城市群

中原城市群以非资源型城市为主,工业发展则以制造业为主导,非金属采矿业、化学原料和化学制品制造业、有色金属冶炼及压延加工业、食品加工业在工业总产值中占比最高。中原城市群技术密集型产业在 1998~2017 年比例增加了 7 个百分点,而资本密集型产业比例降低了 9 个百分点,技术密集型产业比重与资本密集型产业差距逐渐缩小。

表 2-12 为中原城市群各城市的优势产业，郑州市作为国家中心城市和中原城市群核心城市，近几年来，郑州市不断调整内部工业架构，确立了郑州市的七大主导产业（电子信息业、新材料产业、生物及医药产业、现代食品制造业、家居和品牌服装制造业、汽车及装备制造业、铝及铝精深加工业），工业经济逐步由传统的高能耗产业向高新技术产业转变。

表 2-12 中原城市群各城市的优势产业

城市	优势产业
长治市	能源化工业
晋城市	煤炭化工、钢铁铸造、煤层气产业、光机电
郑州市	电子信息业、新材料产业、生物及医药产业、现代食品制造业、家居和品牌服装制造业、汽车及装备制造业、铝及铝精深加工业
开封市	装备制造业、森工、化工、纺织、食品加工业
洛阳市	有色金属矿采选业，家具制造业，石油加工、炼焦和核燃料加工业，化学原料和化学制品制造业
安阳市	煤炭开采与洗选业、黑色金属冶炼及压延加工业、非金属矿物制品业
鹤壁市	汽车制造业、化学原料及化学制品制造业、非金属矿物制品业、专用设备制造业
新乡市	装备制造业、食品加工业、纺织服装、现代家居
焦作市	能源化工业、装备制造业、食品加工业
濮阳市	能源化工业、装备制造业、食品加工业、家具制造
三门峡市	有色金属冶炼及压延加工业、煤炭开采与洗选业、有色金属矿采选业
济源市	钢铁、铅锌、能源化工业、装备制造业、电子信息业
聊城市	有色金属及金属深加工、绿色化工、纺织服装
菏泽市	农副产品精深加工、机电设备制造、生物及医药产业

随着郑汴一体化，开封市与郑州市的联系进一步加强，由此承接了部分其他服务业职能。当前，开封市共有包括装备制造业、森工、化工、纺织、食品加工业在内的多个产业集聚区。

洛阳市是中原城市群第二大核心城市。当前洛阳市已经从以制造业为主的第二产业逐渐升级为以第三产业为优势职能的城市。近年来，洛阳市以发展其他服务业职能为契机，努力向生产性服务业转变，成为与郑州市并立的服务业中心。洛阳市是全国重要的现代装备制造业基地和区域服务中心以及全国性重要交通枢纽。围绕这三个定位，洛阳市在努力发展成为郑州市之外中原城市群的第二个增长极。

第 3 章　城市群工业可持续性评价概念模型与技术框架

工业可持续性是一个包含众多要素的复杂系统，是工业发展与资源环境要素之间通过内部组织相互作用形成的复合系统。在高质量发展背景下，亟待明确工业可持续性与城市群高质量发展核心目标之间的相互联系，以便进一步确定工业可持续性（IS）评价的主要目标及评价重点。有必要对高质量发展视域下城市群工业可持续性进行系统分析，并在此基础上从高质量发展的效率和质量两个视角，构建包括工业生态效率（IEE）评价和工业增长质量（IGQ）评价的工业可持续性效率-质量（efficiency & quality，E&Q）双螺旋评价概念模型，并据此建立相应的评价技术框架。

3.1　城市群工业可持续性系统分析

3.1.1　工业环境可持续性的耦合机制

城市群内工业可持续性的核心机制是工业发展与资源环境两系统之间的耦合，二者存在紧密的联系。工业高质量发展的过程是对自然资本内化的过程，在生态环境系统的支撑与限制作用下，工业系统朝着特定发展方向演进，而工业发展对生态环境系统结构、功能、效用等也会产生强烈干预作用，是生态环境演化的重要推动力（刘琳轲等，2021；马海涛和徐楦钫，2020）。一般来说，工业发展的水平、方式、侧重点、目标不同，生态环境水平就不同，而良好的生态环境不仅可以促进地区高质量水平的显著提升，而且可以为优化工业发展系统提供条件（Liu W et al.，2018；Kunz et al.，2013）。两系统相互作用、相互渗透、彼此影响，共同构成一种复杂、动态的耦合关系。

1. 工业发展对资源环境的影响

工业发展对城市资源环境保护存在双向反馈关系，工业规模的扩张在提高工业经济产出的同时必然以能源和城市水资源的消耗为基础（杜勇，2017），工业发展过程中带来大气污染、水污染、植被破坏、水土流失等环境问题，增加了城市的污染负荷和治理成本（Chen et al., 2019；Cheng et al., 2020）。同时，高质量的工业增长又是保证城市生态环境质量提高的经济基础，对城市资源节约和环境保护具有推动作用（Kuai et al., 2019）。具体作用路径主要体现在三个方面：①高质量的工业增长为城市环境保护和生态修复提供资金支持。合理的工业扩张带来了更多的资金投入、先进的环保技术，对工业减排、改善生态环境和提高环境管理水平起到了促进作用。高质量的工业发展是城市工业化到特定阶段的产物，在这种情况下企业和城市才有足够的经济基础进行环境保护和修复投资，环境质量下降和生态资源过分消耗才能得到遏制。②城市工业的高质量发展寻求通过技术进步和工业结构优化的同时带动能源供应和消费结构变化，持续提高的工业经济产出也促进了污染治理和资源利用技术的升级，带来结构效应和技术效应，能够减少单位产出的污染排放、资源消耗和生态破坏，最终通过源头防控达到促进环境保护的目的。③城市工业的高质量发展能够促进工业发展对生态环境保护的反哺作用。工业的进步为城市提供了就业机会，并促进居民收入提高，工业服务业发展则进一步促进了当地就业结构优化和人才集聚（张芷若和谷国锋，2020）。伴随着人们生活水平的提升，公众对高品质生态环境产品与服务的需求也会迅速增长，工业决策者环境意识也会进一步加强。同时，政府为了满足群众日益增长的环境质量要求，会加强工业环境管制；企业为了进一步提高发展质量而吸引资本和人才的集聚也会使对生产过程的环境治理能力提高。

2. 资源环境对工业发展的支撑和约束作用

资源环境是人类生存、发展以及进行各种活动的载体，为工业发展提供物质基础和生产要素，为城市工业经济提供发展空间，资源环境支撑和约束了城市工业的发展，具体路径表现在三个方面：①资源环境对城市工业系统具有资源保障和发展约束作用（Hendiani and Bagherpour, 2019）。城市环境系统为工业生产提供了水资源、能源和土地等重要资源要素，同时，工业可持续性强调将生态环境保持良好状态作为基本的约束，环境保护的约束要求限制了城市工业用水的供应不能影响生活、生态和基本农业生产用水；土地资源的供应和利用不能挤占生活和生态空间（Wang et al., 2020）。环境保护的约束要求在保障工业发展生产要素的同时为工业发展划定生态环境和资源边界（Cheng and Li, 2019）。②生态环境保护不仅可以促进工业发展水平的显著提升，还为实现工业高质量发展提供支撑条件。资源集约和环境保护能够促进工业系统提高清洁生产水平，升级污染治理设施，降低工业污染物排放总量和强度，从而保护和改善城市生态环境，降低由工业发展带来的环境负效应。良好的城市生态环境有助于城市工业人才和技术集聚，并进一步推动工业要素配置效率水平的优化，为工业高质量发展提供更多空间

（Valenzuela-Venegas et al.，2016）。③资源管理和环境管制方式对工业动能切换具有推动作用。环境治理方式从"末端治理"向以目标为导向的全过程管理转变，倒逼工业发展模式转变，优化产业结构、能源消费结构，升级工业生产技术和集约水平，提高工业资源利用效率和发展质量（Cheng et al.，2020）。

3. 城市群资源环境对工业发展的耦合动态关系

城市群工业可持续需要工业发展系统和资源环境系统的共同推动，两个子系统之间也存在相互作用，并以拮抗、协同、兼容三种形式表现出来。两个子系统的复杂关系是引起协调、兼容和拮抗作用的基础，并且沿着"兼容性—拮抗作用—兼容性—协同作用—兼容性—拮抗作用"的路径循环往复（图3-1）。

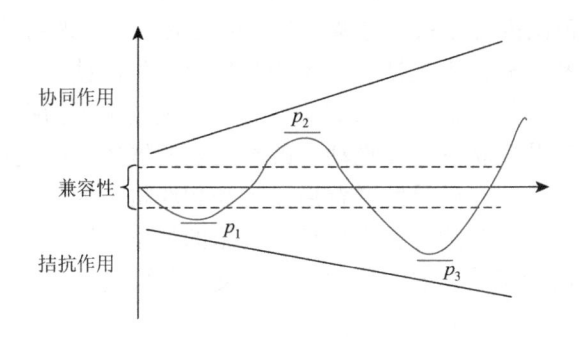

图 3-1 工业发展和资源环境耦合关系变化路径（赵传松，2019）

当工业发展水平较低时，工业规模增加带动工业资本投入和经济产出快速增加，工业规模效应处于递增状态，工业生产的资源环境效率水平提高，工业对城市的影响总体较小，工业发展和资源环境的耦合处于兼容状态，不同子系统和要素之间虽然呈现自主发展的和谐关系，但系统整体可持续发展水平偏低。随着城市工业发展加快，城市经济社会发展和环境资源要素之间基于不同利益主体的发展需求，存在相互促进的协同表现，又表现出相互抑制的拮抗关系。工业规模快速扩大促进了工业产出的迅速增加，但是工业资源利用和污染治理水平相对滞后，环境污染和生态扰动增加，工业经济发展受到资源和环境的约束愈发强烈，工业发展与资源环境表现为拮抗关系。拮抗作用使得系统的环境可持续性逐渐下降，但在这个过程中生产系统和支撑系统会自发解决各要素之间相互抑制问题，通过提高资源利用效率和环境治理水平、优化生产结构和技术、加强环境管理政策引导等手段，工业发展效率和质量又逐渐趋于协调，并进入高水平耦合，城市工业环境可持续性水平又逐渐提升。

3.1.2 工业环境可持续性的系统层次

从系统层次上看,传统的城市工业可持续性研究大多数仅分析工业系统与城市交互层面的耦合关联关系,主要围绕"经济-社会-环境-资源"四个维度,属于单层次的耦合指数系统,城市群工业可持续性研究需要从工业高质量发展的不同层次分别探讨工业系统与资源环境的耦合关系的状态表现。如图 3-2 所示,三大变革分别对应城市工业系统的三个层次的高质量发展需求。效率变革是高质量发展在工业生产层面的表现,通过工业生产过程中能源、水资源、资金、劳动力等全要素配置水平的改变,以更少的资源投入和污染排放换取更多的工业产出,提高工业生产要素的转化效率和全要素生产率。质量变革是高质量发展在更大的范围内工业系统与城市交互层面的表现,既包括工业产品质量、生产方式的变革和提升,也包括工业系统与城市在生产技术、民生改善、社会福利、资源支撑、环境保护等方面的交互影响的绩效水平的提高。动力变革是效率变革和质量变革在状态层面推动和改善工业发展质量的变革。相比而言,动力变革一方面是工业高质量发展背后驱动和制约机制的转换,另一方面也是实现效率变革和质量变革的工业优化相应措施的调整。因此,效率变革和质量变革是城市群高质量工业发展的目的,动力变革是实现这一目的的驱动和反馈机制。

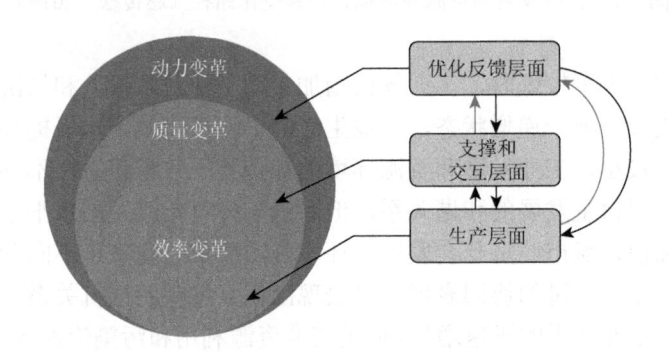

图 3-2 工业高质量发展的层次

城市群工业可持续性中工业发展与资源环境的耦合可以进一步分解为经济、社会、环境和资源四个工业可持续性(IS)基本维度之间的耦合。在这一框架下,城市群 IS 的耦合层次与图 3-2 中工业高质量发展的三个层次相对应,包括生产层面的耦合、支撑和交互层面的耦合、优化反馈层面的耦合三个层次。

1. 生产层面的耦合

城市工业生产层面的耦合以工业生态效率为表征。工业生产层面的耦合要素包括在一个城市范围内所有生产主体中参与到所有工业生产的劳动力、资本、能源、资源等投入要素，以及经过工业生产过程转化出的工业经济产出和工业污染排放等产出要素。

2. 支撑和交互层面的耦合

城市中工业生产系统是无法独立存在的，在工业生产过程中，工业系统与所在城市通过物质、能量和信息的相互流动，在经济、社会、资源和环境等要素上存在复杂的交互影响和相互支撑作用。支撑和交互层面的耦合以工业增长质量状态为表征。支撑和交互层面的耦合要素包括能够体现工业发展在经济技术、社会福利、资源利用和环境治理四个要素维度上的效益水平及其与城市相互影响的指标。例如，工业自身效益要素包括工业劳动生产率、工业资产贡献率等指标；工业对城市的影响既包括工业从业人员工资增长率、城镇居民收入水平等社会福利影响，也包括工业污染占城市污染比重、工业水循环利用率等资源和环境保护的影响；城市对工业的影响则包括城市工业从业人员的素质水平、城市的工业能源供应结构、城市对工业的环境管理等。

3. 优化反馈层面的耦合

优化反馈过程则是对工业发展过程中主要问题进行识别和解决的动态过程。优化反馈层面的耦合要素包括驱动和影响城市群工业可持续性时空演化的关键制约因素和主要影响因素。耦合的表现为以这些要素作为关键优化因子形成工业优化路径，以及促进工业发展和资源环境耦合水平进步，促进工业高质量发展的优化调整对策措施。

3.2 工业可持续性评价效率-质量双螺旋概念模型

在对城市群工业可持续性进行系统分析的基础上，进一步探讨通过构建高质量发展的质量变革和效率变革双螺旋概念模型开展工业可持续性评价。

3.2.1 效率-质量双螺旋概念模型评价的理论基础

螺旋推进系统方法论是根据事物从简单到复杂、从低级到高级的发展，不是直线式的，而是近似于螺旋的曲线式上升的哲学规律（Etzkowitz, 2008），在此基础上发展的针对复杂系统内解决多要素推进问题的螺旋式推进方法（丁帅，2018），其核心是按照事物演变的实际情况和规律，在解决问题的过程中，反复循环使用不同的方法，达到解决问题的目标（王聪颖，2011）。

其中，双螺旋结构模型是螺旋推进系统方法论中常见的模型之一，它常用于处理两种作用因素对目标产生的影响，能够有效提高系统分析的稳定性（丁帅，2018；马荣，2019）。当前研究中，丁帅（2018）通过构建科技和金融的双螺旋结构，对北京市创新发展进行了研究；王聪颖（2011）构建了产业集群发展与创业人才孵化的双螺旋模型，并对其进行了仿真研究；马荣（2019）构建技术与资本双螺旋模型评价了我国高铁发展对城市产业结构升级的影响。然而，当前研究中尚未出现在高质量发展视角下，针对城市群工业可持续性开展的螺旋式评价研究。

事实上，结合前文分析，高质量发展视域下城市群工业可持续性评价也具有双螺旋属性，一方面，需要考虑工业系统自身工业发展与生态环境的耦合关系，即工业生态效率；另一方面，相较于城市和工业园区工业可持续性研究，在城市群尺度上还需要综合考虑工业发展与城市群的交互作用，城市群内部工业发展的差异性、城市群内各城市的发展公平问题，工业发展过程中的代际公平和代内公平问题，以及工业发展对城市群社会、经济、环境的综合影响等，工业增长质量的变化也呈现螺旋式逐渐变化的趋势。效率和质量既相互独立，又具有一定联系，二者共同构成了城市群工业可持续性的双螺旋变化结构。

3.2.2 效率-质量双螺旋概念模型评价的结构与要素

图3-3为本书构建的城市群工业可持续性评价的效率-质量（E&Q）双螺旋评价概念模型。该模型基于前文对工业可持续性与城市群高质量发展的相互关系，从工业生态效率（IEE）和工业增长质量（IGQ）双视角构建。对E&Q双螺旋评价模型的总体结构及基本的评价要素分析如下：

从模型结构来看，E&Q双螺旋评价模型由两条评价主链及驱动两条主链时空演变的影响因素构成。其中，双螺旋的两条评价主链分别为城市群IEE评价和IGQ评价。两条主链相互独立，又具有一定联系，共同组成了城市群工业可持续性的效率-质量双螺旋评价体系。

从模型要素上看，结合前文对IEE和IGQ的定义，E&Q双螺旋评价概念模型分别关注城市群工业系统自身生产层面的投入与产出要素的配置水平，以及工业系统与城市群在经济、社会、环境等要素上相互影响和支撑作用的综合水平。

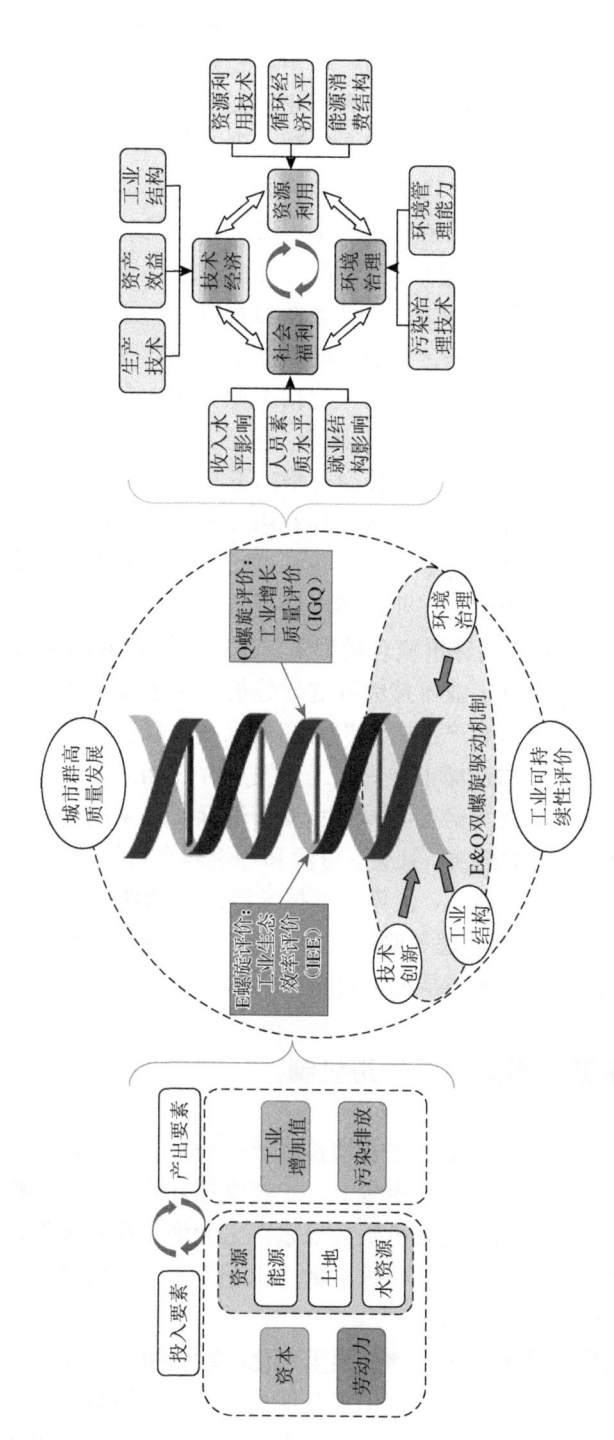

第 3 章　城市群工业可持续性评价概念模型与技术框架

图 3-3　城市群工业可持续性评价的效率-质量（E&Q）双螺旋评价概念模型（见书后彩图）

IEE 评价（效率评价）的要素包括：在一个城市或城市群范围内，所有生产主体中参与到工业生产过程的劳动力、资本、能源、资源等投入要素，以及经过工业生产过程转化出的工业经济产出和工业污染排放等产出要素。IEE 分析了工业生产过程中从资本、劳动力、资源和能源，到工业产出和污染排放的资源利用与产出转换效率，强调在同时考虑资源消耗和污染排放情况下，工业生产过程中生产资料投入量与产出量之间的配置水平。IEE 评价是对工业生产过程中各生产要素的耦合表现分析，用以判断工业生产的可持续性水平。

IGQ 评价（质量评价）除关注工业系统自身以外，更广泛地关注工业增长与周围城市和自然系统之间的综合关系。IGQ 的评价要素既要考虑工业发展自身的结构和效益等对工业生产的支撑作用（包括工业劳动生产率、工业资产贡献率等要素的表现），也要考虑工业对城市的影响（包括工业从业人员工资增长率、城镇居民收入水平等工业对社会福利和社会公平的影响），还需要着力于减轻工业对城市资源环境系统的影响（包括工业水循环利用技术、工业污染减排技术）等。同时，城市对工业的影响也被考虑在内，包括城市工业从业人员的素质水平、城市的工业能源供应结构、城市对工业的环境管理等。

在构建的 E&Q 双螺旋评价概念模型中，IEE 评价和 IGQ 评价都是从综合的视角对不同层面的城市群工业可持续性进行分析，并形成有效互补。IEE 评价关注工业生产系统自身投入和产出"量"的匹配水平。事实上，在城市群内工业生产系统是无法独立存在的，城市群内部工业发展存在相互协作和要素流动，在工业发展过程中，工业系统势必会与城市和城市群存在复杂的交互影响和相互支撑作用。IGQ 评价则通过对经济、社会、资源和环境四个可持续性评价的关键维度，对其技术水平（包括生产技术、污染治理技术等）、结构特点（包括能源结构、就业结构、产业结构）、环境管理等要素的综合状态情况进行评价，以揭示工业与城市群和城市的交互影响及支撑层面的可持续性综合表现。

3.2.3 效率-质量双螺旋相互作用机制

一般认为，工业生态效率和工业增长质量是相互独立的，分别从不同角度对城市群工业可持续性进行评价。事实上，二者既相互联系又相互作用。工业生态效率是工业增长质量变化的动力机制。反之，工业增长质量又促进了工业生态效率的优化。工业生态效率与工业增长质量的相互作用，形成了工业可持续性的效率-质量双螺旋的交互作用机制。

首先，工业生态效率是工业增长质量变化的动力机制。工业生态效率的持续提高能够提升工业决策者进一步优化工业结构、引进先进技术、提高工业从业人员素质的意愿，从而进一步提高工业的污染治理水平、资源利用水平和技术经济水平。同时，工业生态效率的提高还有助于工业系统释放更多的资金用于解决工业内部的分配公平和促进周边产业的进步等社会公平问题，从而提高工业增长质量。通常，城市群对工业环境规制要求的提高，或是先进技术设备的引进能够促进工业增长质量的提高。但是，在短期内会导致工业生产成本增加，同时由于环境规制对工业污染减排和效果的滞后性，会在一段时间内导致工业生态效率下降的现象发生。

其次，工业增长质量促进了工业生态效率的提高。工业增长质量中的工业循环经济、清洁生产、污染减排等工业资源利用和污染治理水平的提高能够促进工业生产系统中能源和资源投入与工业废物排放的减少。此外，生产技术的进步、工业结构的优化又能够反过来在一定范围内实现工业产出的增加，在提高工业增长质量的同时能够促进工业生态效率的优化。

最后，工业生态效率和工业增长质量两者相互作用，交互驱动。工业增长质量中要素水平的变化结果通过作用于污染排放、资源投入等工业生态效率核心要素，促进工业生态效率的提高。同时，工业生态效率的提高又反向带动并促进了工业增长质量中部分要素的提高，为工业增长质量提供调整和改善的空间，从而带动工业增长质量整体水平的进一步提升。二者相对独立，但又彼此相互作用与影响，且呈现出循环往复和螺旋式上升的态势。

由此可见，同时从工业生态效率和工业增长质量两个视角进行工业可持续性评价，有助于系统地掌握和分析工业可持续性水平。通过工业生态效率和工业增长质量的相互作用和共同驱动，推动城市群经济高质量发展和工业可持续性水平的提高。

3.2.4 工业可持续性主要驱动机制

工业可持续性演化是一个长期过程，系统发展演变过程中的不同阶段具有各自的特征和推动力量。开展工业可持续性驱动机制的研究旨在识别和分析在效率-质量（E&Q）双螺旋概念模型结构下，工业可持续性状态变化的主要驱动机制。图 3-4 为工业发展主要驱动因素对工业可持续性演化的影响。工业可持续性状态变化离不开多种要素的共同作用，这些因素影响了工业生态效率和工业增长质量的演变过程，同时也是未来工业转型和工业可持续性改善的主要目标。

在高质量发展背景下，城市群工业发展的主要动力是影响工业可持续性改善和工业转型发展的主要驱动机制。杨鹏（2020）认为，工业高质量发展的主要动力就是要在加强区位融合的基础上增强创新能力，优化工业和产业结构，以更少的资源消耗带来更高的经济效益；易昌良（2020）从产业技术创新、工业结构优

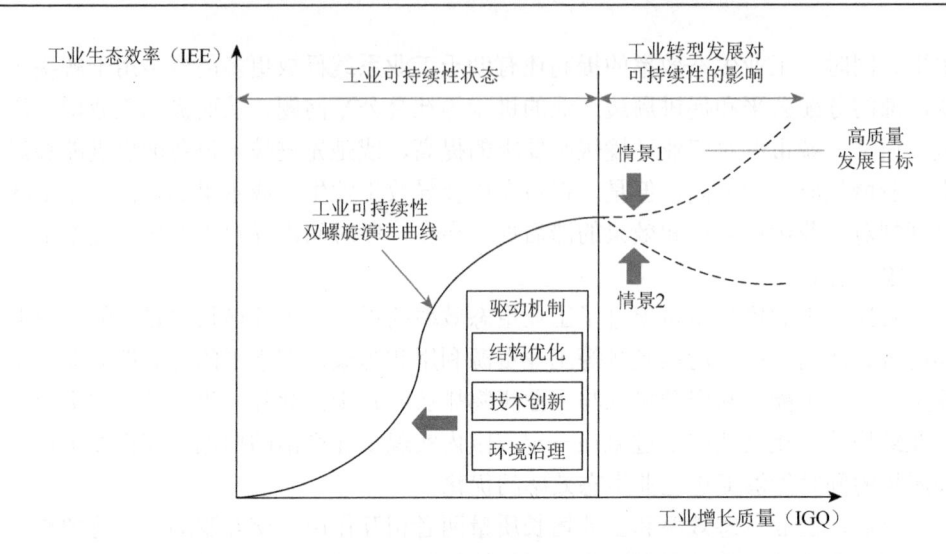

图 3-4　工业发展主要驱动因素对工业可持续性演化的影响

化、生产过程资源节约、工业生产污染排放减少及对所在地区环境改善等诸多方面对工业高质量发展的驱动和制约因素进行了探讨与分析；巨虹等（2020）认为，影响城市群工业高质量发展的因素包括结构优化、产业协同和生产效率等多个方面。

结合当前研究成果，结构优化、技术创新、环境治理和规模效益可能会影响城市群工业可持续性变化。本书对其促进城市群工业向高质量转型可能的驱动路径进行分析。

1. 结构优化

工业发展与资源环境耦合水平的提升很大程度上依赖于合理的产业结构及其不断的高级化（蒯鹏，2016；蒋闯，2017）。因此，工业结构调整是工业可持续性变化的重要驱动机制之一。如图 3-5 所示，工业结构的合理化建立在各个产业协调发展以及生产要素合理调配的基础上，通过促进产业内部以及产业之间的协调发展，实现产业优化的目标（Sueyoshi and Goto，2014）。工业的高级化，关键在于城市工业由资源和劳动密集型的高投入低产出的粗放型产业，向以高产出、高资源利用率、低污染排放的技术密集型产业转型（Arbolino et al.，2018a；Liu W et al.，2018）。这一转型过程有效推进了工业发展和资源环境协调水平的提高。工业结构的优化将带动就业结构的调整，随着高技术产业和工业服务业比重的提高，工业设计、研发、管理等人才的交流和集聚程度增加，促进工业生产技术的进步，并反向推动工业结构的持续优化，进一步驱动工业可持续性的提高（陈金英，2016）。

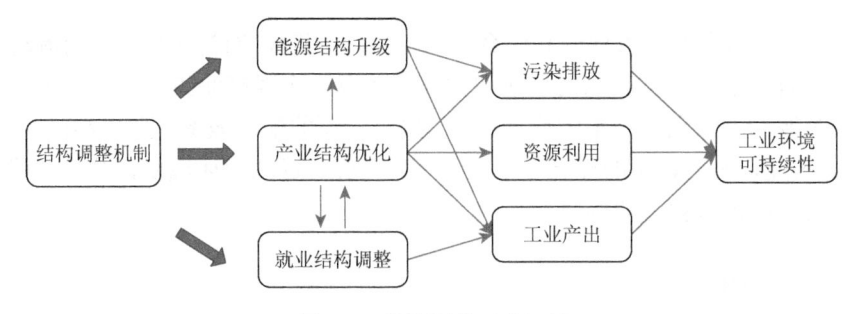

第 3 章　城市群工业可持续性评价概念模型与技术框架

图 3-5　结构调整驱动机制

能源消费结构对工业生产过程产生的污染物排放具有直接影响，工业生产过程中清洁能源消费占比越高，工业污染物排放相对越少，越有利于工业发展与资源环境的协调发展（Ouyang et al.，2021；Rath et al.，2019）。煤炭、石油、焦炭等传统化石能源使用比例越高，工业污染排放越多，工业企业需要投入的污染治理资金越多，生产成本越高，整体生产效率越低。工业化初期，能源消费往往以传统化石能源为主，随着产业的高级化，能源消费结构会向清洁能源升级（Chen et al.，2019）。

2. 技术创新

技术创新是高质量发展的核心动力机制（中国新闻网，2017）。新增长理论认为，经济增长不仅取决于资本的数量和劳动力的数量，更取决于劳动力的质量和技术进步（王雪辉和谷国锋，2016）。因此，技术创新对工业可持续性的驱动机制包括技术创新投入和人员素质两个方面。

技术创新投入是高质量发展的重要驱动因素，有助于提升自主创新能力，促进城市和城市群工业结构全面升级（徐辉等，2020）。一方面，技术创新通过增加工业科技研发投入强度，升级生产工艺和生产过程，提高产品质量和附加值（于洋等，2019）；另一方面，技术创新通过引进大量先进的技术和设备，增加能源资源利用和环境治理技术的投入，降低能源消耗，减少生产过程中污染排放等非期望产出，减少工业对环境的负影响（邢新朋，2016），提高工业资源环境要素的综合配置效率，驱动工业增长质量和工业生态效率提高，从而促进可持续性发展（何玉梅和罗巧，2018）。

人员素质在新增长理论中被认为是经济增长的重要内生技术变化因素。随着工业进入高质量发展阶段，工业结构的调整过程中高技术产业占比逐渐增加，工业从业人员素质直接影响工业发展过程中要素的配置水平。人员素质水平的提高和高技术劳动力的集聚，有利于城市工业系统更快地对先进资源利用技术和环境管理经验进行学习，实现要素向高技术产业配置，从而带动生产能力的提高、产业结构的进一步优化（姚建建和门金来，2020）。同时，创新人才资源的流动和高效配置，有助于在一定范围内形成知识外溢效应，实现产业集群的创新生成，带动区域资源和能源利用技术的快速进步，提高资源的配置效率（张芷若和谷国锋，2020）。因此，人员素质的提高能带动经济、社会、资源和环境要素共同发展，推动各要素的高水平耦合协同。

3. 环境治理

工业可持续性的变化很大程度上受到环境治理水平的影响，其中包括工业系统自身的环境治理能力和政府对工业环境规制的共同作用影响。

工业系统的环境治理在本书中并不仅限于工业末端治理技术提高对环境管理能力的促进。通过精准的工业管理和过程控制能够有效降低工业生产过程中资源和能源的消耗，这也被看作是工业环境治理的重要部分（Bi et al.，2014；Feng and Li，2020）。其中，循环经济通过优化工业生产技术和资源能源利用方式，依靠对全系统资源利用的精确管理，提高资源的再生性，以减少资源浪费的同时降低污染物排放，提高工业发展的质量和效率（Blum et al.，2020；Schöggl et al.，2020）。循环经济水平越高，工业生产的资源恢复性和可再生性越强，工业生产过程中一次能源能耗和新鲜水耗越低，工业环境污染排放越小（Zhao et al.，2017）。

环境规制是指政府针对工业发展过程带来的环境问题，通过制定和实施与之对应的环境管制措施和政策，从环境角度对工业活动进行调解，以实现工业的社会经济发展目标和环境管理目标的协同（海骏娇，2019）。环境规制对工业可持续性系统中环境保护和资源节约维度的推动作用毋庸置疑（刘燕，2018）。环境规制对工业可持续性变化的影响集中于成本约束论和"波特假说"（阎晓和涂建军，2021）。前者认为环境规制通过相关政策和法律要求将企业外部污染成本内部化，增加了城市群内企业的工业生产成本，对工业可持续性的提高有阻碍作用（Li，2019）。后者则认为环境规制会激发工业企业创新研发能力，加大资源节约和污染治理技术创新投入，改进工业管理和生产方式（黄磊和吴传清，2019），与此同时，通过制定更高的技术门槛和高标准的环境管理政策制度实现对落后产能的淘汰，优化资源配置水平，促进工业发展与资源环境的耦合（华敏，2017）。例如，高质量发展背景下，我国相继出台的"三大污染防治行动计划"和"三线一单"等具有明确目标导向的环境规制政策，对城市群及内部城市工业污染排放和资源利用具有较强的约束性作用，为工业发展框定了工业活动边界，在一定程度上能够有效地促进工业发展与资源环境目标最大化的协同（Cheng et al.，2020；Xu et al.，2018）。

4. 规模效益

从工业发展进程上看,在工业化初期的粗放式发展阶段,资本和劳动力的增加能够带来工业规模的快速扩张。特别是通过劳动密集型产业和资源型产业规模的提升实现经济增长(Wang and Feng, 2020)。然而,低水平工业的扩张也同时带来了土地资源、能源消耗和工业污染排放的快速提升,对工业发展与资源环境的耦合具有负向驱动作用。城市工业进入集约化发展阶段,工业规模的提升会进一步促进工业集聚的形成。工业集聚能够促进技术共享,企业之间通过共享污染处理技术和设备能有效减少污染排放,集聚程度越高,规模效应越明显,对工业环境可持续性提高的驱动作用越强(邢新朋,2016)。进入高质量发展阶段,规模扩张和工业集聚程度提高对经济增长的贡献接近极限,工业系统通过淘汰落后产能、控制生产规模等方式,优化和控制生产规模(徐辉等,2020)。在这一阶段,规模效益对工业可持续性的驱动机制从要素的规模扩张转向了资产效益水平的提升。一方面有助于工业企业营利能力的提高,在规模调控的同时实现经济产出的增加;另一方面较高的资产效益进一步带动工业投入升级,提高资源利用水平和污染治理技术,减少能源消耗规模和污染负荷,从而促进工业发展与资源环境耦合水平的提高,如图 3-6 所示。

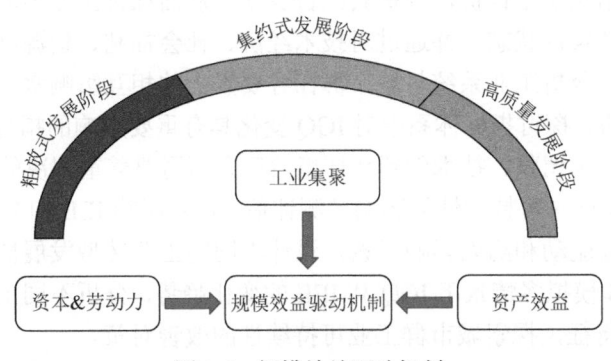

图 3-6 规模效益驱动机制

3.3 城市群工业可持续性评价重点内容与技术框架

有效评估基于 E&Q 双螺旋评价概念模型的城市群工业可持续性,需要构建一个合适的评价技术框架。与双螺旋评价模型的结构相对应,工业可持续性评价技术框架共有四个主要内容,包括一个工业综合诊断模块,工业可持续性状态评价、主要影响因素识别和工业可持续性影响预测三个评价模块。技术框架的评价重点、评价技术方法和评价技术程序具体如下。

3.3.1 工业可持续性评价重点

基于前文分析，城市群工业可持续性 E&Q 双螺旋评价概念模型包括四个重点评价模块：工业系统综合诊断、工业生态效率评价（E 螺旋评价）、工业增长质量评价（Q 螺旋评价）以及工业发展对可持续性的影响预测评估。评价重点具体如下：

（1）工业系统综合诊断。对城市群经济社会发展和工业主导产业变化进行回顾，分析城市群工业系统现状特征，剖析城市群工业发展与资源环境的主要问题，在此基础上，分析三大城市群工业绿色全要素生产率及其空间关联特征。

（2）工业生态效率（IEE）评价。从全要素视角测算工业生产过程中资本、劳动力、资源和能源投入到工业产出和污染排放的资源利用和产出转换的效率，通过工业生态效率的时空变化，分析工业生产层面要素间的工业可持续性状态；探索 IEE 变化的主要影响因素，分析结构优化、技术创新、环境治理三个 IS 的主要驱动机制对 IEE 变化的驱动和约束作用。

（3）工业增长质量（IGQ）评价。分别从经济、社会、环境和资源四个方面，选取支撑和影响工业发展的技术升级、工业结构、管理水平相关指标构建综合指数，通过工业增长质量评价，分析其综合表现，从而探讨工业与城市群支撑交互层面的工业可持续性状态，并通过对技术经济、社会福利、资源利用和环境治理四个维度评价，分析工业系统与城市群在各要素上的相互影响水平；进一步对影响因素进行分析，探讨指标体系中对 IGQ 变化具有重要影响的指标，从中分析工业增长质量在结构调整、技术创新和环境治理方面需要着重解决的问题。

（4）工业发展对可持续性的影响预测评估。针对影响 IEE 和 IGQ 时空演化和差异演变的主要驱动和约束影响因素，设计不同的工业转型发展情景，并设定发展目标，预测和模拟多情景下 IGQ 和 IEE 的变化趋势，分析不同工业优化路径下 IS 的动态响应特征，探索城市群工业可持续性的改善对策。

3.3.2 工业可持续性评价技术方法

1. 工业系统综合诊断技术方法

1）工业全要素生产率诊断模型选择

本书采用数据包络分析（DEA）模型开展工业全要素生产率综合诊断。首先，考虑如何对 DEA 模型的径向（radial）和角度（oriented）进行选择，参考王兵等（2008）的研究方法，从径向和角度的 DEA 方法转向非径向、非角度方法。Tone 最早于 2001 年提出了基于松弛测度的效率评价模型（胡妍和李巍，2016）。基于松弛度的（slack-based measure，SBM）模型能够克服传统 DEA 方法的缺陷，测度结果更为科学和准确。Tone 在 2004 年进一步将方向性距离函数与 SBM 结合起来，提出了考虑非期望产出的 SBM 模型，能够同时处理非期望产出和变量松弛问题。

其次，考虑如何对有效的决策单元（decision making unit，DMU）进行评价。传统的 DEA 效率评价模型测度结果中可能存在多个 DMU 均有效的情况，无法继续对多个效率为 1 的 DMU 进一步进行效率评价。这就需要引入非期望产出的超效率 SBM 模型（Zhang et al.，2020）。较传统的 DEA 模型，非期望产出的超效率 SBM 模型具有三个优点：一是采用了非径向、非角度的基于松弛度的效率测度方法，测度结果较径向的和角度的 DEA 方法更为精确；二是采用超效率评价方法，对有效 DMU 的效率进行评价，提高了效率评价的准确性；三是对非期望产出的处理更符合真实的生产过程（郭一鸣等，2020）。

在分析工业资源环境效率变化时，生产前沿的确定有当期 DEA 和序列 DEA 两种方法。当期 DEA 是根据 t 期的投入产出数据来确定 t 期的最佳生产前沿；序列 DEA 是根据 t 期及以前所有期的投入产出数据来确定 t 期的最佳生产前沿。在生产技术结构随时间动态推移而发生变动时，当期 DEA 难以将已有技术水平的"累积"效应纳入考虑范畴，因此可能出现技术退步或技术效率的变化"被动提高"的情况。按照 Henderson 等（2001）提出的"技术不会遗忘"的假定，技术退步的结果说明该生产效率测算各指标的含义是模糊不清的。与当期 DEA 相比，序列 DEA 具有三个方面的优势：一是排除了技术退步的可能性，因为采用序列 DEA 构造生产前沿的连续性不会导致其向内偏移；二是引入了"追赶"思想，即后来者可以通过模仿学习领先者所创造的知识技术来达到追赶目的；三是可以排除产出的短期波动影响生产前沿的可能性。

综合以上考虑，本节选择基于序列 DEA 的 Malmquist-Luenberger 生产率指数（MLI）方法，通过测算 MLI 对黄河流域三大城市群工业系统的综合发展水平进行动态评估和诊断。

2）Malmquist-Luenberger 生产率指数的工业全要素生产率综合诊断

瑞士经济学家 Sten Malmquist 于 1953 年率先提出 Malmquist 生产率指数，1989 年，Fare 等（1993）将此理论运用于实证研究中，并与 DEA 方法相结合成功地测算出了距离函数。之后，许多学者纷纷采用 Malmquist 生产率指数测算全要素生产率的变化。Malmquist 生产率指数在进行生产率变化分析中具有如下优点：首先，构造 Malmquist 生产率指数时不需要对具体的生产函数形式进行假设，从而可以避免函数形式的错误；其次，Malmquist 生产率指数可进一步分解，得出更为详细的分析结果。

用 x 和 y 分别表示 DMU 的输入量和输出量，(X_t, Y_t) 表示决策单元在 t 时刻的输入输出量，t 时期的生产可能集为 T^t，那么以 T^t 为参照，基于产出的 Malmquist 生产率指数可以表示为

$$\begin{cases} M_t(X_{t+1},Y_{t+1},X_t,Y_t) = \dfrac{D_t(X_{t+1},Y_{t+1})}{D_t(X_t,Y_t)} \\ M_{t+1}(X_{t+1},Y_{t+1},X_t,Y_t) = \dfrac{D_{t+1}(X_{t+1},Y_{t+1})}{D_{t+1}(X_t,Y_t)} \end{cases} \quad (3\text{-}1)$$

式中，$D_t(X_t,Y_t)$ 为距离函数，其说明了 t 时刻的决策单元在 t 时刻的有效性；$D_t(X_{t+1},Y_{t+1})$ 为 t 时刻的决策单元在 $t+1$ 时刻的有效性；同理，$D_{t+1}(X_t,Y_t)$ 为 $t+1$ 时刻的决策单元在 t 时刻的有效性；$D_{t+1}(X_{t+1},Y_{t+1})$ 为 $t+1$ 时刻的决策单元在 $t+1$ 时刻的有效性。

根据式（3-1）可以构建从 t 到 $t+1$ 时期的 Malmquist 生产率指数，进一步分解全要素生产率指数可以客观衡量出技术效率变动、技术变动与全要素变动之间的关系。Malmquist 生产率指数可以表示为

$$M(X_{t+1},Y_{t+1},X_t,Y_t) = (M_t \times M_{t+1})^{1/2} = \left[\dfrac{D_t(X_{t+1},Y_{t+1})}{D_t(X_t,Y_t)} \times \dfrac{D_{t+1}(X_{t+1},Y_{t+1})}{D_{t+1}(X_t,Y_t)} \right]^{1/2} \quad (3\text{-}2)$$

式中，当 $M>1$ 时，表明从 t 到 $t+1$ 期的全要素生产率值出现上升，生产力有进步；当 $M<1$ 时，表明全要素生产率值出现降低，生产力出现倒退；当 $M=1$ 时，表明生产力未发生变化。Fare 等将全要素生产率指数进一步分解为

$$M(X_{t+1},Y_{t+1},X_t,Y_t) = \dfrac{D_{t+1}(X_{t+1},Y_{t+1})}{D_t(X_t,Y_t)} \times \left[\dfrac{D_t(X_{t+1},Y_{t+1})}{D_{t+1}(X_{t+1},Y_{t+1})} \times \dfrac{D_t(X_t,Y_t)}{D_{t+1}(X_t,Y_t)} \right]^{1/2} \quad (3\text{-}3)$$

式中，令技术效率变动指数为 $\text{EFFCH} = \dfrac{D_{t+1}(X_{t+1},Y_{t+1})}{D_t(X_t,Y_t)}$；技术变动指数为 $\text{TECH} = \left[\dfrac{D_t(X_{t+1},Y_{t+1})}{D_{t+1}(X_{t+1},Y_{t+1})} \times \dfrac{D_t(X_t,Y_t)}{D_{t+1}(X_t,Y_t)} \right]^{1/2}$。其中，技术效率变动指数 EFFCH 可分解为纯技术效率的变化指数 PECH 和规模效率变化指数 SECH，因此有

$$M(X_{t+1},Y_{t+1},X_t,Y_t) = \text{PECH} \times \text{SECH} \times \text{TECH} \quad (3\text{-}4)$$

式中，EFFCH 反映了 t 时期到 $t+1$ 时期 DMU 相对技术效率的变化，即技术效率变动指数，也被称为"追赶效应"。当 EFFCH>1 时，表明 DMU 的生产更向生产前沿面靠近，反映这一时期内 DMU 的相对技术效率有所改善；当 EFFCH=1 时，表明 DMU 的生产与生产前沿面距离保持不变，反映这一时期内 DMU 的相对技术效率没有明显的变化；当 EFFCH<1 时，表明 DMU 的生产与生产前沿面的距离较远，反映这一时期内 DMU 相对技术效率出现了退步。

TECH 表示从 t 时期到 $t+1$ 时期生产前沿面的移动情况，反映两个时期之间

技术的变动情况，即"前沿面移动效应"，可以看出 DMU 技术的进步与创新情况。PECH 则表示纯技术效率的变化，若 PECH＞1，反映 DMU 在管理方面取得了进步。SECH 表示规模效率的变化，若 SECH＞1，反映 DMU 在规模方面取得了改善并促使总体效率得到提高。

DEA 作为一种以相对效率为基础发展起来的非参数方法，不需事先定义生产函数，不需事先假设误差项的分布，不需庞杂的大规模数据，而是以现实指标估算生产前沿面的优势，在测算时能够做到更客观、更准确。

2. 工业生态效率评价技术方法

1）基于超效率 SBM-DEA 模型的工业生态效率时空演变分析

对于 IEE 的测度是基于 DEA 模型，其模型的选择对效率测度结果的准确性具有决定作用（Tian et al., 2020）。鉴于对黄河流域城市群 IEE 的评价需要同时考虑工业投入和产出两方面变化，旨在分析工业资源和能源投入与环境污染、经济产出之间的综合配置情况。因此，对黄河流域城市群 IEE 的测度采用考虑非期望产出的超效率 SBM-DEA 模型（郝国彩等，2018）。

超效率 SBM-DEA 模型是 Tone 将超效率 DEA 模型和 SBM 模型相结合形成的一种数据分析模型（关伟等，2020）。其中，SBM 模型可以在目标函数中直接考虑资源投入的松弛问题，使模型的经济解释从效益比例最大化转为实际利润最大化（马晓君等，2018）。基于非期望产出的 SBM 模型，能够考虑非期望产出的冗余和期望产出的不足，至此考虑非期望产出的 SBM 模型被解释为最小的能源和资源投入，最大化的经济产出（期望产出），以及最小化的环境污染（非期望产出）（李煜东，2018）。相比于传统 DEA 模型，对非期望产出采用倒数或将污染物作为投入变量的方法，SBM 模型对非期望产出的处理与生产过程方向相同，且不影响模型凸性（郑闽，2018）。但是，SBM 模型在对生态效率的实际测度中，会出现多个 DMU 同时处于前沿面，即效率结果同时为 1 的情况。而 SBM 模型难以进一步对这些 DEA 有效的 DMU 进行比较和分析，不利于分析和比较各 DMU 之间效率的差异（关伟等，2020）。超效率模型对于达到 DEA 有效的 DMU，能够进一步甄别 DUM 是位于前沿面之内还是位于前沿面之外。对于位于前沿面之外的 DMU，效率值大于 1，该模型能够进一步对 DEA 有效 DMU 区分有效程度，进行效率比较（宫大鹏等，2015；关伟等，2020）。因此，SBM 模型和超效率 DEA 相结合的超效率 SBM-DEA 同时具备两者优点，既能够有效处理非期望产出，对 DEA 有效的 DMU 的效率做出进一步的评价和比较，又能够有效地提高效率分析的可比性和准确性（郭一鸣等，2020；郑闽，2018）。

超效率 SBM-DEA 模型的推导过程如下：

在 SBM 模型中，假设有 n 个 DMU，每个 DMU 分别有 m、s_1 和 s_2 个输入变

量、期望产出和非期望产出。DMU$_i$ 的输入、期望产出和非期望产出分别用 x_i、y^g_i 和 y^b_i 表示，如式（3-5）所示：

$$\begin{cases} x_i = (x_{1i}, x_{2i}, \cdots, x_{mi}) \\ y_i^g = (y_{1i}^g, y_{2i}^g, \cdots, y_{si}^g) \\ y_i^b = (y_{1i}^b, y_{2i}^b, \cdots, y_{si}^b) \end{cases} \quad (3\text{-}5)$$

因此，DMU 集（T_{DMU}）可以表示为

$$T_{\text{DMU}} = \{(x_1, y_1^g, y_1^b), (x_2, y_2^g, y_2^b), (x_n, y_n^g, y_n^b)\} \quad (3\text{-}6)$$

T_{DMU} 中 $x \in R^m$，$y^g \in R^{s1}$，$y^b \in R^{s2}$，生产可能性集 P 可以表示为

$$P = \{(x, y^g, y^b) \mid x \geq X\lambda, y^g \geq Y^g\lambda, y^b \geq Y^b\lambda, \lambda \geq 0\}$$

式中，X、Y^g、Y^b 分别为输入指标矩阵、期望产出指标矩阵、非期望产出指标矩阵；λ 为强度向量。因此，考虑非期望产出的 SBM 模型可以定义如下（Tsolas, 2011）：

$$\rho_{\text{SE}} = \min \frac{1 + \frac{1}{m} \sum_{i=1}^{m} \frac{\overline{s}_i}{x_{ik}}}{1 - \frac{1}{s_1 + s_2} \left(\sum_{\gamma=1}^{s_1} \frac{s_\gamma^g}{y_{\gamma k}^g} + \sum_{t=1}^{s_2} \frac{s_t^b}{y_{tk}^b} \right)} \quad (3\text{-}7)$$

$$\text{s.t.} \begin{cases} x_0 = X\lambda + \overline{s} \\ y_0^g = Y^g\lambda - s^g \\ y_0^b = Y^b\lambda - s^b \\ \overline{s} \geq 0, s^g \geq 0, s^b \geq 0, \lambda \geq 0 \end{cases}$$

式中，x_0、y_0^g 和 y_0^b 分别为 DMU$_0$ 的输入、期望产出和非期望产出指数；$\overline{s}_i$、s_γ^g 和 s_t^b 分别为输入指数、期望产出指数和非期望产出指数的松弛变量；$\overline{s}$、s^g、s^b 分别为 $\overline{s}_i$、s_γ^g、s_t^b 的矩阵。目标函数值 ρ 是 DMU$_0$ 的效率评价值，取值范围在[0, 1]。对于给定的 DMU$_0$，如果 $\rho = 1$，且 $\overline{s}_i = s_\gamma^g = s_t^b = 0$，则 DMU 达到 DEA 有效；如果 $\rho < 1$ 则 DMU 效率并未达到 DEA 有效。

应当注意的是，式（3-7）也有局限性，它不能对效率等于 1 的决策单元之间的效率进行比较。然而，采用 SBM-DEA 超效率模型可以解决这个问题。据此，参考超效率 SBM 模型构建方法（Zhang et al., 2017），DMU 超效率 ρ_{SE} 可以表示为

$$\rho_{\text{SE}} = \min \frac{1 + \frac{1}{m} \sum_{i=1}^{m} \frac{\overline{s}_i}{x_{ik}}}{1 - \frac{1}{s_1 + s_2} \left(\sum_{\gamma=1}^{s_1} \frac{s_\gamma^g}{y_{\gamma k}^g} + \sum_{t=1}^{s_2} \frac{s_t^b}{y_{tk}^b} \right)} \quad (3\text{-}8)$$

$$\begin{cases} x_{ik} = \sum_{j=1, j\neq k}^{n} x_{ij}\lambda_j - \overline{s_i} \\ y_{\gamma k}^g = \sum_{j=1, j\neq k}^{n} y_{\gamma k}^g \lambda_j - y_\gamma^g \\ y_{tk} \geqslant \sum_{j=1, j\neq k}^{n} y_{tk}^b \lambda_j - y_t^b \\ 1 - \dfrac{1}{s_1+s_2}\left(\sum_{\gamma=1}^{s_1} \dfrac{s_\gamma^g}{y_{\gamma k}^g} + \sum_{t=1}^{s_2} \dfrac{s_t^b}{y_{tk}^b}\right) > 0 \\ \lambda, \overline{s} \geqslant 0 \\ i=1,2,3,\cdots,m; j=1,2,3,\cdots,n(k\neq j); \gamma=1,2,3,\cdots,s_1; t=1,2,3,\cdots,s_2 \end{cases}$$

2）基于核密度估计法的工业生态效率差异性变化分析

为研究城市群工业生态效率（IEE）和工业增长质量（IGQ）在城市间的差异性变化趋势，采用核密度函数模型对黄河流域三大城市群静态的 IEE 和 IGQ 进行估计分析，拟合了相应的密度曲线，通过分析核密度函数的形态、分布、峰度和位置等方面的变化，对城市之间和城市群内部的 IEE 和 IGQ 差异的变化特征进行分析。

核密度估计推导函数如下（冯雅丽，2019；于洋等，2019）：

$$\begin{aligned} f(x) &= [F_N(x+h) - F_N(x-h)]/2h \\ &= \dfrac{1}{2h}\left[\dfrac{1}{N}\sum_{i=1}^{N} I(x-h \leqslant x_i \leqslant x+h)\right] \\ &= \dfrac{1}{h}\dfrac{1}{N}\sum_{i=1}^{N}\left[\dfrac{1}{2}I\left(-1 \leqslant \dfrac{x-x_i}{h} \leqslant 1\right)\right] \\ &= \dfrac{1}{Nh}\sum_{i=1}^{N} K\left(\dfrac{x-x_i}{h}\right) \end{aligned} \tag{3-9}$$

因此，核密度估计的一般公式如下：

$$f(x) = \dfrac{1}{Nh}\sum_{i=1}^{N} K\left(\dfrac{x-x_i}{h}\right) \tag{3-10}$$

式中，$K(x)$ 为高斯核函数；h 为带宽，控制密度估计的平滑程度和估计结果的偏差。参考白彩全等（2015）选取带宽的方法，采用 Silverman 方法基于数据自动生成带宽（Govindan et al.，2019）。

3）基于面板数据回归模型的工业生态效率主要影响因素分析技术

采用普通最小二乘法（ordinary least squares，OLS）构建面板数据回归模型，用以分析黄河流域三大城市群工业可持续性的三个主要驱动机制（结构优化、技术创新、环境治理）及其他工业发展过程中的重要指标对 IEE 的影响状态和影响程度。基于所构建的面板数据模型，对呼包鄂榆城市群、关中平原城市群和中原城市群及其内部 IEE 的主要影响因素进行异质性回归分析。同时，对黄河流域三大城市群所属的 28 个城市的 IEE 的主要影响因素进行总体面板数据回归分析，以此分析三大城市群 IEE 变化主要影响机制的共性及差异。

IEE 分析的计量回归模型基本形式如下：

$$y_{it} = \alpha + \sum_{k=1}^{k} \beta_{ki} x_{kit} + \sum_{m=1}^{m} \beta_{mi} x_{mit} + \eta_i + \varepsilon_{it} \tag{3-11}$$

式中，A 为截距项；η_i 为个体固定效应项；y_{it} 为城市工业生态效率（IEE），在此为被解释变量；x_{kit} 为解释变量，IEE 解释变量为影响城市群工业可持续性变化的三个主要驱动机制，分别为结构优化、技术创新、环境治理；x_{mit} 为控制变量，主要采用在黄河流域三大城市群工业发展过程中的重要特征和影响指标；β_{ki} 和 β_{mi} 分别为解释变量和控制变量的回归系数；ε_{it} 为随机误差项；i 为城市；t 为年份。

具体的解释变量和控制变量指标的选取、回归模型将在第 5 章中进行具体的描述。

3. 工业增长质量评价技术方法

1）基于 FPPSI 模型的工业增长质量指数时空变化分析

采用 FPPSI 方法对黄河流域城市群 IGQ 的时空变化进行评价。FPPSI 综合考虑了各指标对各维度以及 IGQ 综合指数的影响，评价指标体系中的相关指标既有其特殊性，又存在相互关联。与此同时，采用 FPPSI 方法对 IGQ 进行数据处理和评估，与传统综合指数方法对指标进行多维相加相比，FPPSI 的指数聚合采用多维相乘的方式，这意味着工业可持续性（IS）系统的升级比单个指标更为严格（Li L et al.，2009；Sun et al.，2017）。它反映了系统的一体化原则，即整体大于或小于各部分的总和（Li L et al.，2009）。

FPPSI 综合指数包括指标的标准化和维度指数及综合指数（综合指标）的聚合（Li L et al.，2009）。FPPSI 基本定义为：假设 n 个指标无量纲标准化后的上限值为多边形半径，各单项指标的最远端点相连能够形成一个不规则的中心多边形。对这 n 个顶点进行排列相连，共可以构成 $(n-1)!/2$ 个不规则多边形。基于 FPPSI 的综合指数结果为所有 $(n-1)!/2$ 个不规则多边形与中心多边形的面积之比（郭平等，2016）。

工业增长质量指数中对第 i 个指标，单项指标的标准化值 R_i 的计算如下：

$$R_i = \frac{(U_i - L_i)(x_i - C_i)}{(U_i + L_i - 2C_i)x_i + U_iC_i + L_iC_i - 2U_iL_i} \tag{3-12}$$

式中，上限值 U 为工业发展理想状态下该指标的增长质量水平或指标的最高目标；

下限值 L 为一段时期内城市工业在这一指标上的最差状态；临界值 C 为中高增长质量水平在各指标上的标准。

图 3-7 为 FPPSI 概念模型。从多边形顶点到中心点的 n 个半径代表 n 个标准化指标的值，顶点表示上限的标准化值（$R_i=1$），中心点代表下限的标准化值（$R_i=-1$），半径的中点代表达到中高质量水平临界值（$R_i=0$）的标准化值（Sun et al.，2017；郭平等，2016）。

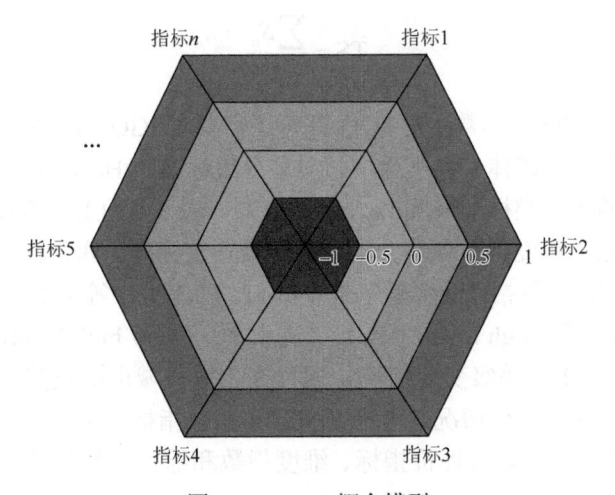

图 3-7 FPPSI 概念模型

在所围成的多边形中，中心点与 n 个指标顶点最多能够围成 $(n-1)!/2$ 个多边形，并包含有 $n(n-1)/2$ 个相互不重叠的三角形，这些三角形的面积可计算如下：

$$s_\triangle = \frac{1}{2}\sin\left(\frac{\pi}{n}\right)\sum_{i\neq j}^{i,j}(R_i+1)(R_j+1) \tag{3-13}$$

式中，R_i 和 R_j 分别为同一维度的指标的标准化值；(R_i+1) 为从指标 i 的端点到中心点的距离。标准化区间为 $[-1,1]$。$(n-1)!/2$ 个多边形的总面积 S_t 可以计算如下：

$$S_t = \frac{n!}{2} \times \frac{2}{n(n-1)} \times \left(\frac{1}{2}\sum_{i\neq j}^{i,j}(R_i+1)(R_j+1)\sin\alpha_i\right) \tag{3-14}$$

将 $(n-1)!/2$ 个多边形的边长统一取最大值（最大边长为 2），其面积之和即为中心多边形面积 S_{st}：

$$S_{st} = \frac{(n-1)!}{2} \times \left(\frac{1}{2}\times 4 \times n \times \sin\left(\frac{\pi}{n}\right)\right) \tag{3-15}$$

通过计算式（3-14）和式（3-15）的比值，即可得到各维度的综合指数值：

$$S_n = \frac{\sum_{i \neq j}^{i,j}(R_i+1)(R_j+1)}{2n(n-1)} \qquad (3\text{-}16)$$

式中，S_n 为每个维度的综合指数值，该值结果区间为[0, 1]。最后，可以通过计算所有维度的 S_n 之和的均值来计算城市工业增长质量（IGQ）值 TS：

$$\text{TS} = \frac{\sum S_n}{n} \qquad (3\text{-}17)$$

此外，采用 FPPSI 指数法对 IGQ 评价还需要对 IGQ 的等级进行划分，参考现有城市可持续性分级体系及工业增长质量分级标准，（Hendiani and Bagherpour, 2019）并选用四级分类标准（Sun et al., 2017）。表 3-1 为工业增长质量指数各评价指标、等级划定维度指数和综合指数的等级划定标准。四个评价等级分别采用语言标签予以描述，包括"低水平"（low level, LL）、"中等水平"（medium level, ML）、"较高水平"（high level, HL）、"高水平"（very high level, VHL）。通过分析不同时期 IGQ 的等级变化情况，探讨在工业与城市群及其内部城市交互层面上工业可持续性的变化情况。考虑 FPPSI 中具体指标的标准化区间与合成指数的差异，如表 3-1 所示，对评价指标、维度指数和综合指数的等级标准分别进行划定。

表 3-1 工业增长质量指数各评价指标、维度指数和综合指数的等级划定标准

IGQ 等级	符号	指标等级范围	维度指数和综合指数等级范围
低水平	LL	[−1.00, −0.50)	[0.00, 0.25)
中等水平	ML	[−0.50, 0.00)	[0.25, 0.50)
较高水平	HL	[0.00, 0.50)	[0.50, 0.75)
高水平	VHL	[0.50, 1.00]	[0.75, 1.00]

2）基于障碍度模型的工业增长质量指数的关键影响因素分析

工业增长质量（IGQ）是由多个指标聚合而成的综合指数，其时空变化主要受到系统内部指标的影响和制约，对其影响因素的分析主要是从指标体系内部找到对 IGQ 变化影响最大的指标（Chen et al., 2020；黄和平等，2018）。运用障碍度模型，识别影响黄河流域城市群 IGQ 的关键制约指标及其转换机制。障碍度模型是一种针对多指标复杂系统的内生影响因素识别方法。采用障碍度模型识别关键制约指标具有相对性和动态性两个特点。首先，障碍度是指标体系中各指标与其他指标相比对 IGQ 提高的相对影响程度，其取值范围在 0%～100%。一个指标

的障碍度越高，说明其在系统内的矛盾越突出。同时，系统的关键制约指标也会随着指标在系统内障碍度排名的变化而动态改变。因此，障碍度模型能够有效分析 IGQ 指数中的主要影响因素及其转换。

需要指出的是，基于障碍度模型选择出来的关键制约指标并不意味着该指标本身的取值增大会对 IGQ 指数的制约作用增大，而是代表了该指标在整个指标体系中，相对于其他指标是当前工业增长质量提高亟须解决和改善的问题。

采用障碍度模型需要对三个变量进行分析。一是因子贡献度 F_j，即单项指标在总指标中的权重；二是指标偏离度 V_j，即单项指标水平与工业增长质量总目标之间的差距；三是障碍度，M_j 为单项指标 j 的障碍度，B_i 为系统 i 的障碍度，表示单项指标 j 和该单项指标所在系统 i 对工业增长质量的影响程度，公式如下：

$$F = W_i \times P_{ij} \tag{3-18}$$

$$V_j = 1 - X_j \tag{3-19}$$

$$M_j = \frac{F_j \times V_j}{\sum_{j=1}^{n} F_j \times V_j} \times 100\%, \quad B_i = M_{ij} \tag{3-20}$$

式中，W_i 为第 i 个系统权重；P_{ij} 为第 i 个系统中第 j 个指标权重；X_j 为单项指标采用极值法得到的标准化值。

采用障碍度模型进行黄河流域城市群工业增长质量（IGQ）的关键制约指标识别包括三个步骤。

（1）城市 IGQ 关键制约因子识别，其识别原则为指标 M_{ij} 大于 5%且 M_{ij} 在当年所有指标中排名前 8，则被认定为这一年该城市的关键制约指标之一。

（2）城市群 IGQ 主要影响因素识别，其识别原则为同时满足以下三个条件时即被认定为这一年该城市群的主要影响因素：①城市群 M_{ij} 均值大于 5%；②该指标 M_{ij} 城市群均值在所有指标中排名前 8；③该指标影响程度大于 75%（即该指标在城市群 75%以上的城市被识别为关键制约指标）。

（3）城市群和城市层面主要影响因素和影响程度变化分析。

4. 工业发展对可持续性的影响预测研究方法

1）情景设计方法

工业优化发展对策研究面临的一个关键问题是工业中长期发展的不确定性，特别是针对工业可持续性提升的工业优化发展情景研究，普通的趋势外推预测方法很难胜任对中长期发展趋势的推断和预测分析（邓明翔和李巍，2017）。工业中长期发展的不确定性因素包括时间尺度、空间尺度、工业发展的外部社会-经济-政治环境、技术突变、政策变化和工业发展的自然突变因素（如新冠肺炎疫情的影响）等（Shoemaker et al.，2019）。考虑到如此多复杂因素的影响，有必要用条理清晰的语言和具有明确目标的数字勾勒出来可能的发展路径和情景，以便于各利益相关方有效理解未来各种可能的发展趋势（邓明翔和李巍，2017；蒯鹏，2016）。

情景分析法是对研究对象（如工业企业、城市工业系统、城市群产业发展等）多种可能的状态和变化趋势进行分析和预判并进行干预的政策方法（Padró et al.，2020；冉芸，2010）。情景分析通过对未来研究对象在社会经济、产业技术等要素的变化提出各种可能的假设，并进行严密的变化趋势推理和描述，形成情景方案，其最大的优势是能够使决策者对未来工业发展的多种可能性及其演变趋势进行综合判断（Vučijak et al.，2016；Kılkış，2019）。情景分析通过考虑不同学科领域（政策、环境、社会、经济等）的驱动因子，从而在不同利益相关方之间建立了一种跨学科的、综合分析和解决复杂环境问题的机制（Fang et al.，2019）。该方法没有尺度限制，可用于城市、城市群、区域、国家甚至是全球尺度的问题研究。正由于上述优点，情景分析法逐渐成为主流的中长期预测分析方法，并被广泛地应用于工业和城市发展的环境问题研究中。例如，Kahraman 等（2009）基于不同的可再生能源发展政策构建情景对土耳其五种能源发展战略的成本效益和环境影响进行了对比分析，进而识别出最适合土耳其的可再生能源。Gao 等（2017）基于情景分析法对鄂尔多斯工业发展的水资源承载力进行分析，提出了符合鄂尔多斯经济发展需要的工业用水和节水情景方案。段福梅（2018）采用情景分析和 BP 神经网络方法，讨论了不同情景下中国到 2030 年实现碳达峰的可能性，并提出了加快碳达峰的能源利用对策。Cheng 等（2020）从结构调整、规模控制和技术升级三个方面对广州南沙区设计不同调控强度的工业发展路径方案，并对各方案的可持续性水平进行预测评价。

开展情景分析的基本步骤包括：定义问题的边界范围、收集历史数据，识别关键调控变量（驱动因子）和转换机制、提出政策假设，构建情景方案、对不确定性进行预测评价以及对未来提出优化发展策略。

对黄河流域城市群 IS 的情景分析主要分为两个阶段：第一阶段，设定工业发展情景设计因子；第二阶段，因子预测，对比预测不同情景下 IS 的变化情况。具体来说，首先，根据 IS 影响因素的识别，确定工业发展情景设计的主要因子。其次，在此基础上对各调控指标的调控强度参数进行量化，通过各指标不同调控强度的组合设计情景，对设定的情景下各调控指标到 2025 年、2035 年和 2050 年三个阶段的变化进行预测，进而借助 BP 神经网络模型测算各工业发展情景对工业生态效率 IEE 和 IGQ 变化的影响。在此基础上，基于 4×4 矩阵分析 IEE 和 IGQ 等级结果，预测各情景对 IS 的影响，进而提出针对 IS 提高的黄河流域城市群工业发展分阶段差异化优化对策措施。

2）基于 BP 神经网络模型的工业可持续性预测分析

关于多情景预测方法，常用的方法有三种：时间序列分析预测、神经网络方法和灰色预测法。时间序列分析预测是通过曲线拟合参数估计建立数学模型的一种方法。对于平稳的时间序列，有自回归模型 AR（p）、移动平均模型 MA（q），以及二者结合的 ARMA 高级线性模型等；非平稳时间序列有马尔可夫链等方法（王昀，2016）。然而，时间序列分析方法的缺点是对长期预测的准确性不高，每一期的预测值需要根据上一期进行预测，因而适合短时间序列的预测。本书预测时段为 2018~2050 年，时间跨度 32 年，因而时间序列预测方法不适合本书所研究的问题。灰色预测方法和神经网络模型都可以对包含不确定因素的序列进行预测，并从杂乱的数据中找到规律。比较而言，灰色预测方法只能对一个时间序列的数据进行分析，神经网络模型则可以模拟人脑的人工神经元，对多个变量与一个被预测变量之间的输入-输出映射关系进行学习，并形成输入变量与输出变量之间的函数关系。与此同时，神经网络模型更适合对较大样本量进行训练和学习。因此选择神经网络预测方法对黄河流域城市群工业环境可持续性进行预测分析。

由于模仿了生物神经网络的信息处理原理，人工神经网络（artificial neural network，ANN）被赋予了非常强大的数据信息处理能力，它可以模拟人脑结构，通过网络学习训练使得结果输出与期望输出相符。如图 3-8 所示，ANN 一般由多个互相关联的网络节点按照某种方式连接而成，每个节点相当于一个神经元，可以记忆并处理信息，而且与其他节点同时工作。每个神经元的结构和功能都非常简单，但许多神经元组合后的系统网络行为却较为复杂。神经网络的网络功能由神经节点决定，改变连接点的权重来对神经网络进行训练可以完成特定的任务。

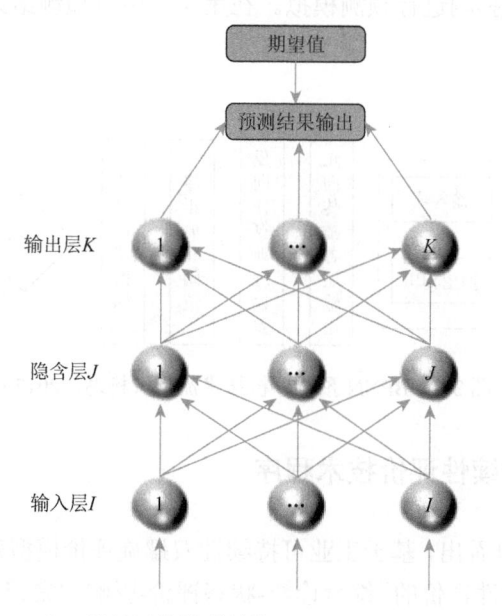

图 3-8　人工神经网络模型结构（Wen and Yuan，2020）

总而言之，人工神经网络具有很强的自学习、容错性和存储记忆能力，评价方法忠于客观实际，不受任何人为干预，可以处理复杂的非线性问题（Zhang et al., 2017）。

反向传播神经网络（back propagation neural network，BPNN）是人工神经网络的一种常用模型。BPNN 能够实现机器的自学习和记忆功能，能够更完美地存储神经元之间的映射关系。典型的 BPNN 的结构主要由三层组成，分别是输入层、输出层和隐含层。而在此之上，每层又由若干个节点组成，每个节点表示一个神经元，上下层节点之间通过权连接，层与层之间的节点通过全互联方式连接，每个节点的输出值和输入值由函数和阈值共同确定，从而实现输入和输出之间的映射关系，达到预期的效果（Zhang et al., 2019）。通过这种三层结构，BPNN 可以通过非线性单元模拟任何复杂的非线性关系。图 3-9 为 BPNN 预测分析技术流程（杨琳，2017），输入信号进入输入层，通过两次函数转换后，经过隐含层，映射转换到输出层，构成输出信号。BPNN 的学习过程主要基于信号的正向传播与误差的反向传播的学习。正向传播时，信号由输入层经隐含层再向输出层顺序传播，若输出层的输出不符合要求，则进入误差的反向传播阶段。在该阶段，期望输出与实际输出的误差信号由输出层经隐含层再向输入层逆向传播，并将误差分摊给各层单元，从而获得各层单元的误差信号，此信号则作为修正各单元的依据。这种正向传播与反向传播的权值调整过程是顺序和逆序反复交替进行的记忆训练。学习过程中误差趋向极小值，直到网络输出的误差达到可接受的程度，整个网络趋向收敛训练停止。本书借助 Matlab 2019 中 BP 模块，对 IEE 和 IGQ 在各预设情景下不同阶段的影响进行预测模拟。在第 7 章中对预测结果进行了详细描述和讨论。

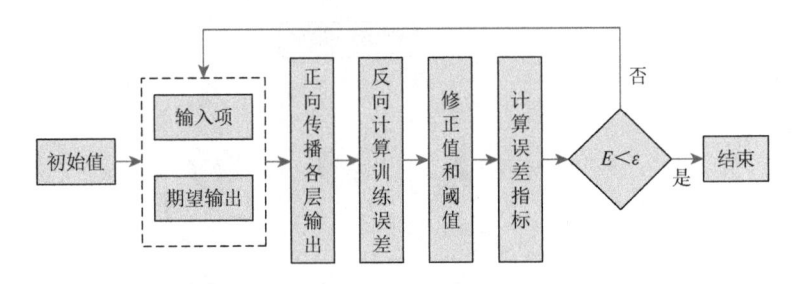

图 3-9　BPNN 预测分析技术流程（杨琳，2017）

3.3.3　工业可持续性评价技术程序

从图 3-10 可以看出，基于工业可持续性双螺旋评价模型建立的评价技术框架描述了工业可持续性评价的"综合诊断-状态评价-影响因素识别-多情景影响预测"完整的评价程序，共包括四个步骤，具体如下。

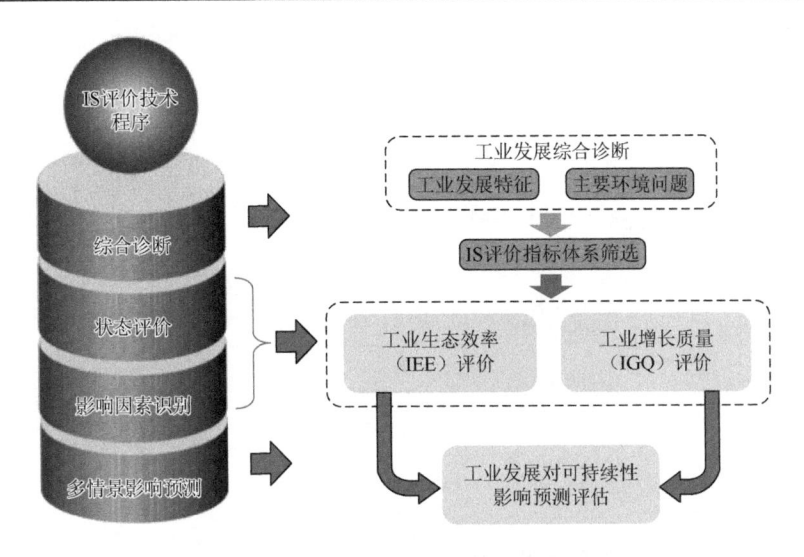

图 3-10　工业可持续性评价技术程序

第一，在筛选确定 E&Q 双螺旋评价指标体系的基础上，通过对工业系统发展问题分析、资源环境问题分析和全要素生产率分析，开展三大城市群工业系统综合诊断。

第二，在可持续性状态评价中，分别通过对 E&Q 双螺旋评价模型中的两条主链进行评价，即 IEE 评价和 IGQ 评价，分析其时间演变、空间格局，并探索城市群内部差异性及其变化。

第三，在影响因素识别中，分别解析 IEE 和 IGQ 时空演化的驱动和约束因素，分析双螺旋视角下工业可持续性变化的主要影响因素。IEE 评价和 IGQ 评价两个模块分别包括状态评价和影响因素识别两个步骤。

第四，在多情景影响预测中，基于驱动 E&Q 双螺旋评价概念模型下工业可持续性变化的主要影响因素，设计不同的工业发展情景，并分析和预测不同发展情境对工业可持续性的动态影响，进而提出城市群工业发展对策建议。

在工业可持续性评价总体技术程序的基础上，对工业生态效率评价、工业增长质量评价和工业可持续性多情景预测评估分别设计了具体评价步骤。具体如下。

1. 工业生态效率评价步骤

工业生态效率（IEE）评价是针对城市工业生产过程中能源和资源要素配置水平，考虑工业系统从投入要素到工业期望产出和非期望产出要素间转换的综合效率测度。图 3-11 为黄河流域三大城市群 IEE 评价步骤，具体如下。

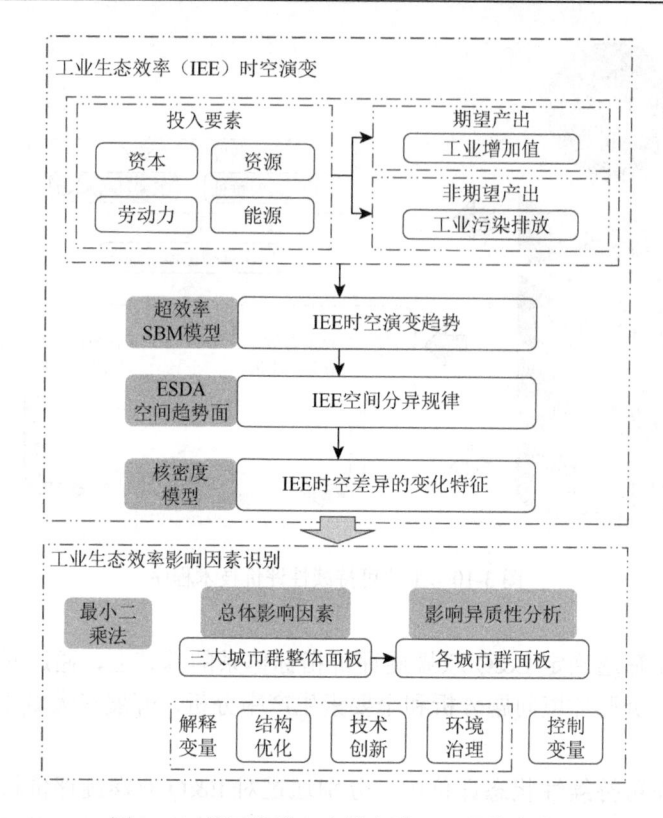

图 3-11 黄河流域三大城市群 IEE 评价步骤

（1）利用 DEA 模型中的超效率模型（SBM-DEA）对流域城市群所属的 28 个城市的静态 IEE 效率进行评价，对区域整体、城市群、具体城市三个空间层次的效率水平和时空演变趋势进行分析。

（2）基于 ArcGIS 10.2 的 ESDA 技术，对静态 IEE 的空间趋势面进行分析，探索区域 IEE 在空间上的分布规律和变化趋势，通过核密度模型对研究区所属的 28 个城市静态 IEE 时空差异变化规律进行分析。

（3）采用最小二乘法，构建计量回归模型，从研究区流域的整体面板和三大城市群面板分别识别和分析 IEE 变化的主要影响因素及其影响程度。

2. 工业增长质量评价步骤

城市群工业增长质量（IGQ）的评价指标是在工业系统诊断对各城市群的工业发展特征、主要资源约束和生态环境问题分析的基础上筛选而来，并采用 FPPSI 对 IGQ 指数进行评价。图 3-12 为黄河流域三大城市群工业增长质量（IGQ）评价步骤，具体如下：

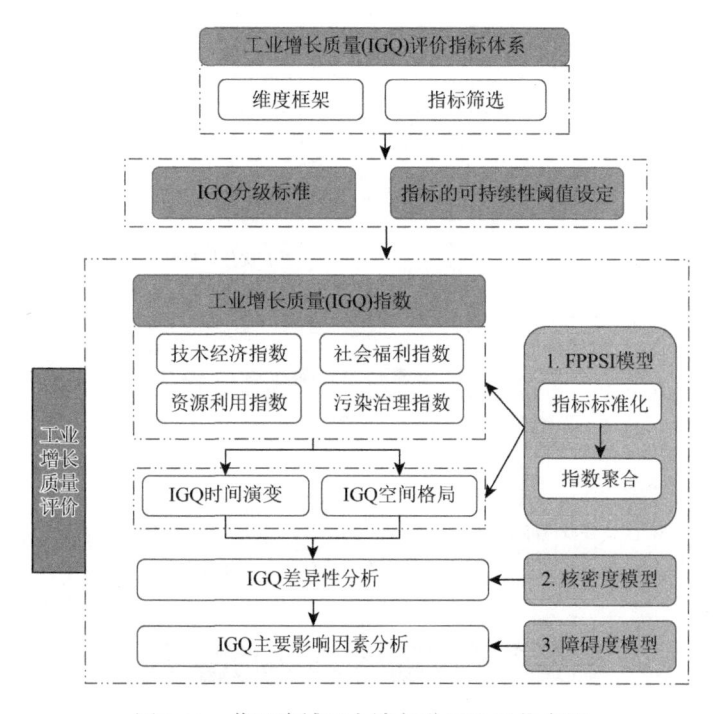

第 3 章　城市群工业可持续性评价概念模型与技术框架　　·75·

图 3-12　黄河流域三大城市群 IGQ 评价步骤

（1）利用 FPPSI 对 IGQ 指数的时空演化进行测度，从而进一步通过对技术经济、社会福利、资源利用和污染治理这四个维度指数评价，分析工业与城市在经济、社会、环境和资源四个方面的综合交互状态。

（2）采用核密度模型，探寻研究区三个城市群内 IGQ 差异性的变化特征，通过分析研究区所属 28 个城市之间的差异性变化进行跨城市群比较。

（3）采用障碍度模型，对构成 IGQ 指数中各指标的障碍度水平和变化情况进行分析，探究影响 IGQ 的关键内部影响因素。

3. 工业可持续性影响预测评估步骤

图 3-13 为黄河流域三大城市群工业发展对 IS 影响预测评价步骤，具体如下。

（1）情景设计核心因子确定。通过对 E&Q 双螺旋中 IEE 主要影响因素和 IGQ 关键制约指标的综合分析，选择同时影响 IS 双螺旋主链的指标作为工业发展情景设计核心因子。

（2）工业发展情景设计。采用情景设计法，对情景设计因子设定不同的优化调控强度等级参数，并通过对这些指标的不同强度等级进行组合，根据发展目标，设计多个优化发展情景，包括结构优化驱动情景、技术创新驱动情景、环境治理驱动情景、多因素组合情景等。

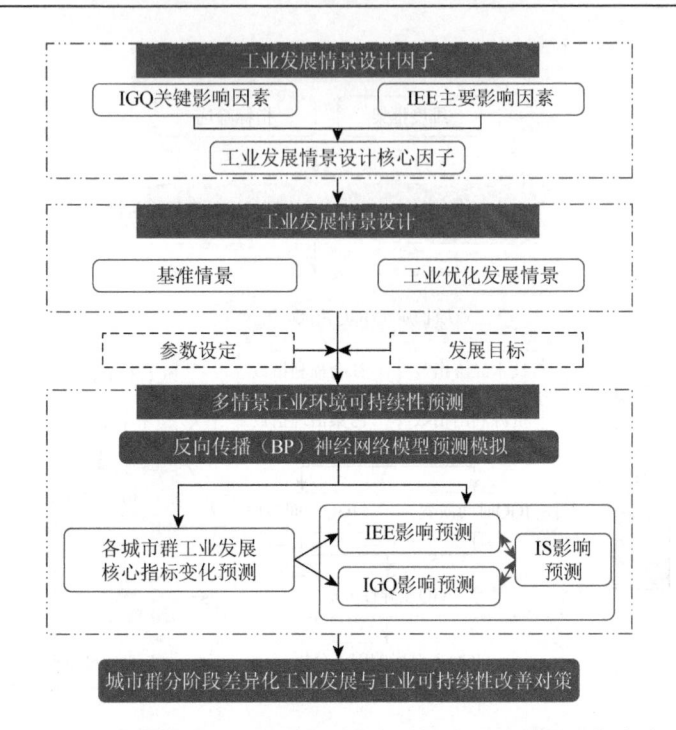

图 3-13　黄河流域三大城市群工业发展对 IS 影响预测评价步骤

（3）IS 情景影响预测。基于 BP 神经网络模型，对黄河流域三大城市群 2025 年、2035 年和 2050 年三个阶段的预设情景下各城市的 IEE 和 IGQ 指数进行预测，根据分级标准匹配各预设情景下三个阶段 IEE 和 IGQ 的等级，并综合分析城市群和城市层面的 IS 等级。

（4）IS 提升对策研究。根据情景影响预测结果，提出三大城市群的工业可持续性分阶段差异化的优化发展对策及其发展措施。

3.4　城市群工业可持续性评价指标体系构建

3.4.1　工业可持续性评价指标

黄河流域三大城市群工业系统诊断结果表明，工业发展与资源环境的耦合水平已然成为黄河流域三大城市群工业可持续性提高的关键。为此，需要对体现工业发展过程中资源环境的综合效率水平的工业生态效率，以及综合体现工业发展在城市群社会、经济、资源和环境等方面的工业增长质量进行分析与评价。

构建科学合理的评价指标体系是保障工业可持续性评价结果准确的关键环节。本质上，城市群中 IS 是工业发展的经济、社会、环境和资源四个可持续基本要素目标之间的权衡与协同。构建工业可持续性评价指标体系，既要考虑工业生产过程中的关键投入和产出要素，又要体现城市工业发展及城市之间相互影响的主要特征。指标的选择需要充分考虑研究区域工业发展的特点和问题、资源环境约束情况、生态环境管理要求及经济社会和环境之间的主要矛盾等。

基于工业可持续性 E&Q 双螺旋评价概念模型，建立了一个兼顾城市工业发展经济社会目标和资源环境约束目标的工业可持续性综合评价指标体系，用以对双螺旋两条主链，即城市群 IEE 和 IGQ 进行评价。指标体系的构建引入了层次分解模式，将工业可持续性总体目标逐层分解为各要素的主要目标，并结合 IEE 和 IGQ 评价的目标要求和评价模型特点，确定评价的维度和具体指标。应当说明的是，在评价指标体系的构建过程中，充分考虑了前文所述的黄河流域城市群工业发展特点、社会经济和生态环境的主要矛盾等。同时，工业可持续性系统的开放性与动态性特征决定了 IS 内部指标之间的关系处于不断变化状态之中，因此，评价具体指标的选取应当能够体现时间和空间的动态变化特征。

图 3-14 为城市群 IS 评价指标体系框架。该指标体系包括了目标层、要素层、维度层和指标层四个递阶层次。目标层为指标体系的第一层级，体现的是黄河流域城市群工业可持续性的总体目标，包括工业可持续性双螺旋的两条主链，即 IEE 目标和 IGQ 目标。第二层为指标体系的要素层，由城市群工业发展的经济、社会、资源和环境四个可持续性要素目标组成。第三层是指标体系的维度层，是在要素层的目标基础上，根据 IEE 和 IGQ 的评价重点目标和评价模型对指标的需求，确定各子系统指标体系的指标维度。其中，IEE 重点考察工业生产过程中投入要素与产出要素的配置水平，指标维度则与经济、社会、资源和环境四个维度相对应选取投入和产出指标；IGQ 则是通过将整体目标在经济、社会、资源和环境四个要素维度的分解目标，分别形成技术经济、社会福利、资源利用和污染治理四个维度指数。第四层为指标体系的具体指标层，根据黄河流域三大城市群内工业发展特征和工业发展在资源环境上的主要问题等综合考虑，结合城市群内相关发展规划、环境管理政策等对城市工业的发展要求，将各指标维度分解为具体的评价指标。

由于 IEE 和 IGQ 分别讨论的是不同层面的工业可持续性问题，在评价方法和评价重点上都存在差异，因而其评价指标的筛选也具有一定的差异。因此，基于工业可持续性 E&Q 双螺旋评价的指标体系，为 IEE 和 IGQ 评价选取合适的评价指标。下文将分别详细描述 IEE 及 IGQ 的评价指标的筛选，并对指标含义作进一步说明。

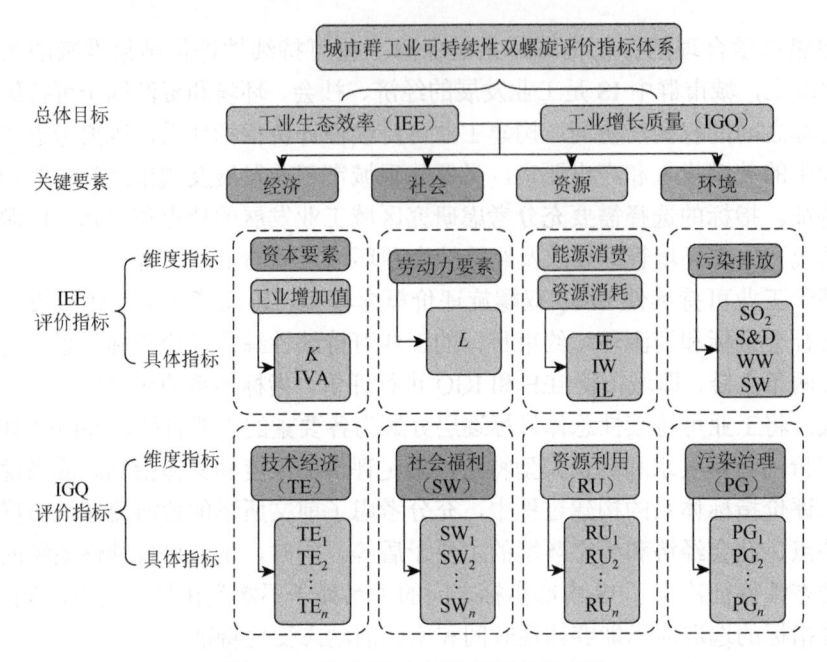

图 3-14　城市群 IS 评价指标体系框架

基于城市群和城市域两个层面对黄河流域三大城市群的工业可持续性进行评价，研究时段为 1998～2017 年，涉及六个省区和所属的 28 个地级城市。由于我国目前没有系统的城市群统计数据，评价采用的基础数据全部以城市数据为收集单元。城市数据主要来源于 EPS 数据库、《中国统计年鉴》（1998～2018 年）、《中国城市统计年鉴》（1998～2018 年）、《中国城市建设统计年鉴》（1998～2018 年）、《中国区域统计年鉴》（1998～2018 年）、《中国环境统计年鉴》（1998～2018 年）、《山西省统计年鉴》（1998～2018 年）、《陕西省统计年鉴》（1998～2018 年）、《山东省统计年鉴》（1998～2018 年）、《内蒙古自治区统计年鉴》（1998～2018 年）、《甘肃省统计年鉴》（1998～2018 年）、《河南省统计年鉴》（1998～2018 年）、28 个地级市的统计年鉴、国民经济和社会发展统计公报、水资源公报、环境公报等。部分指标在个别城市或年份数据缺失的采用经验公式、数据趋势分析、线性插值等相关方法进行补充。部分定性指标数据由专家采用模糊语言量表进行量化获取。

3.4.2　工业生态效率评价指标筛选

如前文分析，对工业生态效率（IEE）的评价研究主要采用超效率 SBM-DEA 模型，从全要素视角分析工业资源环境的综合效率。因此，其评价指标的选择以工业投入和产出相关指标为重点。

针对黄河流域三大城市群及其所属的 28 个城市,将三大城市群所属城市各看作一个单独的 DMU,共有 28 个样本单元。考虑 DEA 效率测度受到投入产出变量的数量限制(Tsolas,2011),投入产出变量的个数应该满足"拇指法则",即不高于 DMU 个数的 1/2,从而保证 DEA 模型对生态效率的测度有足够的识别能力(苗洪亮,2017)。

能源消费持续增加、能源强度过高、水资源短缺、工业污染排放对城市群和各城市污染贡献最高是当前制约黄河流域三大城市群工业发展的主要因素。IEE 的核心是通过全要素效率的分析,识别城市群工业发展与资源环境的耦合水平。为此,选取工业能源总消费量、工业用水量、工业用地面积作为能源和资源的投入要素,选取工业污染排放(包括二氧化硫、烟尘、废水、固废等)作为非期望产出。此外,基于经典经济增长理论,资本和劳动力要素是效率分析的核心投入要素,期望产出工业增加值是核心产出指标,因而将其选为 IEE 评价指标。表 3-2 为黄河流域三大城市群 IEE 评价指标,包括四个投入要素和两个产出要素(含期望和非期望产出要素),共计 10 个评价指标。

表 3-2 黄河流域三大城市群 IEE 评价指标

指标分类	维度层	指标层	简写符号
投入要素	资本存量要素	资本存量	K
	劳动力要素	工业就业人数	L
	能源要素	工业能源总消费量	IE
	资源要素	工业用水量	IW
		工业用地面积	IL
期望产出	工业增加值	工业增加值	IVA
非期望产出	污染排放	工业二氧化硫排放量	SO_2
		工业烟尘排放量	S&D
		工业废水排放量	WW
		工业固废产生量	SW

黄河流域三大城市群 IEE 各相关评价指标的具体选择、处理过程和数据来源如下。

1. 资本存量要素

资本存量(K)是生产率研究中一个重要的投入变量,用工业固定资本存量(K)表示。参考张军等(2004)的方法用永续盘存法计算资本存量,其基本公式为

$$K_{it} = I_{it} + (1-\delta_t)K_{it-1} \tag{3-21}$$

式中，K_{it}、K_{it-1}分别为28个城市第t年、第$t-1$年的工业固定资本存量，对基年工业固定资产投资额除以10%获得基年资本存量（陈金英，2016）；δ_t为折旧率，折旧率参考张军等（2004）的9.6%以及财政部《国营企业固定资产分类折旧年限表》的10.96%，综合考虑采用8%进行估计；I_{it}为各城市群所属28城市以1998年为基期不变价的工业固定资产投资平减后的固定资产投资额。以1998年的不变价，测算了1998~2017年黄河流域城市群区域28个城市工业固定资产存量。

2. 劳动力要素

关于劳动投入数据，将城市群所属28个城市工业就业人数（L）作为劳动投入数据。

3. 能源要素

能源作为工业生产中重要的生产资料之一，同时也是工业生产过程中带来环境污染的主要投入要素，采用工业能源总消费量（IE）表示能源要素。工业能源消费量包括表3-3展示的七种能源的工业利用量，通过式（3-22）折算为标准煤后相加后得到。

$$\mathrm{IE} = \sum_{i=1}^{7} \mathrm{ie}_i \times k_i \qquad (3\text{-}22)$$

式中，IE为城市工业能源消费总量；ie_i为各能源的消费量；i为能源类型；k_i为能源标准煤折算系数，各能源的k_i值如表3-3所示。

表3-3 各能源标准煤折算系数

能源种类	标准煤折算系数	能源种类	标准煤折算系数
原煤/(kgce/kg)	0.7143	煤油/(kgce/kg)	1.4714
焦炭/(kgce/kg)	0.9714	液化石油气/(kgce/m^3)	1.7143
汽油/(kgce/kg)	1.4714	天然气/(kgce/m^3)	13.3
柴油/(kgce/kg)	1.4571		

资料来源：《中国能源统计年鉴》（2018）。

4. 资源要素

资源要素中水资源和土地资源既是区域工业发展必须要消耗和占用的资源，同时也是黄河流域三大城市群工业发展的主要约束。其中，黄河流域沿线区域工业以资源型产业为主，属于高水耗产业，工业用水需求与区域资源型缺水之间矛盾突出。区域内各城市间土地面积和人口密度差异较大，工业发展的分布形态各有不同，工业发展布局优化直接体现在土地资源的集约利用水平上。因而，本书采用工业用水量（IW）、工业用地面积（IL）两个指标。

5. 期望产出

采用各城市工业增加值（IVA）代表城市工业经济产出。实际各城市群内城市的工业增加值按照1998年的价格进行平减处理。

6. 非期望产出

为了更加全面地考虑环境对城市群及所在城市工业生态效率的约束，参考相关文献中对指标的选取（冯晨鹏，2015；郭一鸣等，2020），结合黄河流域城市群区域的污染排放特点，选取了四种污染物的排放量作为非期望产出指标，分别是工业二氧化硫排放量（SO_2）、工业烟尘排放量（S&D）、工业废水排放量（WW）和工业固废排放量（SW）。

各指标数据的描述性统计特征如表3-4所示。从表3-4中可以看出，指标整体上符合正态分布，适合开展效率分析。

表3-4 投入和产出指标的描述性统计特征

	指标	单位	样本数	均值	中位值	最大值	最小值	标准差
				黄河流域城市群区域				
投入要素	K	亿元	560	1020.01	543.82	12816.87	41.10	1420.38
	L	人	560	145399.52	124350.00	800300.00	12500.00	114573.17
	IE	万吨标准煤	560	12937179.72	8244918.06	141878055.00	60692.10	15581023.55
	IW	万 m^3	560	18516.81	15378.50	85400.00	1100.00	13962.92
	IL	km^2	560	14.48	9.68	78.42	0.60	13.45
期望产出	IVA	亿元	560	374.72	219.16	2810.85	4.90	431.13
非期望产出	SO_2	t	560	74348.07	58554.20	338956.00	1377.00	65618.69
	S&D	t	560	49475.59	27489.50	1600000.00	898.00	98227.36
	WW	万 t	560	6059.34	4681.50	71251.00	141.09	5724.54
	SW	万 t	560	866.17	527.50	8556.03	31.00	1043.36
				呼包鄂榆城市群				
投入要素	K	亿元	80	1149.31	788.57	4235.70	138.51	1033.58
	L	人	80	106139.19	79900.00	321100.00	31494.00	63023.04
	IE	万吨标准煤	80	26785296.47	17901142.56	141878055.00	716347.00	29372605.11
	IW	万 m^3	80	17565.00	17300.00	32700.00	4100.00	8178.05
	IL	km^2	80	19.33	13.10	52.50	0.60	16.98
期望产出	IVA	亿元	80	514.79	349.25	2123.90	16.14	501.39

续表

	指标	单位	样本数	均值	中位值	最大值	最小值	标准差
非期望产出	SO₂	t	80	118284.97	103281.00	302700.00	13475.00	75136.95
	S&D	t	80	69494.48	58647.00	253989.00	6200.00	58521.64
	WW	万t	80	3422.50	2785.00	13691.00	727.81	2268.93
	SW	万t	80	1679.13	1175.64	7656.33	36.10	1631.15
关中平原城市群									
投入要素	K	亿元	200	766.79	392.54	7562.06	44.19	1121.36
	L	人	200	128540.84	115831.00	619800.00	12500.00	127651.71
	IE	万吨标准煤	200	8697076.52	4738352.43	32575259.42	60692.10	9192765.15
	IW	万m³	200	13635.06	11100.00	85400.00	1100.00	13224.62
	IL	km²	200	11.41	6.48	78.42	1.02	14.85
期望产出	IVA	亿元	200	255.08	127.52	1839.63	4.90	324.12
非期望产出	SO₂	t	200	65190.23	43276.37	338956.00	1766.00	73606.66
	S&D	t	200	52243.57	19185.00	282010.00	898.00	47192.58
	WW	万t	200	4060.16	3694.00	19069.00	141.09	3865.03
	SW	万t	200	689.26	307.00	3776.13	45.40	813.29
中原城市群									
投入要素	K	亿元	280	1163.94	645.32	12816.87	41.10	1661.40
	L	人	280	168658.68	141409.50	800300.00	51100.00	110885.29
	IE	万吨标准煤	280	12009220.08	9587446.80	69386648.29	366210.08	10496671.57
	IW	万m³	280	22275.73	18758.50	73300.00	4800.00	14645.30
	IL	km²	280	15.30	13.27	48.07	2.00	10.37
期望产出	IVA	亿元	280	420.16	267.65	2810.85	22.70	454.96
非期望产出	SO₂	t	280	68335.98	54479.00	304570.00	1377.00	49810.07
	S&D	t	280	41778.77	27300.33	214965.00	1074.00	38008.39
	WW	万t	280	8240.72	7007.50	71251.00	1032.20	6618.14
	SW	万t	280	760.26	541.45	8556.03	31.00	849.79

3.4.3 工业增长质量指标筛选

对 IGQ 评价指标的选择首先需要明确 IGQ 评价的定义，不同定义下指标的选择方向具有明显差异。结合前文中 IGQ 的定义，IGQ 为衡量工业与城市群交互层面，工业发展与城市群社会经济发展、自然资源利用和环境保护之间的一种综合关联状态的表征。具体体现在技术经济、社会福利、资源利用和环境治理等方面工业与城市的相互影响和支撑的综合水平。IGQ 状态包括两个层面，城市群经济、社会、资源和环境这四个工业可持续性主要维度的综合质量以及工业可持续性三个主要驱动机制——结构优化、技术创新和环境治理对各维度要素的影响，例如，经济维度的 IS 绩效水平取决于工业技术创新、产业结构、资产效益、生产管理等因素的综合状态。

结合前文黄河流域三大城市群工业发展特征、城市群主要生态环境突出矛盾及各维度的目标要求，对技术经济、社会福利、资源利用以及污染治理四个维度指数的具体评价指标进行了筛选，共筛选出四个维度指数中对应的 24 个具体指标，如表 3-5 所示。其中，技术经济维度包括 6 个指标，社会福利维度包括 5 个指标，资源利用维度包括 7 个指标，污染治理维度包括 6 个指标。

表 3-5　城市 IGQ 评价指标体系及具体指标

维度指数	维度目标		具体指标	单位	指标方向
技术经济（TE）	发展速度	TE1	工业增加值增长率	%	+
	工业结构	TE2	工业增加值占 GDP 比重	%	+
		TE3	高技术产业工业增加值占工业增加值比重	%	+
	技术水平	TE4	R&D 支出占 GDP 比重	%	+
		TE5	工业劳动生产率	万元/人	+
	资产效益	TE6	工业总资产贡献率	%	+
社会福利（SW）	就业影响	SW1	工业就业人口贡献率	%	−
		SW2	工业服务业就业贡献率	%	+
	收入影响	SW3	工业在岗职工平均工资增长率	%	+
		SW4	城镇居民可支配收入	万元	+
	受教育程度	SW5	工业从业人员具有大学学历比重	%	+
资源利用（RU）	能源和资源利用强度	RU1	单位工业增加值能源消费量	吨标准煤/万元	−
		RU2	单位工业增加值新鲜水耗	m³/万元	−
		RU3	单位建设用地工业增加值	亿元/km²	+
		RU4	万元工业增加值碳排放	t/万元	−
	能源利用结构	RU5	清洁能源占一次能源消费比重	%	+
	循环经济水平	RU6	工业固废综合利用率	%	+
		RU7	工业水循环利用率	%	+

续表

维度指数	维度目标	具体指标		单位	指标方向
污染治理 （PG）	环境治理	PG1	工业二氧化硫去除率	%	+
		PG2	工业烟尘去除率	%	+
		PG3	工业废水集中处理率	%	+
		PG4	环境保护投资占 GDP 比重	%	+
	环境管理	PG5	工业清洁生产实施情况	—	+
		PG6	工业污染监测和治理设施运行情况	—	+

注：表中指标方向为"+"表示指标越大越好，指标方向为"-"表示指标越小越好。

应当指出的是，IGQ 评价采用的 FPPSI 法需要对每个指标参数进行设定。临界值为每个指标达到较高水平与中等水平之间的阈值，上限值表示在评价时段内指标的最佳状态，下限值表示在评价时段内指标的最差状态（Li et al.，2009；Jin et al.，2011）。对于定性指标 PG5 和 PG6，其数据可由专家小组使用模糊标度集进行量化（Kahraman et al.，2009），其定性指标的临界值也可使用模糊量表予以确定。

对于定量指标的临界值，可按如下步骤进行确定。首先，将所有城市 1998～2017 年每一个指标的指标值进行降序排列，并根据各指标值的分布特点，计算该指标所有数值的平均值。其次，在确定每个指标平均值的基础上，参考相关规划及现行标准中对应指标的目标要求，与平均值进行对比，取其较大值作为指标的临界值。这里，指标 TE4、SW1、SW2、SW4 参考《中华人民共和国国民经济和社会发展第十三个五年规划纲要》的规划目标要求；指标 TE1、TE2、TE3、TE5、RU4、RU5、RU6、RU7、PG1、PG2 和 PG3 参考《中国制造 2025》和《工业绿色发展规划（2016—2020 年）》目标要求；RU1、RU2、RU3、PG4 参考《国家生态工业示范园区标准》（HJ 274—2015）和《国家生态文明建设试点示范区指标（试行）》中的规划目标要求。此外，还综合考虑了当前的环境管理标准和《中国落实 2030 年可持续发展议程国别自愿陈述报告》等相关规划目标要求。

应当指出的是，将指标平均值和相关规划目标相结合确定指标临界值的方法，保证了指标临界值能够有效代表 HL 等级。所有指标上限值和下限值的确定，均采用相同的方法。对于正向指标，其数值越大越好，上限值和下限值分别为最大值增加 5%和最小值减小 5%，负向指标的上限值和下限值确定方式则与之相反。根据上述方法和步骤确定黄河流域三大城市群 IGQ 各相关指标具体的上限值、下限值和临界值。

对各维度指数的评价和具体指标的选择确定，分析如下。

1. 技术经济维度指数

技术经济维度指数反映的是城市工业的经济要素目标，表征与城市群工业发展相关的工业结构、资金和技术水平、所在城市的经济状况等，是城市群和城市工业增长的驱动力。黄河流域城市群的高质量发展在技术经济维度分解的目标是经济的增加、技术进步和工业效益的最大化。为此，技术经济维度指数从发展速度、工业结构、技术水平和资产效益四个方面进行指标的选取和设计。

如表 3-5 所示，在指标选取方面，选择工业增加值增长率代表发展速度目标。选取工业增加值占 GDP 比重、高技术产业工业增加值占工业增加值比重代表工业结构，选取 R&D 支出占 GDP 比重和工业劳动生产率表征技术水平，选取工业总资产贡献率代表资产效益。

2. 社会福利维度指数

社会福利维度指数是工业发展与城市群交互的社会要素目标。本质上是对人的影响，社会福利指数主要反映工业对社会和居民生活的影响情况，以及工业的人才供应情况。工业对城市群的影响主要包括对居民的就业影响和收入水平的影响。居民的受教育程度反过来又直接影响工业从业人员的素质水平。结合黄河流域呼包鄂榆、关中平原和中原城市群的工业发展状况，社会福利维度指数从就业影响、收入影响和受教育程度三个方面选取指标。

具体指标选取方面，选取工业就业人口贡献率和工业服务业就业贡献率代表工业对城市的就业影响；选取工业在岗职工平均工资增长率反映城市工业内部分配的变化情况，城镇居民可支配收入代表工业对居民收入的影响；选取工业从业人员具有大学学历比重代表城市工业从业人员受教育程度。

3. 资源利用维度指数

资源利用维度指数是 IGQ 中资源优化利用能力的目标。结合前文工业系统问题识别，工业对资源和能源的利用目标是资源约束的降低和资源保障程度的提高，这就需要在工业系统与城市群交互层面通过提高资源和能源利用技术、调整能源供应和消费结构、提高资源循环经济水平等方式，最终体现在工业生产层面资源利用和能源消耗总量的下降。考虑黄河流域城市群的工业特点，即工业普遍以采矿业、煤电、重化工和传统制造业等高能耗和高水耗行业为主，水资源短缺对工业发展存在严重约束，煤炭等化石能源的大量使用是造成当地污染排放的主要原因。IGQ 的资源利用维度指数可以分解为能源和资源利用强度、能源利用结构和循环经济水平，并从这三个方面选取指标。

选取单位工业增加值能源消费量、单位工业增加值新鲜水耗、单位建设用地工业增加值和万元工业增加值碳排放代表工业发展过程中的能源和资源利用强度。

选取清洁能源占一次能源消费比重代表工业发展的能源利用结构。其中，清洁能源参考国家统计局发布的2008~2017年的国民经济和社会发展统计公报中对清洁能源的统计口径，考虑天然气、水电、核电、风电四种清洁能源。由于黄河流域三大城市群工业生产对水电、核电和风电消费量很少，几乎可以忽略，本书中清洁能源占一次能源消费比重仅考虑天然气一种能源的消费占比。

鉴于黄河流域工业发展受水资源制约严重，与此同时，占城市群工业主导地位的重工业会产生大量的炉渣、矸石、结晶盐等工业固废，因此循环经济水平选取工业水循环利用率和工业固废综合利用率两个指标来表达。主要能源标准煤折算和碳排放参考系数如表3-6所示。

表3-6 主要能源标准煤折算和碳排放参考系数

能源种类	能源折标准煤系数 [a]	碳排放系数 [b]
原煤	0.7143kgce/kg	1.9003kg-CO_2/kg
焦炭	0.9714kgce/kg	2.8604kg-CO_2/kg
汽油	1.4714kgce/kg	2.9251kg-CO_2/kg
柴油	1.4571kgce/kg	3.0959kg-CO_2/kg
煤油	1.4714kgce/kg	3.0179kg-CO_2/kg
液化石油气	1.7143kgce/m^3	3.1013kg-CO_2/kg
天然气	13.3kgce/m^3	2.1621kg-CO_2/kg

a：参考《中国能源统计年鉴2018》；b：参考联合国政府间气候变化专门委员会（Intergovernmental Panel on Climate Change，IPCC）国家温室气体清单指南。

4. 污染治理维度指数

污染治理是IGQ的环境要素目标。工业发展过程中不可避免地对环境产生负面影响，这种影响直接制约着工业活动的规模和范围。结合前文工业系统环境问题分析结果，三大城市群主要环境问题是解决污染的总量和强度问题，目标是实现工业环境污染排放对城市群和城市环境质量影响的最小化。这方面既包括工业系统通过末端治理减少污染物排放，降低排放强度，也包括城市群对工业环境治理监管能力的提高，从源头确定环境边界，管控污染行业准入和生产。因此，污染治理维度指数可从环境治理和环境管理两方面进行选取和设计。

选取工业"三废"处理率，即工业二氧化硫去除率、工业烟尘去除率和工业废水集中处理率三项指标代表工业系统在减少工业污染排放对城市群环境影响方面的努力。同时，选取环境保护投资占 GDP 比重、工业清洁生产实施情况、工业污染监测和治理设施运行情况三个指标代表城市环境管理对工业污染治理的监管和促进作用。

工业增长质量指数各维度指数的具体评价指标、计算公式及其含义详见表 3-7。

表 3-7 工业增长质量指数各维度指数的具体评价指标、计算公式及其含义

维度指数	分解目标	具体指标	计算公式	指标阐释
技术经济（TE）	速度提高	TE1：工业增加值增长率	$\left(\dfrac{当年工业增加值}{上年工业增加值}-1\right)\times 100\%$	TE1 反映工业增加值的增长速度
	工业结构优化	TE2：工业增加值占 GDP 比重	$\dfrac{工业增加值}{国内生产总值}\times 100\%$	TE2 反映产业结构
		TE3：高技术产业工业增加值占工业增加值比重	$\dfrac{高技术制造业工业增加值}{工业增加值}\times 100\%$	TE3 反映工业结构的优化程度；其中，根据国家统计局《高技术产业（制造业）分类（2013）》，高技术制造业包括：医药制造业，航空、航天器及设备制造业，电子及通信设备制造业，计算机及办公设备制造业，医疗仪器设备及仪器仪表制造业，信息化学品制造业六大类（韩永宝，2018）
	技术创新	TE4：R&D 支出占 GDP 比重	$\dfrac{城市 R\&D 经费支出}{城市国内生产总值}\times 100\%$	TE4 反映研发经费投入强度及城市科技发展对工业技术的影响
		TE5：工业劳动生产率	$\dfrac{工业增加值}{工业就业人数}\times 100\%$	TE5 从职工的劳动力熟练程度反映工业的生产管理水平
	资产效益提高	TE6：工业总资产贡献率	$\dfrac{利润总额+利息总额+税金支出}{工业总资产}\times 100\%$	TE6 反映工业企业全部资产的获利能力和效益水平
社会福利（SW）	工业对城市就业结构影响	SW1：工业就业人口贡献率	$\dfrac{工业就业人数}{城市就业总人数}\times 100\%$	SW1 反映工业对城市和城市群就业的贡献水平。本书认为随着工业生产技术的提升，工业就业人数占城市总就业人数比重应该与工业增加值占 GDP 比重成反比
		SW2：工业服务业就业贡献率	$\dfrac{服务业就业人数}{城市就业总人数}\times 100\%$	SW2 反映工业发展对所在城市及城市群相关服务业的带动水平，工业服务业就业贡献率的提高代表工业系统的就业结构优化。鉴于研究区域涉及的 28 个城市的服务业中，工业服务业为主导，此处以城市总体服务业就业占比替代

续表

维度指数	分解目标	具体指标	计算公式	指标阐释
社会福利（SW）	居民收入的影响	SW3：工业在岗职工平均工资增长率	$\left(\dfrac{\text{当年工业在岗职工平均工资}}{\text{上年工业企业职工平均工资}}-1\right)\times 100\%$	SW3 反映工业发展效益水平和工业内部分配水平
		SW4：城镇居民可支配收入	—	SW4 反映城市工业发展过程中城市群总体民生改善情况，间接反映工业发展对城市整体经济和社会的带动作用，数据由统计数据直接获取
	工业从业人员素质	SW5：工业从业人员具有大学学历比重	$\dfrac{\text{具有大学学历工业从业人数}}{\text{工业就业人数}}\times 100\%$	SW5 综合反映工业就业人员的总体素质，代表城市和城市群对工业从业人员劳动力素质的影响
资源利用（RU）	能源和资源利用强度	RU1：单位工业增加值能源消费量	$\dfrac{\text{工业能源消费总量}}{\text{工业增加值}}$	RU1 反映工业生产的能源节约和技术水平的提高情况
		RU2：单位工业增加值新鲜水耗	$\dfrac{\text{工业新鲜水消费总量}}{\text{工业增加值}}$	RU2 反映工业生产的水资源节约和利用技术水平。由于水资源是黄河流域城市群工业发展的主要资源约束，水资源利用强度能够在一定程度上反映工业结构优化水平和进一步发展的潜力
		RU3：单位建设用地工业增加值	$\dfrac{\text{工业增加值}}{\text{城市工业用地总量}}$	RU3 反映工业发展的土地资源节约和利用强度水平
		RU4：万元工业增加值碳排放	$\dfrac{\text{工业碳排放量}}{\text{工业增加值}}$	RU4 反映工业碳排放强度，代表工业生产过程中温室气体排放的控制水平，这里反映工业的环境技术能力和生产的结构调整方向
	能源利用结构	RU5：清洁能源占一次能源消费比重	$\dfrac{\text{工业清洁能源消费量}}{\text{工业一次能源消费总量}}\times 100\%$	RU5 反映城市和城市群工业能源利用的结构优化水平
	循环经济水平	RU6：工业固废综合利用率	$\dfrac{\text{工业废物综合利用量}}{\text{工业废物产生量}+\text{储存量}}\times 100\%$	RU6 和 RU7 反映城市工业生产的资源再利用情况。工业固废综合利用率和工业水循环利用率数据可以直接通过统计年鉴获取
		RU7：工业水循环利用率	$\dfrac{\text{工业水重复利用量}}{\text{工业用水总量}}\times 100\%$	
污染治理（PG）	工业系统的污染治理能力	PG1：工业二氧化硫去除率	$\dfrac{\text{污染物产生量}-\text{污染物排放量}}{\text{污染物产生量}}\times 100\%$	PG1、PG2 和 PG3 反映工业系统的污染物治理技术、末端处理工艺等方面的升级情况 在环境约束下大气污染物去除率和废水处理率的提高代表着城市和城市群工业发展受环境制约水平降低
		PG2：工业烟尘去除率		

续表

维度指数	分解目标	具体指标	计算公式	指标阐释
污染治理（PG）	工业系统的污染治理能力	PG3：工业废水集中处理率	—	工业废水集中处理率数据可以通过统计年鉴或相关文献直接获取
	城市对工业的环境管治能力	PG4：环境保护投资占GDP比重	$\dfrac{环境保护投资}{城市国内生产总值} \times 100\%$	PG4反映城市群对工业的环境管理强度，以及环境管制政策的落实力度
		PG5：工业清洁生产实施情况	—	PG5和PG6反映工业企业的环境管理能力以及城市和城市群对工业生产环境管理的监管能力建设情况
		PG6：工业污染监测和治理设施运行情况	—	数据采用模糊语言标签邀请专家定性打分获取

3.4.4 工业增长质量指标合理性验证

1. 指标验证方法

采用模糊公理设计（fuzzy axiomtic design，FAD）方法对工业增长质量的初选指标进行合理性验证，从而筛选出能够完全符合评价主题和研究区域要求的指标。

公理设计理论最早是由麻省理工学院 Suh 于 1990 年提出的，旨在提高决策的有效性。公理设计方法目前已经被广泛运用到评价方案、指标、参数等的筛选和评价研究之中。在公理设计理论中提出了"域"的概念，用于系统描述设计规范的目标可达性水平。公理设计中，有两个设计公理被认为是较重要的概念，一个是独立性公理，另一个是信息公理，并以这两条公理及其推论来为设计工作提供评价规范。其中，独立公理表明功能需求（function requirements，FR）的独立性，定义为独立需求的最小集合，也就是必须达到的最低设计要求。信息公理规定，在满足独立公理的前提下，设计方案应尽可能具备最小的信息量。对于信息含量的量化计算，类似于信息熵，IC_k 被定义为满足独立公理的信息内容量（information contents，IC），其最简单的形式与满足给定的 FR 目标的概率相关，其计算公式如下：

$$IC_k = \log_2\left(\dfrac{1}{P_k}\right) \tag{3-23}$$

式中，P_k 为满足给定 FR 的概率。为了在模糊环境中提供决策支持，Kulak 和 Kahraman（2005）在模糊环境中扩展了信息公理，并将其定义为模糊公理设计。他们使用三角模糊数（triangular fuzzy number，TFN）来分别描述设计范围（指标的 FR）和系统范围（指标的可靠性水平）。由设计者指定的设计范围和系统范围的相交区域是公共范围，它可以计算概率 P_k（Kulak and Kahraman，2005）。TFN 的信息内容量计算过程如图 3-15 所示。因此，在 FAD 方法中，信息内容量按式（3-23）计算：

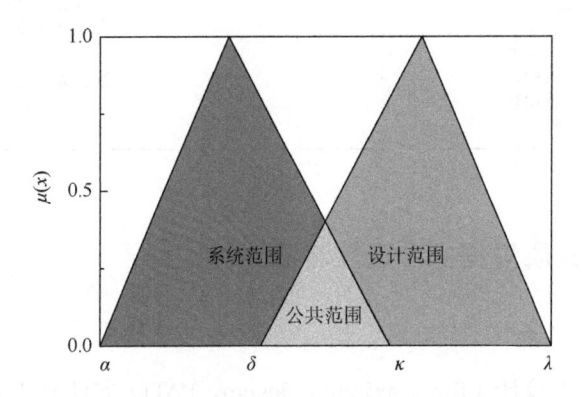

$$\text{IC} = \log_2\left(\frac{\text{系统范围}}{\text{公共范围}}\right) \quad (3\text{-}24)$$

图 3-15　系统范围和设计范围的公共范围（Kannan et al.，2015）

采用 FAD 方法对指标的可靠性进行筛选验证时，FR 代表了指标的验证标准。换句话说，设计范围是指标可靠性的最低要求（Cebi et al.，2016）。系统范围表示指标在每个验证标准上的性能。P_k 表示目标可达性，即各指标实现验证标准的概率（Kannan et al.，2015）。当指标在任何一个标准上出现 P_k 等于 0 时，IC 为无穷大，系统永远不会工作；相反，如果所有概率都为 1，IC 为 0，代表指标的可靠性和合理性达到最理想状态。

由于对每个指标同时有多个验证标准，即存在 n 个 FR，指标 i 的总信息量（TIC_i）计算如下：

$$\text{TIC}_i = \sum_{j=1}^{n} \text{IC}_{ij} \quad (3\text{-}25)$$

2. 指标合理性验证

采用模糊公理设计方法对初选指标进行目标可达性验证，包括：确定验证标准、目标可达性分析和指标合理性确认三个主要步骤。本书中黄河流域城市群工业发展质量指标的验证程序如下。

1) 指标的验证标准确定

为每个标准确定目标需求，即所有指标都必须满足的 FR。

本书对评价指标从"研究区域适用性（C_1）""评价主题符合性（C_2）""数据可得性（C_3）""指标信息准确性与可比性（C_4）"四个方面进行合理性验证。使用 Kulak 和 Kahraman（2005）之前提出的语言标签来确定各标准的目标要求。其中，C_1、C_2 和 C_3 的验证目标要求为"至少达到非常好（AVG）"，C_4 的验证目标要求为"至少达到良好（AG）"。完整的合理性验证标准如表 3-8 所示。

表 3-8 完整的合理性验证标准

编号	标准	目标要求	目标要求的 TFN
C_1	研究区域适用性	AVG	(7.5, 10, 10)
C_2	评价主题符合性	AVG	(7.5, 10, 10)
C_3	数据可得性	AVG	(7.5, 10, 10)
C_4	指标信息准确性与可比性	AG	(5, 10, 10)

2) 指标的目标可达性分析

首先，由一组专家使用前节所述的语言标签对每个指标进行打分，并将专家意见的语言标签转移到 TFN 中。通过对系统范围的 TFN 进行聚合，得到各初选指标在各标准上的合理性表现水平。专家组由来自环境经济学、水资源、污染控制、工业循环经济和清洁生产等领域并熟悉黄河流域城市工业发展的五名专家组成。其次，通过对系统范围的 TFN 进行聚合，得到各初选指标在各标准上的合理性表现水平。最后，利用系统范围和公共范围的 TFN 值进行目标可达性分析，计算各指标的 IC 值（Kahraman et al.，2009）。

以指标 RU4 在标准 C_1 上的目标可达性分析为例，对该步骤进一步演示，结果如图 3-16 所示。绘制指标合理性总得分的 TFN 和标准 C_1 的功能需求 TFN，并确定两个区域的相交点，如表 3-9 所示，并得到 RU4 在标准 C_1 的 IC 值不为无穷大，因此，RU4 在标准 C_1 通过检验。

$$\text{IC}_{\text{EP3}} = \log_2\left(\frac{\text{系统范围}}{\text{公共范围}}\right) = \log_2\left(\frac{0.93}{0.68}\right) = 0.45 \tag{3-26}$$

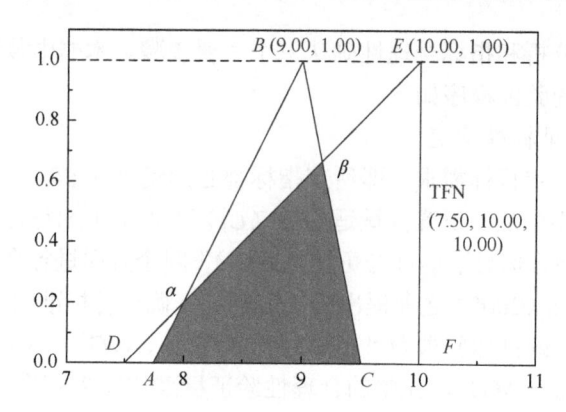

图 3-16 指标 RU4 在标准 C_1 上的目标可达性分析

表 3-9 公共范围交点坐标计算

坐标	系统范围			功能需求（设计范围）			交点 α	交点 β
	A	B	C	D	E	F		
x	7.71	9.00	9.57	7.50	10.00	10.00	7.93	9.19
y	0.00	1.00	0.00	0.00	1.00	0.00	0.17	0.67

3）指标合理性确认

根据 IC 值是否为无穷大确定指标是否满足所有验证标准的目标要求，并淘汰不符合要求的指标，从而对每个指标的合理性进行验证确认。最终，基于 FAD 方法对每个指标的目标可达性分析结果如表 3-10 所示。从 TIC 结果来看，所选指标均有具体数值，没有出现无穷大的情况，即所有初选指标均通过了指标验证。

表 3-10 各指标的合理性验证结果

项目		C_1	C_2	C_3	C_4	TIC
TE	IC_{TE1}	0.16	0.70	4.40	0.33	5.59
	IC_{TE2}	3.45	5.19	1.93	1.22	11.79
	IC_{TE3}	1.57	0.01	0.40	0.12	2.10
	IC_{TE4}	0.32	1.08	2.71	0.34	4.46
	IC_{TE5}	0.20	0.36	3.04	0.31	3.92
	IC_{TE6}	1.27	2.18	0.33	0.91	4.70
SW	IC_{SW1}	0.39	1.64	3.43	0.30	5.75
	IC_{SW2}	2.11	3.90	3.95	0.16	10.11

续表

项目		C_1	C_2	C_3	C_4	TIC
SW	IC_{SW3}	2.34	0.99	2.11	0.16	5.60
	IC_{SW4}	0.66	1.57	3.61	0.84	6.68
	IC_{SW5}	3.45	1.54	5.39	0.44	10.83
RU	IC_{RU1}	0.64	0.13	0.60	0.14	1.52
	IC_{RU2}	0.51	0.42	1.49	0.20	2.62
	IC_{RU3}	0.32	4.22	2.71	0.18	7.43
	IC_{RU4}	1.57	0.66	1.12	0.43	3.78
	IC_{RU5}	1.25	1.57	0.12	0.18	3.11
	IC_{RU6}	0.51	1.57	0.29	0.13	2.50
	IC_{RU7}	0.51	1.57	0.29	0.1	2.46
PG	IC_{PG1}	0.12	0.27	0.91	0.18	1.48
	IC_{PG2}	0.12	0.27	0.91	0.18	1.48
	IC_{PG3}	0.12	0.27	0.91	0.18	1.48
	IC_{PG4}	0.60	0.32	2.95	0.66	4.52
	IC_{PG5}	0.6	0.32	3.63	0.46	5.02
	IC_{PG6}	0.33	0.66	3.63	0.51	5.13

第4章 黄河流域三大城市群工业系统综合诊断

城市群工业系统发展现状的分析诊断，能够系统梳理城市群工业发展特征，并准确定位城市群当前工业发展面临的主要矛盾和问题，不仅能为城市群工业可持续性状态评价的指标体系构建提供依据，还能够为城市群工业转型发展提供参考基线与对策制定依据。通过对黄河流域三大城市群工业发展过程进行回顾，分析工业结构变化特点，基于此分析三大城市群工业现状特征和比较优势。进一步在全要素生产率分析的基础上，从工业发展结构问题、技术创新短板和资源环境问题等方面对三大城市群工业系统进行综合诊断。

4.1 三大城市群工业发展诊断

资源型产业和传统制造业等重工业为主导的工业发展模式在很大程度上推动了黄河流域三大城市群过去 20 年的经济快速发展，但也导致了三大城市群在工业发展和资源环境方面面临越发突出的矛盾和问题。

4.1.1 工业比较优势分析

从工业比较优势的角度，识别城市群工业发展的现状与特征，不仅为探究城市群工业可持续性差异的形成原因提供依据，还可以为下一步制定针对性的工业转型发展对策提供参考。

采用区位熵比较方法对三大城市群工业结构进行比较优势分析，通过考察资本密集型、技术密集型和劳动密集型，这三类工业产业中任何一类在不同城市群或城市的分布及占比情况，反映该城市群或城市经济发展对各类行业的依赖程度。根据定义，区位熵（location quotient，LQ）计算公式为

$$LQ_{ik} = \frac{Q_{ik}/Q_i}{Q_k/Q} \tag{4-1}$$

式中，LQ_{ik} 为在 k 地区 i 工业产业的区位熵；Q_{ik}、Q_i、Q_k、Q 分别为 k 地区 i 工业产业增加值之和、所有地区 i 工业产业增加值之和、k 地区工业产业增加值之和、区域同工业产业增加值总值。LQ_{ik} 值越高，则说明 i 工业产业在 k 地区工业产业

分工中的比较优势越明显。如果 $LQ_{ik}>1$,则表明 k 地区 i 工业产业的集中度高于区域平均水平,具有比较优势;如果 $LQ_{ik}<1$,表明 k 地区 i 工业产业的集中度低于平均水平。

表 4-1 为 2017 年黄河流域三大城市群工业区位熵。表 4-2 为黄河流域三大城市群工业结构比较优势(按城市工业总产值由大到小排列)。

表 4-1 黄河流域三大城市群工业区位熵(2017 年)

城市群	工业区位熵		
	劳动密集型	资本密集型	技术密集型
呼包鄂榆城市群	0.28	1.71	0.44
关中平原城市群	0.77	1.06	1.07
中原城市群	1.18	0.86	1.08

分析表 4-1 计算结果,从城市群层面上看,呼包鄂榆城市群凭借其极高的资源禀赋和以煤基产业为主导的产业发展特征,资本密集型产业具有明显优势。关中平原城市群同时在技术密集型和资本密集型产业具备优势,关中平原城市群在采矿业、化工原料及加工业、能源工业的基础上,依靠西安—咸阳—杨凌高新技术开发区形成了汽车制造、通信设备加工等产业集群,是西部仅次于成渝城市群的第二大产业集群(杜莉,2020;黄金川和陈守强,2015)。相比之下,中原城市群同样在劳动密集型产业和技术密集型产业上具有优势。中原城市群基于充足的人力资源,劳动密集型产业在三个城市群中比较优势最明显。2013 年以来,围绕建设先进制造产业集群的战略目标,中原城市群大力发展了一批包括通信设备制造、电气机械和器材制造业、医药制造、汽车制造、化学品制造等技术密集型产业(Li L et al., 2019),技术密集型产业占比和比较优势也快速提高。2013~2017 年高技术产业工业增加值占工业增加值比重从 2.13%上升至 5.93%,增长近 2 倍(郭成虎,2018)。

由表 4-2 统计结果来看,在流域三大城市群所属的 28 个城市中,总产值名列前 6 的城市中有 5 个城市的技术密集型产业具有比较优势。总产值最低的 10 个城市(除天水外),其他 9 个城市主要以资源型城市为主,其资本密集型产业区位熵较高,技术密集型产业区位熵较低,比较优势较差。可见,技术密集型产业能够带动工业产值的提高,提升工业经济增长的质量。与此同时,研究区内 3 个高技术产业增加值占比超过 10%的城市分别是西安市、郑州市和天水市,其技术密集型产业具有明显的比较优势。这种比较优势的差异势必会导致城市群和城市群内部工业生态效率的差异和工业可持续性的差异。

表 4-2 黄河流域三大城市群工业结构比较优势

城市	劳动密集型	资本密集型	技术密集型	工业总产值排名	高技术产业工业增加值占工业增加值比重/%
郑州	0.59	0.95	1.33	1	12.18
菏泽	1.93	0.48	1.14	2	7.84
聊城	1.67	0.67	1.05	3	7.43
洛阳	0.84	1.08	0.99	4	3.61
焦作	1.39	0.72	1.15	5	5.84
西安	0.64	0.39	2.10	6	30.89
榆林	0.11	1.82	0.39	7	0.17
新乡	1.28	0.43	1.64	8	6.87
安阳	1.01	1.09	0.86	9	5.08
三门峡	0.35	1.75	0.34	10	1.87
濮阳	2.03	0.39	1.22	11	6.65
鄂尔多斯	0.10	1.69	0.59	12	5.57
包头	0.33	1.79	0.29	13	1.63
咸阳	1.57	0.97	0.67	14	7.60
宝鸡	0.85	1.24	0.75	15	7.89
开封	2.49	0.38	0.93	16	5.76
鹤壁	2.01	0.72	0.75	17	7.41
渭南	0.77	1.30	0.72	18	2.13
济源	0.57	1.37	0.74	19	8.35
运城	0.66	1.27	0.83	20	9.35
长治	0.23	1.72	0.46	21	2.20
临汾	0.06	2.00	0.17	22	0.85
呼和浩特	1.11	1.22	0.62	23	5.21
晋城	0.12	1.65	0.63	24	2.45
铜川	0.60	1.62	0.36	25	4.99
庆阳	0.19	2.03	0.04	26	0.49
商洛	0.14	1.47	0.88	27	6.03
天水	0.58	0.79	1.56	28	32.29

4.1.2 工业发展问题分析

（1）三大城市群的工业结构以重工业为主，工业结构的高级化和工业科技创新能力培育不足，工业高质量发展缺乏有效动力机制。

高技术产业工业增加值占工业增加值比重和 R&D 支出占 GDP 比重分别是表征工业结构优化和技术创新能力的重要指标。表 4-3 为黄河流域三大城市群工业发展特征比较。从表 4-3 统计结果可以看出，2017 年三大城市群在这两个指标上均低于全国平均水平（12.7%和 2.18%），研究区 28 个城市中仅有西安和天水两个城市高技术产业工业增加值占工业增加值比重超过全国平均水平。图 4-1 为黄河流域三大城市群工业 R&D 支出占 GDP 比重变化，可以看出，三大城市群的科技创新投入尽管在 1998~2017 年明显提升，但始终低于全国平均水平，并且与全国平均水平有进一步拉大的趋势。

表 4-3 黄河流域三大城市群工业发展特征比较（2017 年）

城市群	高技术产业工业增加值占工业增加值比重/%	R&D 支出占 GDP 比重/%
呼包鄂榆城市群	3.15	0.84
关中平原城市群	10.25	1.24
中原城市群	5.97	1.40
全国平均	12.7	2.18

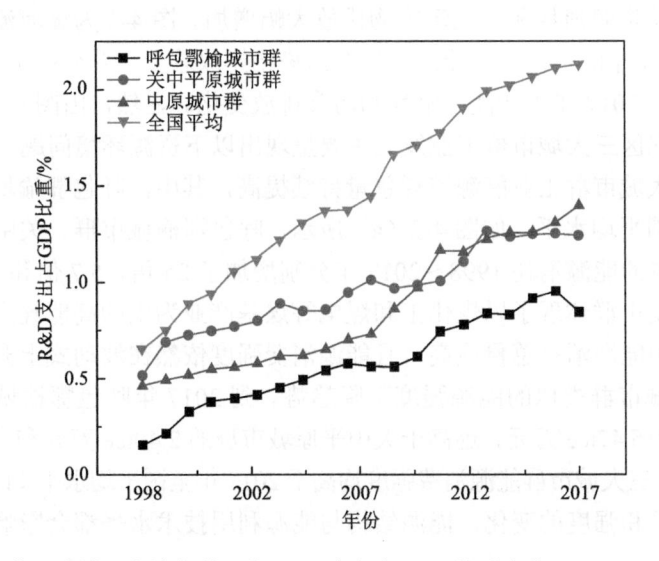

图 4-1 黄河流域三大城市群工业 R&D 支出占 GDP 比重变化（1998~2017 年）

（2）三大城市群中，关中平原城市群和中原城市群内部面临严重的工业发展不平衡问题。

关中平原城市群中，西安、宝鸡、咸阳和渭南四个城市的工业总量占比达到城市群工业总量的70%以上。作为国家级中心城市的西安，其工业规模占比为该城市群工业总量的29%，工业化水平较高，已成为我国重要的军工生产和高端制造基地。然而，该城市群内的商洛、天水和庆阳工业发展规模较小，工业基础薄弱，是典型的欠发达地区。铜川、商洛、庆阳、天水、临汾、运城6个城市工业总规模仅相当于西安市的工业总量。中原城市群中国家级中心城市郑州的工业总量占到了该城市群工业总规模的22.8%。同时，如图4-1和表4-2所示，围绕郑州及其周边的洛阳、焦作和新乡等城市技术密集型产业占比较高，形成具有技术密集型产业比较优势的城市集群。但是，该城市群内的晋城、长治、济源、三门峡等城市则工业规模较小，且产业结构依然以资源型产业为主，工业发展相对落后。

显然，由于城市群内部工业发展不平衡，后续的工业可持续性评价既要考虑从城市群尺度分析工业发展的效率和质量，还需要兼顾考虑城市群内部各城市间工业可持续性差异变化，以及城市群内部的发展公平等问题。

4.1.3 资源环境问题分析

黄河流域三大城市群总体上以高能耗、高水耗、高排放产业为主，因此，其工业发展也使资源消耗和工业污染物排放大幅增加。图4-2为黄河流域三大城市群1998~2017年的主要工业能源消耗及污染物排放总量，图4-3为黄河流域三大城市群1998~2017年工业能源消耗和污染排放变化。显然，由图4-2和图4-3可以看出，研究区三大城市群工业发展主要呈现出以下资源环境问题。

（1）三大城市群工业能源消耗总量持续提高，其中，呼包鄂榆城市群能耗强度远高于全国平均水平。如图4-2（a）所示，呼包鄂榆城市群、关中平原城市群和中原城市群的能源消耗1998~2017年分别增加了25倍、5.7倍和5.6倍。特别是呼包鄂榆城市群体现了以煤化工和煤电等煤基产业为主的高能耗产业特征，在三个城市群中能源消费总量最高，且能源消费强度依然在波动式上升，并未出现与其他两个城市群类似的能源强度下降趋势。到2017年呼包鄂榆城市群能源消费强度达到了5.47tce/万元，远高于关中平原城市群的2.40tce/万元和中原城市群的1.98tce/万元。三大城市群能源消费强度均高于2017年全国平均水平（1.06tce/万元）。能源利用总量和强度的变化、能源结构与能源利用技术水平都会影响工业可持续性的时空变化。

（2）尽管工业用水强度持续下降，水资源依然是三大城市群工业发展的主要约束。如图4-2（b）所示，在工业用水方面，三大城市群1998～2017年工业水耗强度持续降低，到2017年呼包鄂榆城市群、关中平原城市群和中原城市群工业水耗强度分别从1998年的150.2m³/万元、280.2m³/万元和201.9m³/万元，下降到2017年的16.28m³/万元、20.32m³/万元和24.09m³/万元，但其工业水耗强度仍然高于全国平均水平（14.58m³/万元）。尽管工业用水总量和强度均呈下降趋势，但

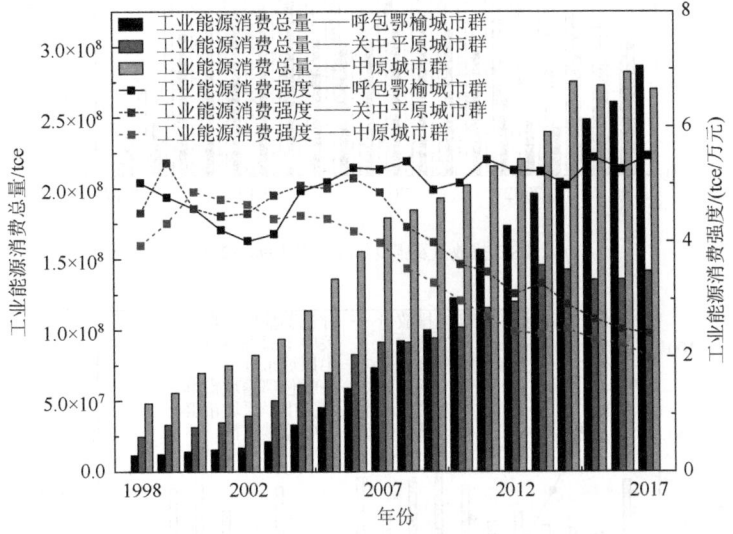

(a) 工业能源消费总量及强度年际变化(1998～2017年)

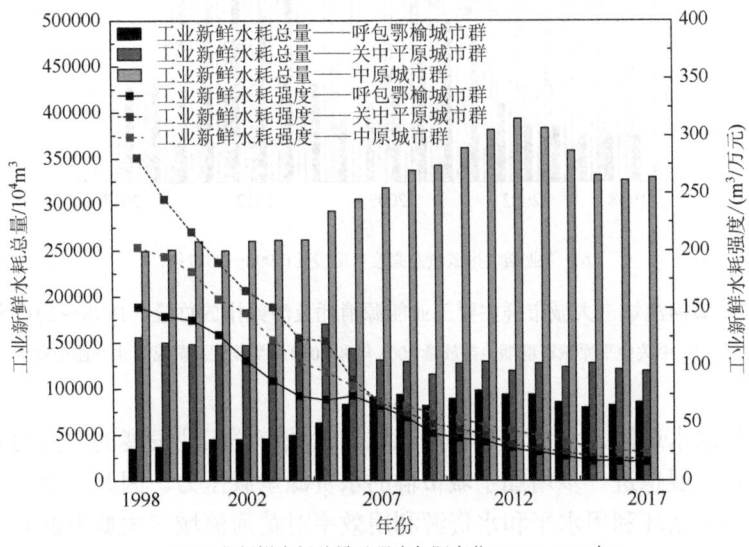

(b) 工业新鲜水耗总量及强度年际变化(1998～2017年)

(c) 工业SO₂排放量及强度年际变化(1998~2017年)

(d) 工业烟尘排放量及强度年际变化(1998~2017年)

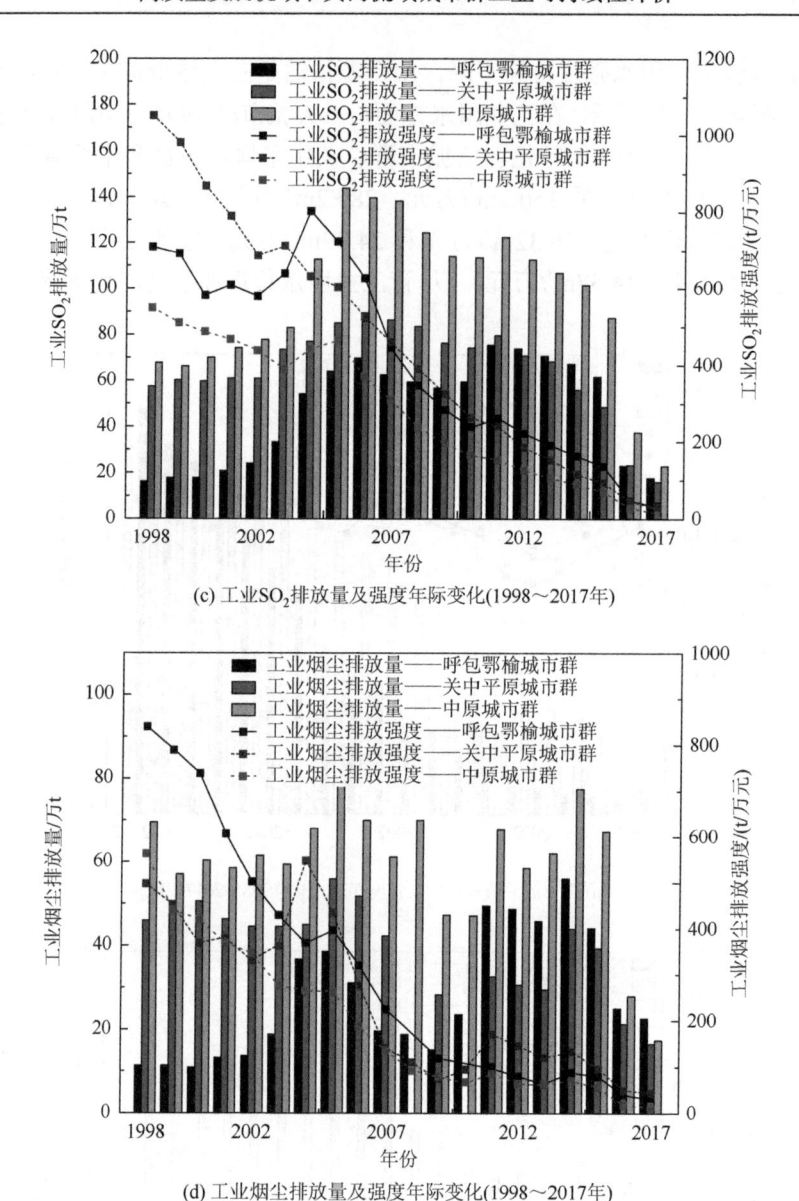

图 4-2　黄河流域三大城市群主要工业能源消耗及污染排放总量（1998~2017 年）

图（d）中关中平原城市群烟尘排放量 2008 年和 2010 年数据明显异常，未在图中展示

作为资源型缺水地区，水资源是黄河流域三大城市群工业发展的主要约束因素。当然，工业发展也进一步增加了城市群的水资源承载压力。因此，水资源利用技术、工业用水循环利用水平和水资源利用效率对黄河流域三大城市群的工业可持续性具有重要影响。

（3）三大城市群以资本密集型为主的工业发展模式，导致工业污染成为城市群环境污染的主要来源，其中，呼包鄂榆城市群和关中平原城市群的工业 SO_2 排放强度均高于全国平均水平。由图 4-2（c）和（d）可知，2017 年黄河流域的呼包鄂榆城市群、关中平原城市群和中原城市群的工业 SO_2 排放强度分别为 33.97t/亿元、27.28t/亿元和 16.89t/亿元，工业烟尘排放强度分别为 43.67t/亿元、28.68t/亿元和 12.79t/亿元。尽管三个城市群 1998~2017 年 SO_2 和烟尘排放总量、排放强度都有明显下降趋势，但除中原城市群 2017 年低于全国平均水平外，另外两个城市群始终高于全国平均水平。同时，应当指出的是，工业污染是造成三大城市群环境污染的主要原因，工业发展和城市群环境保护的矛盾依然突出。工业污染排放和工业发展之间的耦合水平，以及工业发展过程中的环境治理和污染控制水平都将直接影响工业可持续性的变化。

（4）工业碳排放总量和强度增长迅速，"双碳"目标下减碳压力依然较大，工业增长与碳排放脱钩任重道远。回顾 2001~2019 年，呼包鄂榆城市群规模以上工业增加值从 198.64 亿元增长至 4480.96 亿元，工业碳排放量从 0.39 亿 t 增长至 9.00 亿 t，两者涨幅均高达 22 倍。关中平原城市群规模以上工业增加值从 476.93 亿元增长至 5081.97 亿元，工业碳排放量从 0.85 亿 t 增长至 3.88 亿 t，涨幅分别接近 10 倍、4 倍。中原城市群规模以上工业增加值从 971.57 亿元增长至 13410.59 亿元，工业碳排放量从 1.77 亿 t 增长至 7.08 亿 t，涨幅分别约为 13 倍、3 倍。由此可见，2001~2019 年三大城市群的工业经济与碳排放量均在迅速增长，其中呼包鄂榆城市群所付出的资源、能源代价尤为巨大。

从工业增长与碳排放增长趋势来看（图 4-3），呼包鄂榆城市群的规模以上工业增加值与碳排放增长曲线极为接近，两者增长较为同步，而关中平原城市群、中原城市群则表现出较为明显的不同步现象。2001~2007 年两大城市群的工业碳排放量均保持 10% 以上的高速增长，2007~2014 年除个别年份出现较大增幅以外，总体增速放缓，2014~2019 年工业碳排放量表现为缓慢波动上升。关中平原城市群、中原城市群规模以上工业增加值与碳排放增长的不同步现象可能与其工业结构调整密切相关。

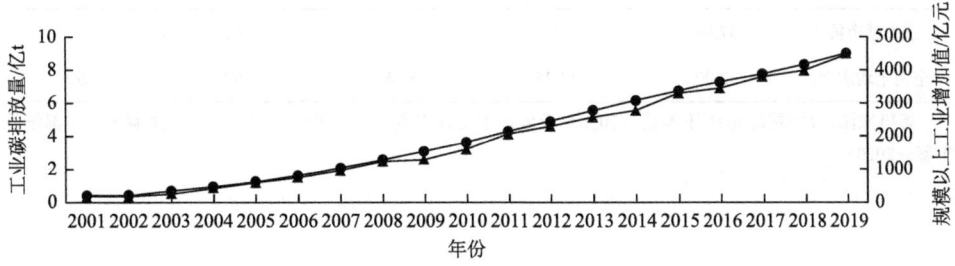

(a) 呼包鄂榆城市群

(b) 关中平原城市群

(c) 中原城市群

——▲—— 工业碳排放　　——●—— 规模以上工业增加值

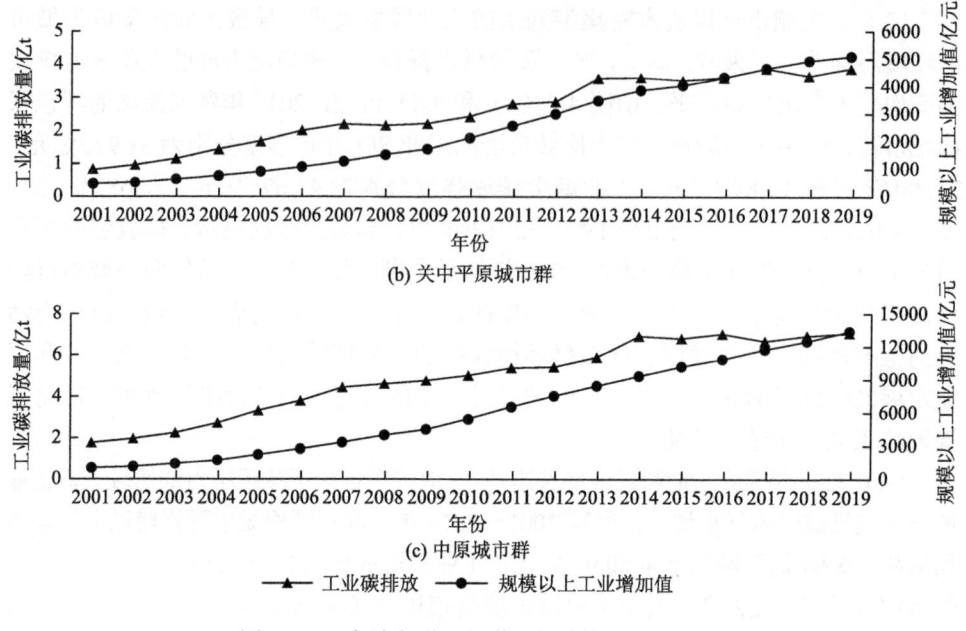

图 4-3　三大城市群工业增长与碳排放变化趋势

从工业发展现状来看，2019 年三大城市群合计贡献了全流域 41%以上的工业增加值，工业能源消费量与工业碳排放量均占全流域的 50%以上，每万元工业增加值大约消耗 2.67 吨标准煤、排放 7.06t 二氧化碳（表 4-4），远高于全国平均水平。

表 4-4　研究区主要工业经济指标与全国平均水平（2019 年）

研究区	工业增加值占GDP比重/%	工业能源消费量/亿 tce	清洁能源占一次能源消费比重/%	万元工业增加值能耗/tce	万元工业增加值碳排放量/t
呼包鄂榆城市群	44.53	3.41	3.46	5.78	15.25
关中平原城市群	29.29	1.47	3.77	2.37	6.27
中原城市群	40.21	2.69	4.01	1.66	4.37
三大城市群	37.89	7.56	3.71	2.67	7.06
全国平均水平	32.00	32.25	8.58	1.02	2.90

资料来源：《中国城市统计年鉴—2020》及各地市统计年鉴，全国平均水平相关数据来源于《中国统计年鉴—2020》。

4.2 三大城市群工业绿色全要素生产率诊断

城市工业生产一般是一个长期的连续过程，生产技术一定会发生变化，分析和探讨技术积累、结构调整和规模变化对城市群工业生产资源环境效率变化的动态影响则需要对城市群工业绿色全要素生产率（green total factor productivity，GTFP）的变化进行分析。

本节对 GTFP 动态演变及驱动机制的分析，是基于序列 DEA 方法的 Malmquist-Luenberger 生产率指数（MLI）模型，采用前文中建立的工业资源环境效率评价指标体系，对黄河流域典型城市群 1998~2017 年工业绿色全要素生产率变化（GTFP change，GTFPCH）指数进行测算，以此诊断工业系统的综合动态变化趋势，并进一步在城市群和城市三个空间层次对 GTFPCH 进行分解，通过对 GTFPCH 分解指数的探讨，分析工业系统生产率变化的主要驱动和制约机制。

4.2.1 工业绿色全要素生产率的动态变化趋势

表 4-5 为 1998~2017 年基于 MLI 模型测算的三大城市群各年 GTFPCH 指数，图 4-4 为该流域 28 个城市 1998~2017 年工业 GTFPCH 指数均值及排名。

表 4-5　1998~2017 年黄河流域及典型城市群 GTFPCH 指数

时段	GTFPCH 指数			
	研究区均值	呼包鄂榆城市群	关中平原城市群	中原城市群
1998~1999 年	1.04	1.07	1.12	1.00
1999~2000 年	1.15	1.13	1.20	1.16
2000~2001 年	1.12	1.34	1.07	1.11
2001~2002 年	1.22	1.22	1.49	1.14
2002~2003 年	1.07	1.08	0.96	1.23
2003~2004 年	1.16	1.15	1.23	1.14
2004~2005 年	1.16	1.09	1.21	1.16
2005~2006 年	1.13	1.24	1.16	1.11
2006~2007 年	1.19	1.29	1.18	1.19
2007~2008 年	1.19	1.40	1.20	1.16
2008~2009 年	1.11	1.63	0.99	1.18
2009~2010 年	1.28	1.46	1.68	1.17

续表

时段	GTFPCH 指数			
	研究区均值	呼包鄂榆城市群	关中平原城市群	中原城市群
2010~2011 年	1.15	1.18	1.18	1.16
2011~2012 年	1.26	1.18	1.27	1.32
2012~2013 年	1.12	1.22	1.22	1.07
2013~2014 年	1.06	0.97	1.02	1.15
2014~2015 年	1.17	1.40	1.10	1.26
2015~2016 年	1.31	1.15	1.35	1.37
2016~2017 年	1.29	1.05	1.31	1.50
年均值	1.17	1.21	1.16	1.16

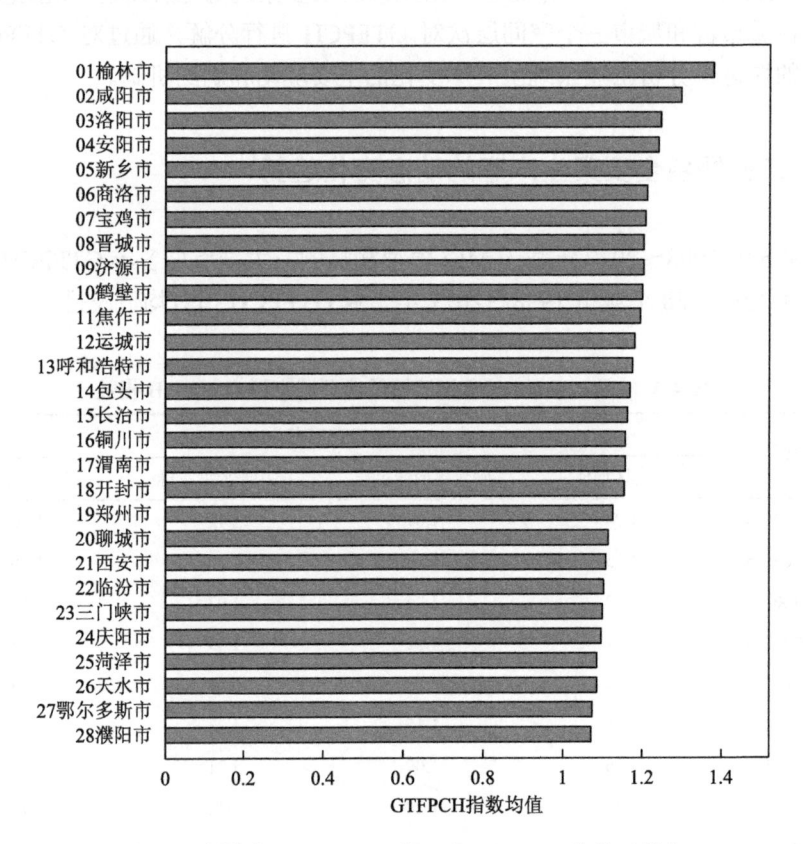

图 4-4　各城市 1998~2017 年工业 GTFPCH 均值及排名

由表 4-5 和图 4-4 可以得出以下结论。

（1）1998~2017 年，研究区内三大城市群 GTFPCH 指数年均值为 1.17，GTFP

年平均增速为17%,除1998~1999年、2002~2003年和2013~2014年三个时段外,其他时段的GTFP平均增幅均达到10%以上,其中,2015~2016年GTFP增幅最大,为31%,1998~1999年GTFP增幅最小,为4%。说明研究区整体上工业系统的综合状态动态变化呈现快速提高趋势。

(2)从各城市群层面来看,呼包鄂榆城市群的GTFPCH指数均值为1.21,GTFP平均增速达到21%,是三个城市群中增速最快的。关中平原城市群和中原城市群的GTFPCH指数均值相同,GTFP平均增速均为16%。对三个城市群GTFPCH指数动态变化分析可以看出,2005年后,呼包鄂榆城市群GTFP增幅明显增大,直到2008~2009年增幅高达63%,但随后其GTFP整体呈下降趋势,并在2013~2014年出现了-3%的GTFP衰退现象。中原城市群GTFPCH指数最小值为1998~1999年的1.00,没有增长。2012年之后,该城市群的GTFP增速明显加快,直到2016~2017年GTFP增速高达50%。关中平原城市群尽管GTFPCH指数在三个城市群中波动最大,其中2009~2010年关中平原GTFP增速为68%,增幅最小的2002~2003年为-4%。

(3)在城市层面,分析工业绿色全要素生产率动态增速发现,1998~2017年三大城市群所属28个城市的GTFPCH指数均值均大于1.0,说明研究区内所有城市工业的GTFP都处于增高趋势,且28个城市中有20个城市的工业GTFP年均增幅达到10%以上的快速增长。其中,榆林市工业GTFPCH指数均值最高,平均增幅高达38%,咸阳市和洛阳市紧随其后,位列第二和第三位,年均增幅分别是29%和24.5%,濮阳市GTFPCH指数均值在28个城市中最低,但也达到了6.9%的年均增幅。

4.2.2 工业绿色全要素生产率的分解分析

将工业绿色全要素生产率变化(GTFPCH)指数分解为技术进步(TECH)指数、规模效率(SECH)指数和纯技术效率(PECH)指数,测算这些分解指数的取值,从城市群和城市两个层面分析它们对工业资源环境综合效率动态变化的驱动和制约作用。其中,TECH代表技术进步对三大城市群工业GTFP动态变化的影响,SECH代表工业规模调控对三大城市群GTFP动态变化的影响,PECH代表工业生产管理和结构调整对GTFP动态变化的影响。

1. 城市群工业GTFP分解

表4-6为1998~2017年黄河流域三大城市群工业GTFPCH指数及分解指数均值,图4-5为黄河流域城市群GTFPCH指数及其分解指数波动特征。综合图4-5和表4-6可分析城市群层面工业资源环境效率动态变化的驱动机制。图4-6为研

究区 1998~2017 年各年 GTFPCH 指数及分解指数的平均变化率，以此分析三大城市群工业 GTFP 驱动机制的转换过程。具体结果和分析如下。

表 4-6 黄河流域三大城市群工业 GTFPCH 指数及分解指数均值（1998~2017 年）

城市群	TECH	PECH	SECH	GTFPCH
呼包鄂榆城市群	1.21	1.00	1.00	1.21
关中平原城市群	1.17	0.98	1.01	1.16
中原城市群	1.18	0.99	1.00	1.16
三大城市群均值	1.18	0.99	1.00	1.17

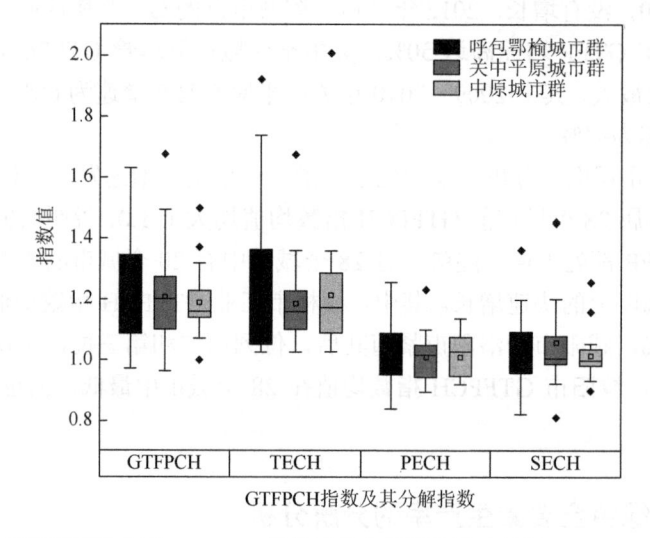

图 4-5 黄河流域城市群 GTFPCH 指数及其分解指数波动特征（1998~2017 年）

从表 4-6 可以看出，在城市群层面，三大城市群共同特点是 TECH 指数明显高于 SECH 指数和 PECH 指数，TECH 指数的上升带动了三个城市群 GTFPCH 指数的提高。其中，呼包鄂榆城市群的 TECH 指数增长率最高，达 21%，中原城市群的 TECH 指数增长率达 18%，关中平原城市群 TECH 指数增长率为 17%，说明技术进步的提升是带动和促进黄河流域三大城市群工业绿色全要素生产率动态提升和进步的主要驱动因素。三个城市群 SECH 指数 20 年均值都为 1.0 左右，说明三大城市群工业规模效率对 GTFP 没有明显驱动或抑制作用。在 PECH 指数上，呼包鄂榆城市群 PECH 指数为 1.0 左右，关中平原城市群和中原城市群 PECH 指数均值分为 0.98 和 0.99，分别呈年均–2%和–1%的变化趋势，PECH 指数在这两个城市群对工业绿色全要素生产率变化指数具有负影响，这说明产业结构和生产管理能力是制约关中平原城市群和中原城市群工业系统全要素生产率进步的主要因素。

进一步由图 4-5 对三大城市群工业绿色全要素生产率及其分解指数的整体水平和波动情况分析可以看出，三大城市群 GTFP 水平总体接近。从 GTFPCH 指数的中位数看，关中平原城市群 GTFP 提高速度整体上具有一定的优势，中原城市群中位数最低，但中原城市群的箱体宽度最窄，且所有年份 GTFPCH 指数都在 1 以上，可以看出中原城市群在研究期内工业 GTFP 变化始终保持稳定的持续增长趋势，并没有明显的波动。在 TECH 指数变化上，所有城市群在 1998～2017 年各年 TECH 指数均大于 1，说明城市群在工业生产和污染治理技术上进行了持续的改进和提高，其中呼包鄂榆城市群 TECH 指数波动最明显，2004～2005 年和 2015～2016 年 THCH 指数增幅达到 70%以上，关中平原城市群 TECH 指数变化则相对稳定。PECH 指数和 SECH 指数整体上低于 TECH 指数，三个城市群在这两个指数上都没有表现出明显优势，各城市群波动幅度都不大，始终在 1.0 上下徘徊。说明与过去 20 年快速工业化发展带来的生产技术进步相比，黄河流域三个典型城市群在工业生产和资源利用管理水平、工业结构调整和产能优化等方面虽有所提高，但进步速度并不令人满意。

2. 城市群工业 GTFPCH 指数分解的动态变化

由于三大城市群在 1998～2017 年工业 GTFPCH 指数及其分解指数没有表现出明显的差异，对研究区整体 GTFPCH 指数及其分解指数的变化趋势进行分析，探讨三大城市群工业资源环境效率驱动机制的时序转换过程。

如表 4-7 和图 4-6 所示，在 1998～2017 年的 20 年间，由三大城市群 GTFPCH 指数各分解指数的变化趋势可以看出，TECH 指数在 1998～2017 年所有年份均处于正增长，作为衡量决策单元在资源环境利用过程中技术和创新水平的指数，其变化趋势与 GTEPCH 指数的变化趋势基本相同。TECH 指数变化的快慢直接影响区域工业 GTFP 指数的变化速度，充分说明了工业生产技术和环境治理技术的提高是促进黄河流域三大城市群工业绿色全要素生产率进步的主要因素。

表 4-7　1998～2017 年三大城市群 GTFPCH 指数及分解指数变化趋势

时段	TECH	PECH	SECH	GTFPCH
1998～1999年	1.06	0.88	1.10	1.04
1999～2000年	1.10	1.02	1.03	1.15
2000～2001年	1.18	0.95	1.01	1.12
2001～2002年	1.19	1.01	1.01	1.22
2002～2003年	1.10	0.98	1.00	1.07

续表

时段	TECH	PECH	SECH	GTFPCH
2003~2004年	1.18	1.00	0.99	1.16
2004~2005年	1.36	0.96	0.89	1.16
2005~2006年	1.23	0.95	0.97	1.13
2006~2007年	1.25	0.95	1.00	1.19
2007~2008年	1.12	1.07	0.99	1.19
2008~2009年	1.17	0.89	1.07	1.11
2009~2010年	1.10	1.05	1.11	1.28
2010~2011年	1.05	1.07	1.03	1.15
2011~2012年	1.32	0.98	0.97	1.26
2012~2013年	1.05	1.06	1.01	1.12
2013~2014年	1.11	0.96	1.00	1.06
2014~2015年	1.19	1.02	0.96	1.17
2015~2016年	1.68	0.95	0.81	1.31
2016~2017年	1.06	1.06	1.14	1.29
均值	1.18	0.99	1.00	1.17

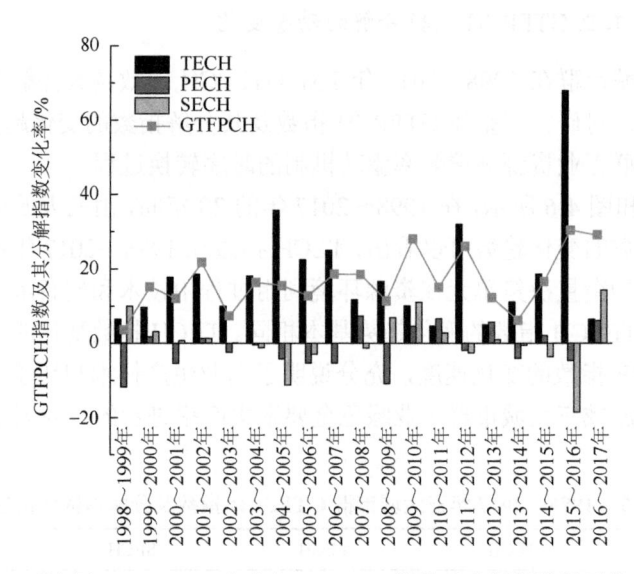

图 4-6 研究区 1998~2017 年各年 GTFPCH 指数及分解指数的平均变化率

PECH 指数的变化率在 20 年间呈上下波动趋势，在 20 年中仅有 8 个年份出现了增长。其中，2007~2008 年和 2010~2011 年 PECH 增长较快，达到 7%，1998~1999 年和 2008~2009 年 PECH 下降较明显，分别达到–12%和–11%。可见，在研究期内，区域工业生产管理和资产效益变化波动较大。2009 年之前 PECH 指数整体呈负增长，可见 2009 年之前以能源和重工业为主的产业结构对工业资源环境效率的提高呈明显的抑制作用，2009 年之后 PECH 指数以正增长为主，呈现波动式上升趋势，这表明 2009 年之后，随着大量现代化的能源和工业项目的投入建设，工业系统的生产管理和资源环境成本管理能力有所提高，特别是 2015 年供给侧结构性改革"三降一去一补"政策实施以来，2016~2017 年 PECH 指数明显提高，研究区工业结构调整和生产管理能力对资源环境效率的提高逐渐开始呈现推动作用。

从 SECH 指数的变化趋势来看，整体呈"W"形变化趋势，其年均增长率为0.2%。其中，2016~2017 年增长速度最快，达到 14%，2009~2010 年次之，增速达到 11%，2015~2016 年则出现了-19%的明显倒退，区域规模效率指数 SECH 指数同样波动较大。在 1998~2017 年的 20 年间，有 11 个年份 SECH 指数呈正增长，并集中在 1999~2003 年和 2009~2014 年以及 2016 年之后这三个时期。应当指出的是，这种周期性的规模效率提高：一方面，可能是在 1998 年区域工业化初期和 2008 年金融危机之后先后出现了两次工业规模的快速扩张，工业规模报酬递增带动了工业规模效率的提高；另一方面，中国正在主动进行的工业供给侧结构性改革、加快产业发展方式由粗放型向集约型转变以及生态文明建设等也促进了工业规模效率的提高。近年来，随着城市工业系统的技术升级和落后产能的逐渐淘汰，工业资源消耗和污染排放总量逐渐减少，规模扩大潜力增加，工业规模效率也将逐步提高。

总体来看，通过对 GTFPCH 指数的分解指数进行分析，发现研究期内三大城市群工业资源环境效率的提高主要缘于工业技术进步的推动，与此同时，规模效率和纯技术效率对工业资源环境效率的提高逐渐从 2009 年之前的以抑制作用为主转变为开始起到一定的推动作用。值得注意的是，在研究期内仅有 6 个年份TECH、PECH 和 SECH 三个指数同时大于 1.0，使 GTFPCH 指数增长率相对较高，工业 GTFP 在这些年份进步较快，这表明未来应进一步加强工业技术进步、规模效率和工业管理水平的有效协调。

3. 各城市工业 GTFPCH 的驱动机制分析

从城市层面对三大城市群中的 28 个城市工业 GTFPCH 指数进行分解，表 4-8为三大城市群中城市 GTFPCH 指数及分解指数年均值，图 4-7 为各城市 TECH、SECH 和 PECH 指数均值分布特征。结合表 4-8 及图 4-7（a）和（b），综合分析在城市层面 TECH 指数、PECH 指数和 SECH 指数对 GTFPCH 指数的影响特点，从而分析技术进步、管理能力和结构调整、规模优化对各城市工业绿色全要素生产率动态变化的驱动机制特征。

表 4-8 三大城市群中各城市 GTFPCH 指数及分解指数年均值（1998～2017 年）

城市群	城市	TECH	PECH	SECH	GTFPCH
呼包鄂榆城市群	呼和浩特	1.18	0.99	1.00	1.17
	鄂尔多斯	1.17	1.00	1.00	1.17
	包头	1.07	1.00	1.00	1.07
	榆林	1.38	1.00	1.00	1.38
关中平原城市群	西安	1.11	1.00	1.00	1.11
	铜川	1.19	0.90	1.07	1.16
	宝鸡	1.17	1.03	1.00	1.21
	咸阳	1.25	1.03	1.00	1.29
	渭南	1.16	1.02	0.98	1.15
	商洛	1.17	0.94	1.10	1.21
	庆阳	1.10	1.00	0.99	1.09
	天水	1.14	0.96	0.99	1.08
	临汾	1.10	1.00	1.00	1.10
	运城	1.25	0.96	0.98	1.18
中原城市群	长治	1.29	0.91	0.98	1.16
	晋城	1.32	0.92	0.99	1.20
	郑州	1.13	1.00	1.00	1.12
	开封	1.15	1.00	1.00	1.15
	洛阳	1.20	1.03	1.01	1.24
	安阳	1.23	1.05	0.96	1.24
	鹤壁	1.20	1.00	1.00	1.20
	新乡	1.18	1.03	1.00	1.22
	焦作	1.22	1.00	0.99	1.19
	濮阳	1.07	1.01	0.99	1.07
	三门峡	1.10	1.00	1.00	1.10
	济源	1.28	0.93	1.01	1.20
	聊城	1.11	1.00	1.00	1.11
	菏泽	1.09	0.97	1.03	1.08

由表 4-8 和图 4-7（a）可以看出，所有城市 TECH 指数年均值都大于 1.0。其中，GTFPCH 指数最大的是榆林市，达到了 1.38，说明研究期内工业生产和资源

利用技术进步是推动所有城市工业绿色全要素生产率提高的主要因素；仅有 7 个城市的 PECH 指数大于 1，仅占全部城市的 1/4，多数城市 PECH 指数等于或小于 1.0，说明大多数城市工业生产过程中的环境管理水平变化不大，并没有随城市工业的发展有明显提高，不利于 GTFPCH 指数的提高和工业资源环境效率的提高；SECH 指数等于 1 的城市为 14 个，仅有 5 个城市 SECH 指数大于 1，说明工业规模调控在多数城市依然没有达到非常理想的效果，从工业系统绿色全要素生产率提高的视角看依然有进一步优化的空间。

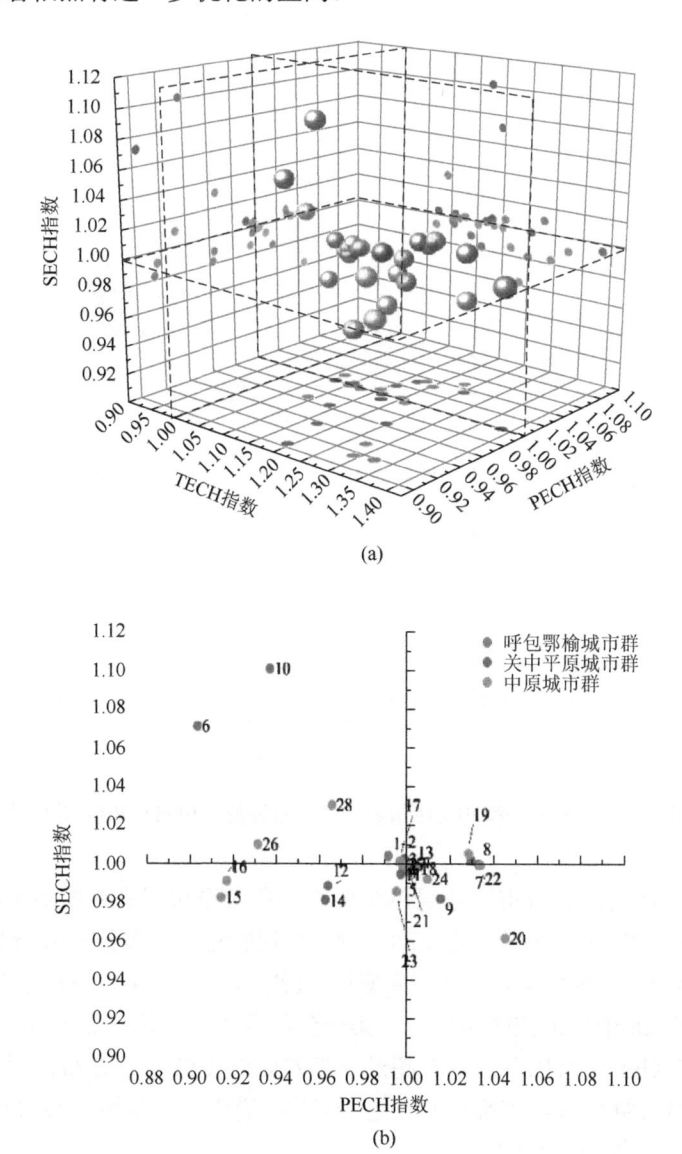

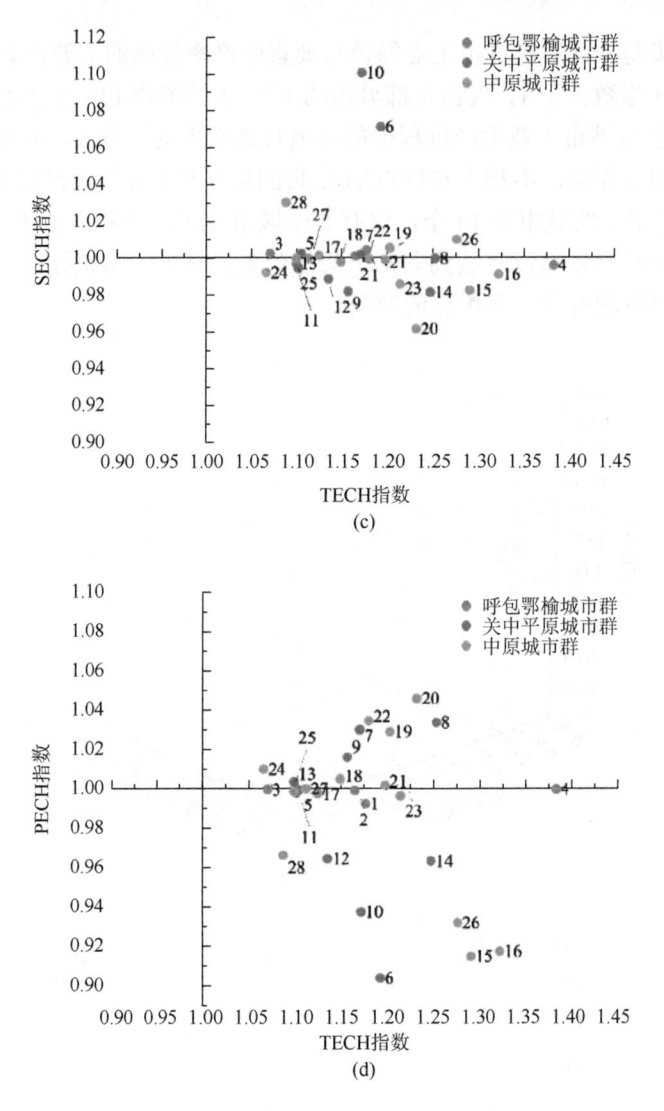

图 4-7　各城市 TECH、SECH 和 PECH 指数均值分布特征（1998~2017 年）（见书后彩图）

由于 TECH 对所有城市工业绿色全要素生产率提高都具有推动作用，为了确定各城市工业资源环境效率变化驱动和制约作用特征，需要进一步分析 PECH 和 SECH 对各城市工业绿色全要素生产率变化的影响作用。图 4-7（b）为 PECH-SECH 四象限图，将 28 个城市按照明显位于第一到第四象限和位于原点周围分为五类。

从图 4-7（b）中可以看出，有超过一半的城市（15 个）分布在原点附近，其中呼包鄂榆城市群所有城市都分布在这一范围，说明大多数城市 GTFPCH 指数变化仅受到 TECH 指数的影响。

在第一象限的城市仅有宝鸡市、洛阳市、咸阳市和新乡市，4个城市PECH指数和SECH指数都是略大于或等于1.0。过去20年的生产技术、工业管理和规模调整水平整体都处于逐渐提高的趋势，但与技术进步指数的差距明显。

在第二象限的城市为铜川市、商洛市、济源市、菏泽市，4个城市的SECH指数明显呈提高趋势，对工业GTFPCH的提高具有明显推动作用，但是PECH指数呈退步趋势，对GTFPCH指数具有明显抑制作用，说明这类城市目前依然处于工业化初期或中期，工业规模正在快速提高状态，规模效应仍处于递增状态，但是工业结构的合理调控和高级化是这些城市影响工业全要素生产率提高的主要短板。

在第三象限的城市为天水市、运城市、长治市、晋城市，4个城市PECH指数和SECH指数对GTFPCH指数均呈负影响，从空间分布来看，除天水市外，其他3个城市都位于研究区中部——山西境内，这些城市的资源禀赋较高，资源产业占据城市工业的绝对主导地位，煤炭开采规模过大，城市工业产业链较短，难以形成良好的技术创新体系和工业管理体系。SECH指数和PECH指数总体上呈倒退趋势，导致这些中部城市的工业绿色全要素生产率的"中部凹陷"现象。

在第四象限的城市仅有安阳市一个城市，SECH指数为0.96，年均降幅-4%，但PECH指数年均增幅达到5%，PECH指数年均增幅在所有城市中最高。结合第一、第四象限分布的城市特点可以看出，PECH指数大于1.0的城市主要分布在西安市和郑州市周围，说明围绕西安市和郑州市两个国家级副中心城市形成的战略新兴产业集群和高端制造业集群，已经产生了结构优化和管理治理的集群效应，并且对城市群工业绿色全要素生产率进步起到了驱动作用。

第 5 章 黄河流域三大城市群工业生态效率评价

工业可持续性的核心之一是解决工业发展过程中工业生产与资源环境之间的矛盾，提高二者的耦合水平。作为工业可持续性 E&Q 双螺旋评价模型的 E 螺旋评价，基于全要素视角下的工业生态效率（IEE）评价，能够综合反映城市群工业生产过程中各投入要素和产出要素的配置情况，是在要素层面上反映城市群工业发展与资源环境耦合水平的重要表征。

5.1 工业生态效率时间特征分析

基于超效率 SBM-DEA 评估模型，对黄河流域三大城市群 IEE 的时序特征、空间格局特征进行测算，以期比较黄河流域三大城市群在工业资源利用及环境保护方面的表现，明确存在的突出问题。三大城市群各年的 IEE 值由其内部各城市当年的 IEE 平均值得到。

为便于确定城市群的工业生态效率等级水平，基于超效率 SBM-DEA 模型测算的 IEE 值可分为四个等级：对应 IEE 值为[0~0.5)的低效率（low efficiency，LE）等级；对应 IEE 值为[0.5~0.8)的中等效率（medium efficiency，ME）等级；对应 IEE 值为[0.8~1.0)的较高效率（high efficiency，HE）等级；对应 IEE 值≥1.0 的高效率（very high efficiency，VHE）等级。

从城市群和城市两个层面，对黄河流域三大城市群及各城市工业生态效率在 1998～2017 年 20 年间的时序变化状况进行分析与比较。

5.1.1 城市群层面的工业生态效率时序变化与比较

对黄河流域三大城市群 1998～2017 年 IEE 进行测度，测度结果如图 5-1 所示。可以看出，黄河流域三大城市群 20 年 IEE 平均值仅为 0.81，总体上 IEE 处于较高效率等级。在城市群层面，呼包鄂榆城市群的 IEE 的均值为 0.92，明显高于关中平原城市群和中原城市群的 0.81 和 0.71，说明 20 年间，呼包鄂榆城市群的工业生产在资源投入和污染治理之间取得了相对较好的平衡。

从 IEE 的变化过程上看，三个城市群的 IEE 时序变化充分反映了其工业发展状态。三大城市群整体 IEE 呈现出早期较高、中期低谷以及后期震荡走高的趋势，其中，呼包鄂榆城市群的 IEE 变化尤其明显。早期（1998~2001 年）三大城市群和区域 IEE 均值呈缓慢上升趋势，之后，2001~2004 年三大城市群 IEE 出现明显分化，其中呼包鄂榆城市群在 2000 年之后 IEE 大于 1，处于高效率等级，明显高于其他两个城市群。中期（2004~2007 年），三大城市群 IEE 均值呈现下降趋势，区域均值从 2004 年的 0.85 下降到 2007 年的 0.69，其中呼包鄂榆城市群降幅最大，并在 2005~2007 年平均 IEE 位列三个城市群的最低位。2007~2011 年关中平原城市群和中原城市群的 IEE 开始呈缓慢上升趋势，分别达到了 0.88 和 0.86 的较高效率等级，相比而言，呼包鄂榆城市群在这一时期呈现"V"字反弹，到 2011 年 IEE 值大于 1，进入高效率水平。之后的 2012~2017 年，三大城市群 IEE 均出现了较为显著的波动，但总体呈现先降后升的趋势。

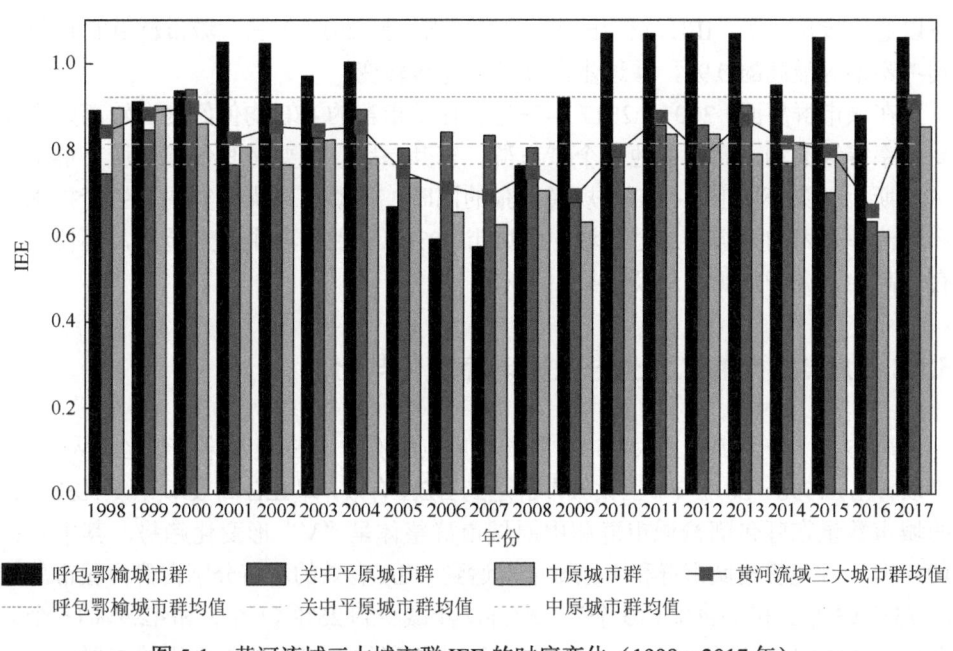

图 5-1 黄河流域三大城市群 IEE 的时序变化（1998~2017 年）

应当指出的是，黄河流域三大城市群呈现出的 IEE 均值时序变化特征，充分策应了该区域同期的城市及工业发展政策调整。事实上，IEE 在 1998~2003 年经历短暂提高后，2004~2007 年三大城市群的 IEE 均值均出现了下降并处于低谷，这一现象反映出在西部大开发战略实施的初期，尽管工业规模扩张促进了规模报酬递增，但是流域早期工业发展模式粗放、能源和资源利用水平较低、浪费严重，工业发展带来的环境问题加剧，规模效益也随之递减，其中以资本密集型产业为主的呼包鄂榆城市群在这种变化中表现得尤为明显。2007~2011 年，三个城市群的 IEE 再次出现上升趋势，这与党的十六届五中全会提出"建设资源节约型和环境友好型"的政策背景是相一致的。此时，工业煤炭消费和水资源利用开始受到约束，且煤炭价格回升带来了经济产出的大幅提升，多方面因素推动了 IEE 均值的提高，这一结论也与刘华军等（2020）的研究结果相似。

后期的 2011~2016 年，受经济增速放缓等影响，三大城市群资源型产能过剩问题开始显现，区域工业整体进入产业结构和生产技术转型期，我国环境管理强度在这一时期明显提高，三大污染防治行动计划、"三线一单"等具有严格目标要求的环境治理政策的相继出台，加大了黄河流域的生态环境治理力度，对工业土地和水资源利用的约束和污染排放的要求日趋严格，工业生产成本暂时升高，IEE 均值呈现降低趋势。直到 2015 年之后，随着国家供给侧结构性改革，城市的工业发展由追求规模扩张向追求经济和资源环境协调发展转型，工业结构和生产技术得以进一步优化等，IEE 均值出现了快速回升，到 2017 年三大城市群 IEE 均值达到考察期内最高的 0.91，并逐步向高效率等级转变。

在城市群层面，2007~2017 年呼包鄂榆城市群的 IEE 均值始终在较高效率和高效率等级波动，高于其他两个城市群。究其原因，主要是呼包鄂榆城市群中鄂尔多斯、包头等城市，在工业规模扩张的同时，借助后发优势实现了生产技术、环境治理技术的升级，加之区域中的城市 90%以上的工业企业入园率，促使其具有较高的资源和能源利用及污染治理水平。

5.1.2 城市层面的工业生态效率时序变化与比较

表 5-1 为黄河流域三大城市群各城市重点年份的 IEE 值及排名变化。从表 5-1 可以看出，1998~2017 年，三大城市群达到 DEA 有效，即 IEE 高效率等级（IEE≥1）的城市数量在呼包鄂榆城市群和中原城市群整体呈"V"形变化趋势。其中，在 1998 年，呼包鄂榆城市群和中原城市群达到 DEA 有效的城市分别占群内城市总数的 75%（3 个）和 71.4%（10 个），到 2007 年减少到 25%（1 个）和 42.9%（6 个），之后到 2017 年再次提升到与 1998 年略高或相同的水平。关中平原城市群则相对稳定，DEA 有效城市占群内城市总数从 1998 年的 50%（5 个），到 2007 年提高到 70%（7 个），到 2017 年进一步提高到 80%（8 个）。

由表 5-1 还可以看出，从各城市群内部来看，呼包鄂榆城市群中仅鄂尔多斯在 1998~2017 年 20 年内均保持 DEA 有效，即 IEE 处于高效率等级（IEE≥1）。呼和浩特和包头除 2007 年 IEE 分别为 0.37 和 0.39 处于低效率等级外，其他年份 IEE 均处于高效率等级。从变化情况看，呼和浩特在 2007 年之前的 IEE 在呼包鄂榆城市群内表现最好，之后被鄂尔多斯超越。结合前文研究可知，这种变化得益于鄂尔多斯技术密集型产业比重的不断提高。尽管榆林市的 IEE 也呈上升趋势，

表 5-1　黄河流域三大城市群各城市重点年份的 IEE 值及排名变化

城市群	城市	1998年 IEE	城市群内排名	2002年 IEE	城市群内排名	2007年 IEE	城市群内排名	2012年 IEE	城市群内排名	2017年 IEE	城市群内排名
呼包鄂榆城市群	呼和浩特	1.09	1	1.10	1	0.37	4	1.03	3	1.02	3
	鄂尔多斯	1.07	2	1.04	2	1.07	1	1.15	1	1.14	1
	包头	1.05	3	1.03	3	0.39	3	1.07	2	1.08	2
	榆林	0.36	4	1.01	4	0.47	2	0.59	4	1.00	4
关中平原城市群	西安	1.02	4	1.05	4	1.08	3	1.11	2	1.15	2
	铜川	0.34	8	0.39	10	0.14	10	0.21	10	0.25	10
	宝鸡	0.59	6	0.56	9	1.01	6	1.11	2	1.07	4
	咸阳	0.58	7	0.69	8	0.52	8	0.68	6	1.08	3
	渭南	0.29	9	1.08	3	0.18	9	0.39	9	0.45	9
	商洛	0.24	10	1.00	7	1.03	5	1.03	5	1.02	6
	庆阳	1.17	1	1.12	1	1.17	1	1.19	1	1.20	1
	天水	1.16	2	1.11	2	1.13	2	0.47	8	1.01	8
	临汾	1.00	5	1.02	6	1.07	4	1.07	4	1.02	6
	运城	1.04	3	1.04	5	1.00	7	0.64	7	1.03	5
中原城市群	长治	1.03	7	0.45	12	0.22	13	0.23	14	0.19	14
	晋城	1.02	9	1.00	7	0.27	12	0.35	11	0.27	13
	郑州	1.07	4	1.05	4	1.01	6	1.09	2	1.06	3
	开封	1.01	10	1.03	5	1.05	3	1.01	7	1.06	3
	洛阳	0.55	11	0.47	9	0.33	9	0.5	9	1.04	6
	安阳	0.41	14	0.47	9	0.33	9	0.56	8	1.03	7
	鹤壁	0.48	13	0.37	14	0.22	13	0.35	11	0.53	11
	新乡	0.53	12	0.44	13	0.32	11	1.02	6	1.01	9
	焦作	1.1	2	0.46	11	0.38	7	0.46	10	1.01	9
	濮阳	1.1	2	1.09	1	1.10	1	1.13	1	1.14	1
	三门峡	1.05	5	1.03	5	1.05	3	1.08	3	1.05	5
	济源	1.04	6	1.06	2	0.36	8	0.35	11	0.43	12
	聊城	1.03	7	1.06	2	1.06	2	1.03	5	1.03	7
	菏泽	1.14	1	0.68	8	1.04	5	1.04	4	1.08	2
三大城市群	呼包鄂榆城市群	0.89	2	1.05	1	0.57	3	0.96	1	1.06	1
	关中平原城市群	0.74	3	0.91	2	0.83	1	0.79	2	0.93	2
	中原城市群	0.90	1	0.76	3	0.62	2	0.73	3	0.85	3

并在 2017 年达到高效率等级,但其 IEE 值在呼包鄂榆城市群内除 2007 年外均最低,这一结果与阎晓和涂建军(2021)的研究结果一致,说明单纯以煤炭开采为主的工业发展模式难以实现工业发展与资源环境的高水平耦合。

在关中平原城市群中,西安、庆阳、临汾这三个城市在研究期 20 年内始终处于 DEA 有效状态,说明这三个城市在工业发展过程中,包括资本、劳动力、水资源和工业用地在内的资源及能源的配置情况一直保持着相对较好状态。从变化趋势上看,宝鸡、咸阳和商洛的 IEE 值分别从 1998 年的 0.59、0.58 和 0.24,到 2017 年提升为 1.07、1.08 和 1.02,均升级到高效率等级。从空间上看,这三个城市都与西安市相邻。可见,西安作为关中平原城市群内工业规模最大,且技术密集型产业占比最高的城市,对周边城市的工业生态效率提高具有一定的辐射带动作用。铜川市 1998~2017 年 IEE 一直低于 0.5,处在低效率等级,且始终在城市群内排名最后一位,尤其是铜川市在资源型城市分类中属于衰退型城市,工业规模较小,工业增加值较低,但工业用地和工业水资源投入较高,未来应成为工业布局优化和产业转型的重点调控地区。

在中原城市群内,共有五个城市在 1998~2017 年处于 DEA 有效状态,分别为郑州、濮阳、三门峡、开封和聊城,且 IEE 排名基本位列中原城市群的前几位。其中,郑州、开封、聊城是 2017 年城市群内工业产值前三的城市,技术密集型产业占工业产值比重较高,且在城市群内具有明显的比较优势,可见工业结构的优化是促进 IEE 进步的重要途径。从变化趋势上看,城市群内有五个城市出现了 IEE 等级的变化。其中,安阳和新乡分别从低效率和中等效率等级城市逐渐发展为 2017 年的高效率等级城市,达到 DEA 有效,说明这两个城市对工业结构、工业资源与能源供应和利用、生产技术等方面进行了较好的配置优化,使得 IEE 得到了明显的改善。与此相反,长治、晋城和济源这三个城市则从 DEA 有效地区逐渐降为非有效地区。其中,济源 IEE 从 2002 年的高效率等级下降到 2017 年的低效率等级,长治和晋城更是从 1998 年的高效率等级下降到 2017 年的低效率等级,这也说明这三个城市在工业发展过程中在资源和能源节约与集约利用、环境保护资源配置等方面出现了明显的偏离。

5.2 工业生态效率空间分异特征分析

前文对案例研究区城市群工业系统的综合诊断结果表明,三大城市群之间工业发展模式差异明显,城市群内部也存在明显的工业发展不平衡性,而且这种工业发展的不平衡可能也会影响城市群内部 IEE 的差异性。因此,选取了 1998 年、2007 年和 2017 年三个年份的 IEE 评估结果,运用高斯核函数估计方法,对三大城市群内部城市 IEE 的变化趋势进行了研究。图 5-2 为黄河流域三大城市群 IEE

的核密度曲线。用同样的方法，绘制出黄河流域 IEE 的核密度曲线，如图 5-3 所示。城市群层面和整个流域层面的 IEE 的变化具有如下特征。

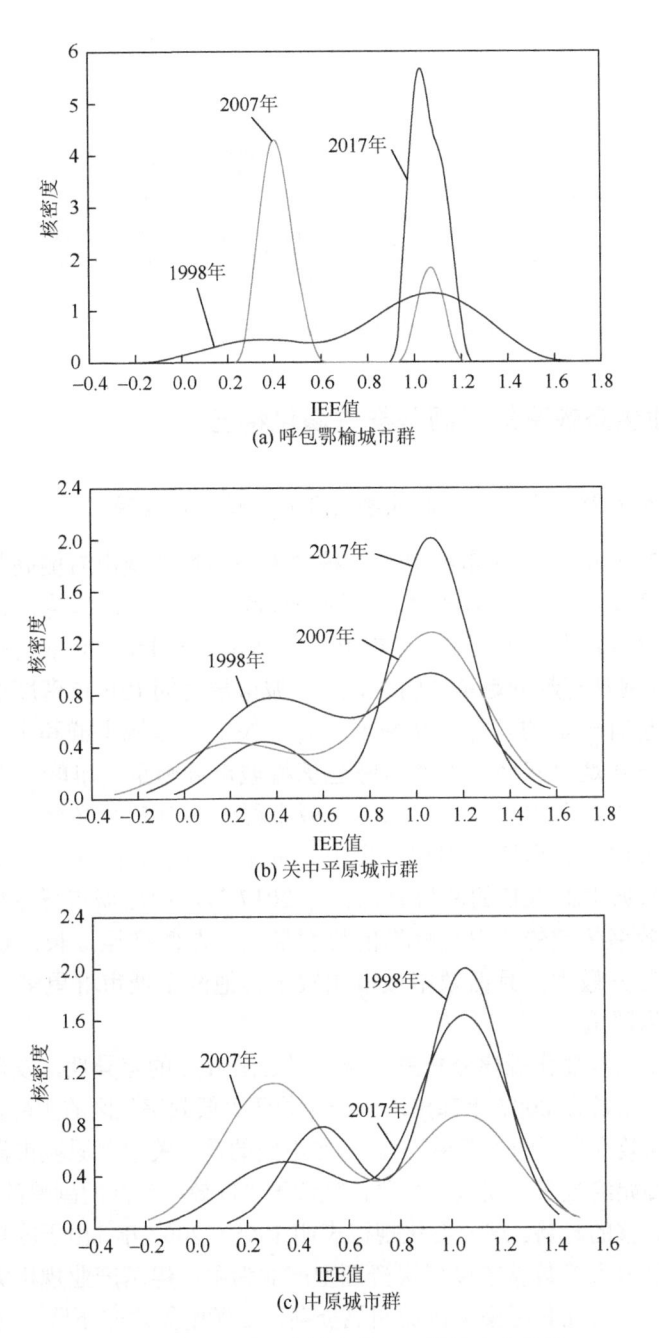

(a) 呼包鄂榆城市群

(b) 关中平原城市群

(c) 中原城市群

图 5-2　黄河流域三大城市群 IEE 的核密度曲线

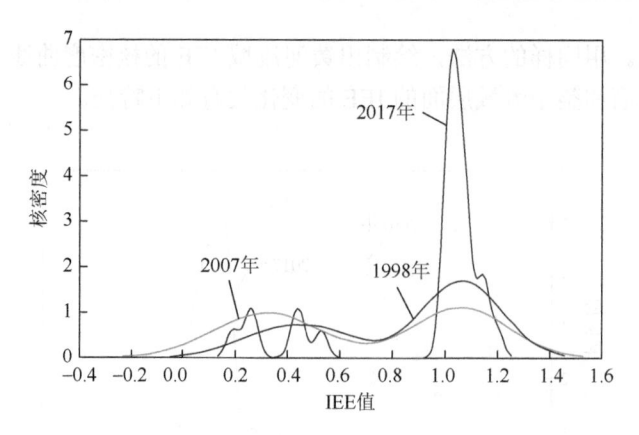

图 5-3　黄河流域 IEE 的核密度曲线

5.2.1　工业生态效率的空间差异性演化特征

1. 三大城市群层面工业生态效率内部差异性变化趋势

由图 5-2 可知，三大城市群 IEE 的核密度曲线均表现出右侧高效率区主峰峰值增强、峰宽变窄、低效率区对应的峰强逐渐减弱的变化趋势，说明三个城市群内部 IEE 差异也在逐渐缓解，城市 IEE 总体呈现向 DEA 有效的高效率区间移动，IEE 差异性具有趋同趋势。同时，三个城市群之间 IEE 核密度曲线分布形态和演变趋势也有一定的差异。从峰形上看，关中平原城市群和中原城市群 IEE 核密度曲线一直是"双峰"形态，呼包鄂榆城市群则呈"单峰—双峰—单峰"的形态变化，说明关中平原和中原两个城市群内部 IEE 始终存在较大差异，呼包鄂榆城市群由于城市较少则相对集中。可见，城市群内部工业发展的不平衡问题也会带来城市群 IEE 的两极分化。在 2017 年，中原城市群主峰峰值最低，左侧对应低效率区域的"卫星峰"的峰宽最大，左侧拖尾最长，说明中原城市群内部 IEE 差异最大，且低效率城市相较于其他两个城市群更多，城市群内部两极分化更为严重。

从核密度曲线变化规律分析三个城市群之间 IEE 的差异性，发现呼包鄂榆城市群和中原城市群在 2007 年都出现了一个位于"低效率"区的主峰，且峰值明显高于右侧"高效率"区的"卫星峰"。与之不同的是，关中平原城市群 IEE 的核密度曲线的主峰始终处于"高效率"区，且位于"低效率"区的副峰峰值不断下降，呈现出拖尾右移的趋势。这一变化规律表明 1998～2007 年，由于呼包鄂榆城市群和中原城市群内大多数城市以煤炭资源型产业为主，煤基产业规模大幅扩张，工业生产中能耗、水耗和污染物排放明显提高，资源配置水平下降。对此，Wang C 等（2018）和关伟等（2020）也得到类似的研究结果。

2. 研究区整体工业生态效率差异性变化趋势

由图 5-3 可以看出,研究区内各城市 IEE 的差异在 20 年间呈现出从整体差异较大且分散分布,到明显两极分化,再到大多数城市向高效率等级集中,并呈现俱乐部收敛的趋势。从核密度曲线变化趋势来看,1998~2007 年该区域 IEE 核密度曲线呈双峰形态。1998 年曲线左峰呈宽峰状态,且波峰明显低于右峰,显然此时各城市 IEE 分布较为分散,差异较大,但并未形成明显的两极分化现象。到 2007 年,曲线左峰明显向左移动,波峰对应 IEE 低效率等级,峰强明显增强,同时右峰波峰明显下降,峰宽变宽,此时在 IEE 低效率区和高效率区呈现了两个强度基本一致的"双峰",说明 1998~2007 年的 10 年间研究区内低效率城市逐渐增多,城市 IEE 形成了明显的两极分化形态。到 2017 年在核密度曲线的高效率区出现了一个强度很高的"主峰",峰宽表现为显著的窄峰形态,对应 IEE 区间为 1.0~1.2,说明区域各城市工业生态效率水平都明显提高,大多数城市已经进入 DEA 有效状态,区域 IEE 两极分化现象明显改善,城市间 IEE 差异减少,并逐渐向高效率区间集中。

5.2.2 工业生态效率的空间分布格局特征

选取 1998 年、2002 年、2007 年、2012 年和 2017 年 5 个典型年份进一步从城市层面分析三大城市群的 IEE 数值的空间分异特征。图 5-4 为黄河流域内 28 个城市重点年份的 IEE 变化的空间分异特征。由图可以看出,研究区内 28 个城市的 IEE 达到高效率等级(即 DEA 有效)的城市从早期的 1998~2002 年始终保持在 18 个左右,到 2007 年高效率城市下降到 14 个,之后又开始上升,到 2017 年高效率城市进一步上升到 22 个,非 DEA 有效城市仅剩 6 个。低效率和中等效率等级的城市始终分布在区域中部。1998 年,低效率城市由北到南分布在呼包鄂榆城市群和关中平原城市群"榆林—铜川—渭南—商洛"一线,中原城市群仅有城市群东部的鹤壁和安阳两个城市;2002 年之后,低效率城市逐渐增多,到 2007 年在中原城市群中部和呼包鄂榆城市群形成了两个低效率城市集中区,之后低效率区开始逐渐减少并呈现分散式布局。

表 5-2 为黄河流域三大城市群重点年份各城市 IEE 排名。结合表 5-2 和图 5-5 可以看出,榆林、铜川、渭南、长治、晋城、洛阳、安阳、鹤壁、新乡、焦作这 10 个城市的 IEE 长期排在区域后半段,工业资源配置落后区域处在区域中部的三个城市群相邻交界的位置,即呼包鄂榆城市群南部、关中平原城市群东北部和中原城市群西部,形成相对固化的 IEE 排名落后区空间格局。按城市群分布来看,呼包鄂榆城市群有 1 个城市的 IEE 排在区域后半段,占 25%。关中平原城市群有

城市群	城市	1998	2002	2007	2012	2017
呼包鄂榆城市群	呼和浩特	VHE	VHE	LE	VHE	VHE
	鄂尔多斯	VHE	VHE	VHE	VHE	VHE
	包头市	VHE	VHE	LE	VHE	VHE
	榆林市	LE	VHE	LE	ME	VHE
关中平原城市群	西安市	VHE	VHE	VHE	VHE	VHE
	铜川市	LE	LE	LE	LE	LE
	宝鸡市	ME	ME	VHE	VHE	VHE
	咸阳市	ME	ME	ME	ME	VHE
	渭南市	LE	VHE	LE	LE	LE
	商洛市	LE	VHE	VHE	VHE	VHE
	庆阳市	VHE	VHE	VHE	VHE	VHE
	天水市	VHE	VHE	VHE	LE	VHE
	临汾市	VHE	VHE	VHE	VHE	VHE
	运城市	VHE	VHE	VHE	ME	VHE
中原城市群	长治市	VHE	LE	LE	LE	LE
	晋城市	VHE	VHE	LE	LE	LE
	郑州市	VHE	VHE	VHE	VHE	VHE
	开封市	VHE	VHE	VHE	VHE	VHE
	洛阳市	ME	LE	LE	ME	VHE
	安阳市	LE	LE	LE	ME	VHE
	鹤壁市	LE	LE	LE	LE	ME
	新乡市	ME	LE	LE	VHE	VHE
	焦作市	VHE	LE	LE	VHE	VHE
	濮阳市	VHE	VHE	VHE	VHE	VHE
	三阳峡市	VHE	VHE	VHE	VHE	VHE
	济源市	VHE	VHE	LE	LE	LE
	聊城市	VHE	VHE	VHE	VHE	VHE
	荷泽市	VHE	ME	VHE	VHE	VHE

高效率[1.000~1.204)　　较高效率[0.800~1.000)
中等效率：[0.500~0.800)　　低效率：[0~0.500)

图 5-4　黄河流域内 28 个城市重点年份的 IEE 变化的空间分异特征（见书后彩图）

2 个城市的 IEE 排在区域后半段，占 20%。中原城市群则有 7 个城市的 IEE 排在区域后半段，占城市群总数的 50%，这直接导致了中原城市群整体 IEE 水平位列其他两个城市群之后。

表 5-2　黄河流域三大城市群重点年份各城市 IEE 排名

城市群	城市	1998 年	2002 年	2007 年	2012 年	2017 年
呼包鄂榆城市群	呼和浩特	6	3	19	13	16
	鄂尔多斯	8	11	6	2	4
	包头市	10	12	17	9	7
	榆林市	25	16	16	18	22

续表

城市群	城市	1998年	2002年	2007年	2012年	2017年
关中平原城市群	西安市	16	8	4	4	2
	铜川市	26	27	28	28	27
	宝鸡市	19	21	13	5	8
	咸阳市	20	19	15	16	6
	渭南市	27	5	27	23	24
	商洛市	28	18	11	12	18
	庆阳市	1	1	1	1	1
	天水市	2	2	2	21	21
	临汾市	18	15	5	8	17
	运城市	11	10	14	17	14
中原城市群	长治市	14	25	25	27	28
	晋城市	15	17	24	25	26
	郑州市	7	9	12	6	10
	开封市	17	14	9	15	9
	洛阳市	21	22	22	20	12
	安阳市	24	23	21	19	15
	鹤壁市	23	28	26	26	23
	新乡市	22	26	23	14	20
	焦作市	5	24	18	22	19
	濮阳市	4	4	3	3	3
	三门峡市	9	13	8	7	11
	济源市	12	7	20	24	25
	聊城市	13	6	7	11	13
	菏泽市	3	20	10	10	5
三大城市群均值	呼包鄂榆城市群	2	1	3	1	1
	关中平原城市群	3	2	1	2	2
	中原城市群	1	3	2	3	3

(a) 1998年

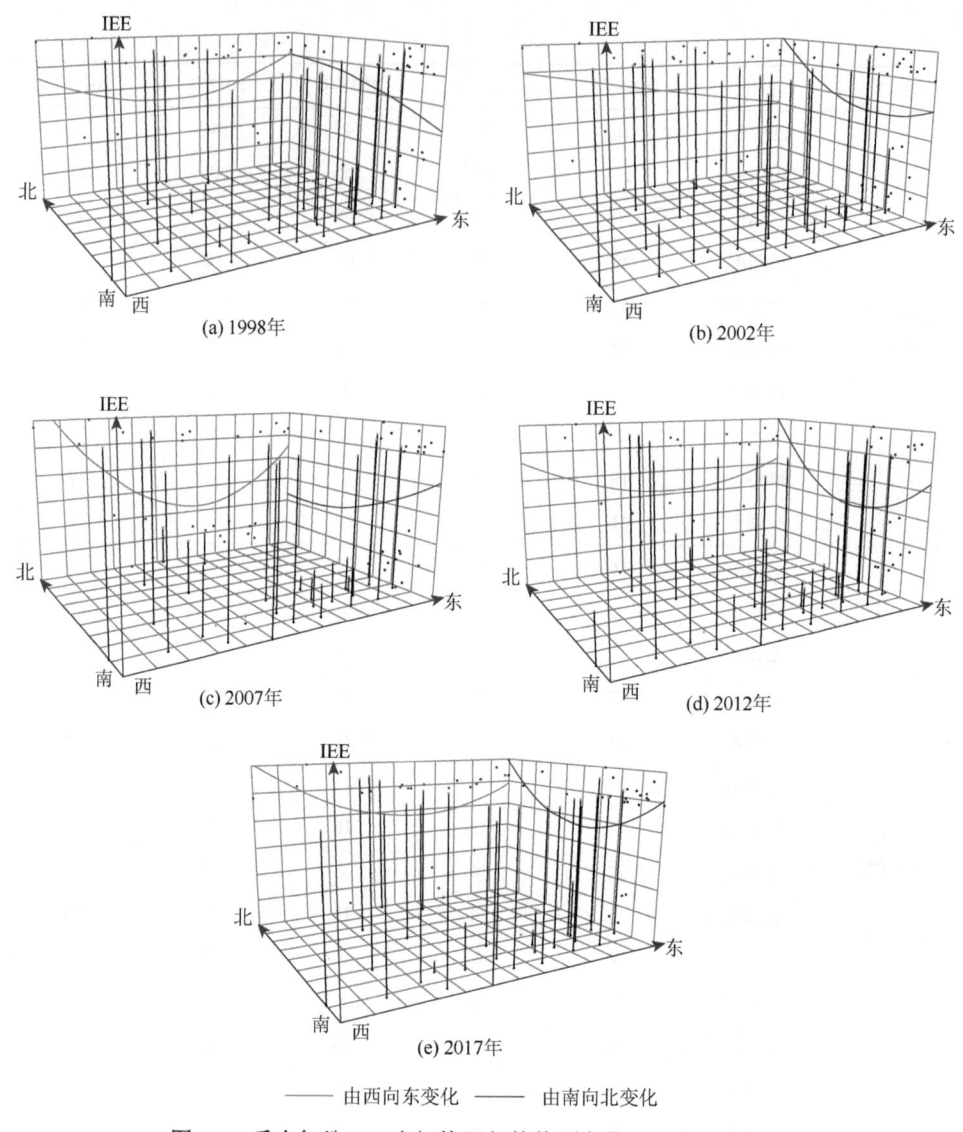

(b) 2002年

(c) 2007年

(d) 2012年

(e) 2017年

—— 由西向东变化　　—— 由南向北变化

图 5-5　重点年份 IEE 空间格局与趋势面变化（见书后彩图）

为了进一步探究 IEE 等级分类的空间格局、城市之间 IEE 数值的排名和分布差异变化，进一步采用 ArcGIS 软件的地理空间信息数据分析模块对重点年份 IEE 空间趋势面进行绘制，如图 5-5 所示，以进一步探索区域 IEE 在空间上的分布规律和空间格局变化趋势。在三维趋势面透视图中，X 轴为东西方向，Y 轴为南北方向，Z 轴为 IEE 指标值。由图 5-5 可以看出，1998～2017 年 IEE 整体上在南北方向和东西方向上均呈现 "U" 形曲线形态的空间结构，说明区域 IEE 指标形成了明显的 "中部凹陷" 格局。

从图 5-5 可进一步分析 IEE 空间结构的演变趋势。在趋势面的东西方向上，逐渐由"东高西低"演变为"西高东低"分布，这与巨虹等（2020）的研究结论类似。在东西方向上，IEE 的趋势面"U"形曲线始终处于东西两头高，中部低的格局，比较来看，2002～2017 年趋势面西部略高于东部。这样的分布特征得益于位于关中平原城市群和呼包鄂榆城市群最西侧的庆阳市、天水市和鄂尔多斯市 IEE 一直处于 DEA 有效状态，其中庆阳市的 IEE 得分在研究期 20 年内一直处于研究区所有城市最高。这说明位于西部区域的城市利用其后发优势在工业发展与资源优化利用和环境保护上良性互动程度较高。

在南北方向上，趋势面的"U"形曲线形态经历了由北高南低到南高北低，再到南北高中间低的变化过程。其中，1998～2002 年处于北高南低的形状，这源于研究区北部呼包鄂榆城市群内包头和呼和浩特在工业化早期规模报酬递增带来的相对较高的 IEE 得分。2002 年之后，曲线南端提高很快，而北端出现下降，到 2007 年呈现为南高北低的形态。主要的原因在于 2005 年之后呼包鄂榆城市群内呼和浩特与包头在工业规模扩张时发展出现瓶颈，工业规模报酬递减，从而导致工业资源和能源利用效率较低，且环境污染较为严重，IEE 出现快速下降，而南端关中平原的西安、宝鸡和商洛 IEE 则快速提高。2008～2012 年随着呼包鄂榆城市群 IEE 的再次提高，趋势面"U"形曲线北端逐渐提高，同时，随着低效率集聚区的出现，到 2012 年呈现南北高、中部低的曲线形态。2012 年之后曲线南部提升较为明显，同时观察期内西安、咸阳和宝鸡等区域南部城市 IEE 得分和排名持续上升。可见，关中平原城市群内依托西安为中心的制造集群推动工业产业和能源利用结构优化，已经在资源配置和工业污染治理上出现了明显提高。

5.3 工业生态效率影响因素分析

IEE 是城市工业发展在生产过程中工业系统与资源环境要素的耦合表征。如前文分析，工业生产过程是难以独立存在的，城市工业系统的 IEE 时空特征及其变化受多个驱动因素的综合影响。因此，在对 IEE 的影响因素进行假设的基础上，明确并选取相关变量，构建变量计量模型，并以黄河流域三大城市群为例，对其 IEE 变化的影响因素和影响结果进行实证分析，包括全样本回归分析和三大城市群异质性分析。

5.3.1 变量选取

IEE 的变化是工业系统的内在影响因素与外在影响因素驱动机制和约束机制耦合作用的结果。为此，综合考虑相关文献研究成果，工业可持续性的 3 个主要驱动机制为结构优化、技术创新和环境治理,据此选取 IEE 的 3 个主要影响因素,即以工业结构优化因素代表结构调整机制、科技研发能力代表科技创新机制,在环境治理机制上则主要考虑环境规制强度对 IEE 的影响。在此基础上,结合黄河流域城市群的工业发展现状以及 IEE 动态变化的驱动和制约机制的分析结果,进一步围绕工业化水平、能源消费结构和资源循环利用水平以及城市发展水平这 3 个方面,选取三类共 6 个可能影响城市 IEE 的控制变量,分别是工业规模、工业集聚、工业能源消费结构、循环经济水平、经济发展水平和城镇化水平,图 5-6 即为选取确定的黄河流域三大城市群 IEE 的解释变量和控制变量。由图 5-6 可见,选取确定的 9 个 IEE 影响因素中包括 3 个解释变量和 6 个控制变量。表 5-3 为选取的黄河流域城市群 IEE 影响因素及其变量指标。

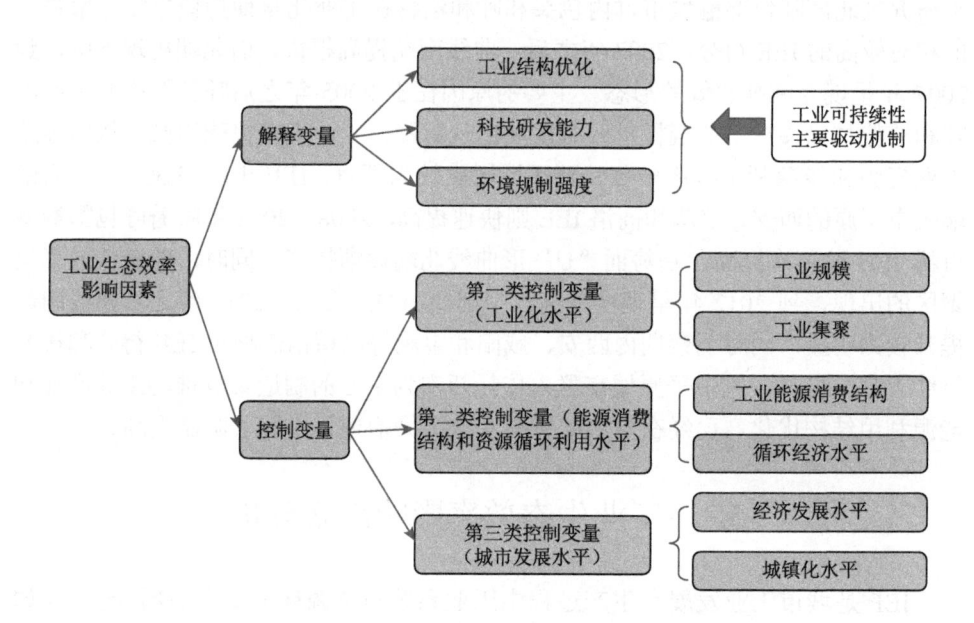

图 5-6 黄河流域三大城市群 IEE 的解释变量和控制变量

表 5-3 黄河流域城市群 IEE 影响因素及其变量指标

项目	影响因素	基础变量指标/替换变量指标	变量符号	影响预期
解释变量	工业结构优化	高技术产业工业增加值占比	ISO	正
	科技研发能力	研发(R&D)支出占 GDP 比重	IRD	正
		环保投资占 GDP 比重	EP	正
	环境规制强度	工业二氧化硫去除率(替换变量)	PG_{SO_2}	正
		工业污废水集中处理率(替换变量)	PG_W	正

续表

项目	影响因素	基础变量指标/替换变量指标	变量符号	影响预期
第一类控制变量（工业化水平）	工业规模	工业增加值占 GDP 比重	ISA	负
	工业集聚	工业区位熵	IAG	不确定
第二类控制变量（能源消费结构和资源循环利用水平）	工业能源消费结构	清洁能源占一次能源消费比重	$IECS_{cl}$	正
		煤炭消耗占工业总能耗比重（替换变量）	$IECS_c$	负
	循环经济水平	工业水循环利用率	RCE_w	正
		工业固废综合利用率（替换变量）	RCE_s	正
第三类控制变量（城市发展水平）	经济发展水平	人均 GDP	ED	正
	城镇化水平	人口密度	PD	正

考虑 IEE 相关影响因素的复杂性，在 9 个基础解释变量指标之外，增加了 4 个替换变量指标，以保证计量结果的稳定性。因此，被解释变量为静态 IEE，假设的影响因素共有 3 个解释变量和三类 6 个控制变量，对应的基础变量指标为 9 个，用于稳健性检验的变量指标有 4 个，共计包括 13 个具体的计量指标。

如表 5-3 所示，影响 IEE 时空变化的 3 个解释变量及对应的变量指标如下。

1. 工业结构优化

工业结构优化是影响城市 IEE 的重要变量之一。城市 IEE 水平的提升很大程度上依赖于合理的产业结构及产业结构的不断升级。通过促进产业内部以及产业之间的协调发展，实现产业优化的目标。工业结构的升级关键在于城市工业产业由粗放型工业发展向高技术产业转型。在案例区内，资源型产业和传统制造业在工业结构中依然占据绝对主导，结合前文讨论结果，高技术产业增加值占工业比重较低是黄河流域三大城市群工业发展面临的主要问题之一，调整工业结构，提高高技术产业占比是黄河流域三大城市群结构调整的关键。采用高技术产业增加值在工业增加值中的占比作为衡量影响黄河流域 IEE 的工业结构优化因素，并假设该影响因素的影响预期为正。

2. 科技研发能力

科技研发能力表征技术创新这一工业可持续性系统诊断分析和假设的工业可持续性主要驱动机制，科技研发能力的提高一般被认为有利于改进工业生产技术，推动工业生产技术和工艺升级，促进节能减排和污染治理进步，提高工业绿色发展内生性，促进工业高质量发展和效率提高（付丽娜等，2013；李成宇和张士强，2020）等。为此，采用研发（R&D）支出占 GDP 比重代表科技研发能力，并假定科技研发能力对区域 IEE 的影响预期为正。

3. 环境规制强度

关于环境规制强度对工业生态效率的影响，相关学者已经开展了很多研究。一部分研究认为通过制定高的技术门槛和高标准的环境管理政策措施可以实现对落后产能的淘汰，以优化资源的配置水平（Cheng et al.，2020）；另一部分研究认为过高的环境规制强度会导致工业生产成本的增加，不利于实现综合效率最大化（Cheng and Li，2019）。考虑环境规制强度影响机理的复杂性，主要从环境管理强度和污染治理两个方面来衡量环境规制强度在 IEE 中的影响作用。环境规制政策及政府环境管理强度对城市工业污染排放和资源节约利用的约束性较强。为此，选取环保投资占 GDP 比重作为反映工业环境管理对 IEE 影响的基础变量指标，并假设对 IEE 的预期影响为正。与此同时，考虑环境规制强度影响因素的复杂性，参考相关研究成果，采用工业污废水集中处理率（PG_W）和工业二氧化硫去除率（PG_{SO_2}）这两个指标作为替换变量指标来衡量工业企业污染治理强度对城市 IEE 的影响（贾卓等，2020）。

如表 5-3 所示，在三类解释变量的基础上，考虑三类控制变量对 IEE 的影响，其中，工业规模和工业集聚为第一类控制变量，工业能源消费结构和循环经济水平为第二类控制变量，经济发展水平和城镇化水平为第三类控制变量，具体如下。

1）第一类控制变量（工业化水平）

根据相关研究结果，工业化水平对 IEE 的影响应当着重分析工业规模和工业集聚两个方面，因此可采用工业规模和工业集聚两个变量来衡量工业化水平对 IEE 的影响。

（1）工业规模是直接体现城市工业化水平的重要指标。工业规模的扩张会提高区域工业化水平，带来规模效应的提升。但工业规模扩张势必也会带来工业能源、水资源和污染排放的快速提高，导致工业生态效率的下降。借鉴相关研究，选择区域各城市工业增加值占 GDP 比重来表征工业规模水平（Li H et al.，2019）。应当指出，由于黄河流域城市群目前传统资源型产业和能源重化工占据主导地位，工业比重的提高势必会导致工业污染负荷的增加，并加重区域环境污染，因此假设其对城市 IEE 的影响预期为负。

（2）工业集聚能够通过在一定的空间范围形成产业资源互补和污染处理设施共享，从而在一定程度上节约资源、减少污染排放。当然，工业集聚也存在"技术回弹"效应，导致污染排放总量不减反增，降低工业生态效率。应当指出，黄河流域城市群整体上工业发展仍处于中等工业化水平，在全国产业发展格局中处于东部产业转移承接区，工业集聚程度仍有进一步提高的趋势，而且不同产业类型集聚程度的提高对资源利用和环境污染的影响是不同的，煤基产业为主的资源型产业集聚会造成资源环境综合利用效率的下降，高技术产业的集聚则可能带来资源利用效率的提高,污染排放强度的下降。采用工业区位熵表示区域工业集聚水平(黄磊和吴传清,2019),产业集聚对 IEE 的贡献具有不确定性,取决于产业集聚的规模和类型。

2)第二类控制变量(能源消费结构和资源循环利用水平)

(1)工业能源消费结构对工业生产过程产生的污染物排放和 IEE 变化具有直接影响,清洁能源所占比重越高,污染排放越低,工业发展对环境的影响就越小。因此,选取清洁能源占一次能源消费比重($IECS_{cl}$)作为衡量工业能源消费结构升级因素对 IEE 影响的基础变量指标,并假定影响预期为正。此外,黄河流域作为我国的能源流域,三大城市群工业以资源型产业为主,工业生产过程中煤炭消耗占很大比重,考虑能源消费的复杂性,在基础变量指标的基础上,将煤炭消耗占工业总能耗比重($IECS_c$)作为替换变量,用以衡量工业能源消费结构升级对 IEE 影响的稳健性。

(2)循环经济水平通过优化工业生产技术和资源能源利用方式,依靠全系统创新,提高资源的再生性,在减少资源浪费的同时降低污染物排放,提高工业可持续性。循环经济水平越高,工业生产的资源恢复性越强,工业生产过程对一次能源能耗和新鲜水耗就越低,能够对区域 IEE 提高起到正向的促进作用(Blum et al., 2020)。从研究案例区的工业发展特点来看,三大城市群内大多数城市面临资源型缺水问题,但是该地区以煤电和煤化工为主的产业特点又需要消耗大量水资源,同时产生脱硫石膏、结晶盐等大量固体废弃物。为此,参考相关研究(黄磊和吴传清,2019),将工业水循环利用率(RCE_w)和工业固废综合利用率(RCE_s)同时作为衡量工业循环经济水平对 IEE 影响的解释变量指标,循环经济水平的提高理论上能够促进城市 IEE 的进一步提高,故假设其对 IEE 的影响预期为正。

3)第三类控制变量(城市发展水平)

城市发展水平能够有效促进工业高质量发展,也是提高城市工业发展的环境经济综合效率的重要外部条件。城市发展水平因素包括经济发展水平和城镇化水平。以人口密度作为城镇化水平的替换变量。

(1)经济发展水平具有技术创新资金支持效应和人才及资本集聚效应,能够有效地促进产业结构升级,提升技术和管理经验。经济发展水平高的地区其工业系统普遍具有更先进的配套设施,且生产技术更为成熟,经济发达地区产业发展优化程度必然高于落后地区。此外,城市经济发展水平与资源利用和污染排放的变化具有明显的相关性。Chimeli 和 Braden(2005)研究表明,当经济持续增长到一定阶段后,主要污染物的排放在达到顶峰后开始下降,相应的工业资源利用的环境经济效率会明显提升。结合当前相关研究中的普遍做法(黄磊和吴传清,2019;杨琳,2017),采用人均 GDP 来衡量城市经济发展水平,并假定对 IEE 具有正向的促进作用。

（2）人口密度是城市人口和工业劳动力集聚的表征，较高的人口集聚水平能够倒逼工业发展和规划过程中考虑人居安全和污染排放的扩散效应（王少剑和黄永源，2019）。另外，随着工业的可持续发展理念和环保意识的加强，清洁生产、高新技术以及节能减排等先进理念的应用程度也会相应提高（刘玲，2019）。假设人口密度对 IEE 具有正向作用。

表 5-4 为黄河流域城市 IEE 影响因素各指标描述性统计结果，各指标标准差多小于均值，说明指标数据是呈正态分布的。

表 5-4 黄河流域城市 IEE 影响因素各指标描述性统计结果

变量	单位	样本数	均值	中位值	最大值	最小值	标准差
ISO	%	560	4.70	3.11	38.86	0.05	5.59
IRD	%	560	0.85	0.74	5.24	0.01	0.81
EP	%	560	0.40	0.32	2.20	0.03	0.33
PG_{SO_2}	%	560	44.02	40.66	99.83	0.24	32.10
PG_w	%	560	61.96	68.74	100.00	1.25	30.23
ISA	%	560	45.11	46.02	71.60	6.83	11.85
IAG	—	560	1.18	1.19	4.76	0.27	0.37
$IECS_{el}$	%	560	1.59	1.09	12.49	0.00	1.70
$IECS_c$	%	560	85.03	92.91	99.66	17.79	17.34
RCE_w	%	560	66.78	72.55	100.00	9.09	22.55
RCE_s	%	560	67.50	72.97	100.00	0.81	28.61
ED	10^4 元/人	560	2.80	1.80	22.70	0.18	3.13
PD	人/km^2	560	431.49	352.68	1440.37	14.20	303.84

5.3.2 模型构建

将 1998～2017 年黄河流域三大城市群中各城市各年 IEE 的面板数据作为被解释变量，结合上节选取的解释变量，分析各解释变量对效率得分的影响。为选择合适的分析模型，采用 Moran's *I* 指数进行全局空间自相关分析，回归结果见附录 B。由结果得到各变量之间近三年的空间相关性不足，空间关联较小，不需要对其进行空间计量。与此同时，由于超效率 SBM-DEA 模型的工作原理，IEE 结果可能大于 1.0，被解释变量是非截尾数据，采用最小二乘法（OLS）对其进行回归处理被认为是一种比较合适的方法（Ervural et al., 2018）。因此，采用 OLS 回归模型对 IEE 的各相关影响因素进行分析。面板模型中需要控制某些属于各个地区特有的但是又不随时间变化的量,如地理区位、资源禀赋、社会文化等特征,它们有时难以量化表达,但如果不控制就有可能导致内生性问题。采用固定效应模型能够很好地控制这些因素,同时参考陈金英(2016)、黄磊和吴传清(2019)等研究文献,采用固定效应模型对面板数据进行分析处理。

研究从黄河流域整体视角进行,采用三大城市群中 28 个城市在 1998~2017 年的 20 年间面板数据对区域内 IEE 的影响因素进行总体回归。在此基础上,分别以呼包鄂榆城市群、关中平原城市群和中原城市群内的样本数据为面板,基于面板固定效应模型,采用两阶段最小二乘法分别对三大城市群 IEE 影响因素的异质性进行回归分析。

根据假设的影响城市群 IEE 指数的分类,包括解释变量和三类控制变量,基于三个基本解释变量构建基本特征回归模型,以此分析城市工业结构优化、科技研发能力和环境规制强度三方面影响因素对 IEE 的影响。在此基础上,先后将其加入三类控制变量,逐渐分析相关影响因素对 IEE 变化的影响。最后采用替换变量对能源消费结构和环境规制的基础解释变量进行替代,对回归结果的稳健性进行探讨。具体回归模型构建步骤如下。

(1) 基本特征模型的构建:重点控制了工业结构优化、科技研发能力和环境规制强度这三个解释变量,以此分析结构优化、技术创新和环境治理这三个在前文确定的城市群工业可持续性的主要驱动机制对黄河流域三大城市群 IEE 变化的影响。基本模型如式(5-1)所示:

$$\text{IEE}_{it} = \alpha + \beta_1 \text{ISO}_{it} + \beta_2 \text{IRD}_{it} + \beta_3 \text{EP}_{it} + \eta_i + \varepsilon_{it} \quad (5\text{-}1)$$

式中,IEE 为城市工业生态效率指数,在此为被解释变量;ISO 为工业结构优化水平;IRD 为科技研发能力,采用工业研发(R&D)支出占 GDP 比重表示;EP 为环境规制强度,采用环保投资占 GDP 比重表示;α 和 η 分别为常数项和个体效应参数;$\beta_1 \sim \beta_3$ 分别为解释变量之间的回归系数;ε 为随机误差项;i 为城市;t 为年份。

回归结果采用不考虑个体固定效应与考虑个体固定效应模型进行对比分析,对应表 5-5 中的模型(1)和模型(2)。

表 5-5 黄河流域三大城市群工业生态效率影响因素全样本回归结果

项目	变量符号	模型(1)	模型(2)	模型(3)	模型(4)	模型(5)	模型(6)	模型(7)	模型(8)	模型(9)
工业结构优化	ISO	0.0061*** (0.0017)	0.0089** (0.0044)	0.0066*** (0.0018)	0.0064 (0.0042)	0.0076*** (0.0016)	0.0069*** (0.00215)	−0.0005 (0.0016)	0.0111** (0.0049)	0.0151** (0.0063)
科技研发能力	IRD	0.193*** (0.0437)	0.312*** (0.0468)	0.0435*** (0.011)	0.139*** (0.0352)	0.0462*** (0.0105)	0.115*** (0.0339)	0.0329*** (0.0109)	0.102*** (0.0329)	0.0111*** (0.0349)
环境规制强度	EP	0.187*** (0.0465)	0.110*** (0.0369)	0.134 (0.0413)	0.119*** (0.0382)	0.108*** (0.0323)	0.0871* (0.0515)	0.137*** (0.0329)	0.0958*** (0.0216)	0.0647** (0.0272)

续表

项目	变量符号	模型(1)	模型(2)	模型(3)	模型(4)	模型(5)	模型(6)	模型(7)	模型(8)	模型(9)
工业规模	ISA			−0.0024 (0.0016)	−0.0019** (0.0012)	−0.0030 (0.0014)	−0.0024** (0.0012)	−0.0028** (0.0014)	−0.0027** (0.0012)	−0.0176*** (0.0021)
工业集聚	IAG			0.0689 (0.0624)	0.0136 (0.0621)	0.0590 (0.0535)	0.0004 (0.0516)	0.0601 (0.0511)	−0.0044 (0.0502)	0.0163 (0.0841)
工业能源消费结构	$IECS_{cl}$					0.0306*** (0.0069)	0.0236* (0.0140)	0.0289*** (0.0068)	0.0191 (0.0158)	0.0238 (0.015)
循环经济水平	RCE_w					−0.0001 (0.0004)	0.0016** (0.0007)	−0.0005 (0.0004)	0.0018** (0.0007)	0.00109* (0.0006)
经济发展水平	ED							0.0342*** (<0.0001)	0.0431*** (<0.0001)	0.0429*** (<0.0001)
人口密度	PD							0.0001 (0.0005)	0.0003 (0.0003)	0.0003 (0.0004)
常数项		0.121*** (0.0301)	0.1000 (0.0888)	0.0897*** (0.0271)	0.0193 (0.065)	0.0403 (0.0285)	0.035 (0.0621)	0.0372 (0.0285)	−0.0593 (0.1351)	−0.102 (0.0721)
个体固定效应		N	Y	N	Y	N	Y	N	Y	Y
R^2		0.3473	0.4739	0.3925	0.5213	0.4233	0.5401	0.4379	0.543	0.534
样本数		560	560	560	560	560	560	560	560	504

注：（ ）内为标准误值；*、**、***分别表示10%、5%、1%的显著性水平；Y 为控制个体固定效应；N 为不控制个体固定效应。

同时，考虑环境规制强度与 IEE 之间可能存在互为因果的内生性问题，进一步对环境规制强度的 2 期之后项做工具变量，采用两阶段最小二乘法进行内生性检验，回归结果对应表 5-5 中的模型（9）。

（2）第一类控制变量的加入：在基本模型的基础上，加入工业规模和工业集聚两个代表工业化水平特征的控制变量，以考虑规模效应对 IEE 的影响。计量模型可改写为式（5-2），即

$$IEE_{it} = \alpha + \beta_1 ISO_{it} + \beta_2 IRD_{it} + \beta_3 EP_{it} + \beta_4 ISA_{it} + \beta_5 IAG_{it} + \eta_i + \varepsilon_{it} \quad (5-2)$$

式中，ISA 为工业规模，采用工业增加值占 GDP 比重表示；IAG 为工业集聚程度，采用工业区位熵表示；α 和 η 分别为常数项和个体效应参数；β_4 和 β_5 分别为 ISA 及 IAG 解释变量的回归系数。

回归结果对应表 5-5 中的模型（3）和模型（4）。

（3）第二类控制变量的加入：在基本模型的基础上，加入工业能源消费结构和循环经济水平两个代表能源消费结构和资源循环利用水平的控制变量，以考虑能源和资源利用技术及结构对 IEE 的影响。计量模型可改写为式（5-3），即

$$\text{IEE}_{it} = \alpha + \beta_1 \text{ISO}_{it} + \beta_2 \text{IRD}_{it} + \beta_3 \text{EP}_{it} + \beta_4 \text{ISA}_{it} + \beta_5 \text{IAG}_{it} + \beta_6 \text{IECS}_{cl_{it}}$$
$$+ \beta_7 \text{RCE}_{w_{it}} + \eta_i + \varepsilon_{it} \tag{5-3}$$

式中，IECS_{cl} 为工业能源消费结构的基础解释变量，采用清洁能源占一次能源消费比重表示；RCE_w 为循环经济水平基础解释变量，采用工业水循环利用率表示；β_6 和 β_7 分别为 IECS_{cl} 和 RCE_w 解释变量的回归系数。

回归结果对应表 5-5 中的模型（5）和模型（6）。

（4）第三类控制变量的加入：在考虑技术水平和环境规制、资源利用等外部影响的基础上，通过加入经济发展水平和城镇化水平基础变量指标，进一步分析城市的城镇化水平和人口集聚程度对 IEE 的影响。其计量模型如式（5-4）所述：

$$\text{IEE}_{it} = \alpha + \beta_1 \text{ISO}_{it} + \beta_2 \text{IRD}_{it} + \beta_3 \text{EP}_{it} + \beta_4 \text{ISA}_{it} + \beta_5 \text{IAG}_{it} + \beta_6 \text{IECS}_{cl_{it}}$$
$$+ \beta_7 \text{RCE}_{w_{it}} + \beta_8 \text{ED}_{it} + \beta_9 \text{PD}_{it} + \eta_i + \varepsilon_{it} \tag{5-4}$$

式中，ED 为经济发展水平，采用人均 GDP 表示；PD 为城镇化水平，采用人口密度表示；β_8 和 β_9 分别为 ED 和 PD 解释变量指标的回归系数。

回归结果对应表 5-5 中的模型（7）和模型（8）。

（5）模型的稳健性检验：在式（5-4）的基础上，分别采用环境规制强度影响因素中表征工业大气和水污染物末端治理的工业二氧化硫去除率（PG_{so_2}）、工业污废水集中处理率（PG_w）两个替换变量指标替代以政策和目标为导向的环境规制强度的基础解释变量指标环保投资占 GDP 比重（EP）；采用煤炭消耗占工业总能耗比重（IECS_c）作为工业能源消费结构影响因素的替换变量替代其基础解释变量指标清洁能源占一次能源消费比重（IECS_{cl}）；采用工业固废综合利用率（RCE_s）作为循环经济水平影响因素的替换变量替代其基础解释变量指标工业水循环利用率（RCE_w）得到计量模型分别如式（5-5）～式（5-8）所示：

$$\text{IEE}_{it} = \alpha + \beta_1 \text{ISO}_{it} + \beta_2 \text{IRD}_{it} + \beta_3 \text{PG}_{so_{2it}} + \beta_4 \text{ISA}_{it} + \beta_5 \text{IAG}_{it} + \beta_6 \text{IECS}_{cl_{it}}$$
$$+ \beta_7 \text{RCE}_{w_{it}} + \beta_8 \text{ED}_{it} + \beta_9 \text{PD}_{it} + \eta_i + \varepsilon_{it} \tag{5-5}$$

$$\text{IEE}_{it} = \alpha + \beta_1 \text{ISO}_{it} + \beta_2 \text{IRD}_{it} + \beta_3 \text{PG}_{w_{it}} + \beta_4 \text{ISA}_{it} + \beta_5 \text{IAG}_{it} + \beta_6 \text{IECS}_{cl_{it}}$$
$$+ \beta_7 \text{RCE}_{w_{it}} + \beta_8 \text{ED}_{it} + \beta_9 \text{PD}_{it} + \eta_i + \varepsilon_{it} \tag{5-6}$$

$$\text{IEE}_{it} = \alpha + \beta_1 \text{ISO}_{it} + \beta_2 \text{IRD}_{it} + \beta_3 \text{PG}_{w_{it}} + \beta_4 \text{ISA}_{it} + \beta_5 \text{IAG}_{it} + \beta_6 \text{IECS}_{c_{it}}$$
$$+ \beta_7 \text{RCE}_{w_{it}} + \beta_8 \text{ED}_{it} + \beta_9 \text{PD}_{it} + \eta_i + \varepsilon_{it} \tag{5-7}$$

$$\text{IEE}_{it} = \alpha + \beta_1 \text{ISO}_{it} + \beta_2 \text{IRD}_{it} + \beta_3 \text{PG}_{w_{it}} + \beta_4 \text{ISA}_{it} + \beta_5 \text{IAG}_{it} + \beta_6 \text{IECS}_{c_{it}}$$
$$+ \beta_7 \text{RCE}_{s_{it}} + \beta_8 \text{ED}_{it} + \beta_9 \text{PD}_{it} + \eta_i + \varepsilon_{it} \tag{5-8}$$

式中，PG_{so_2} 为工业二氧化硫去除率；PG_w 为工业污废水集中处理率；IECS_c 为煤炭消耗占工业总能耗比重；RCE_s 为工业固废综合利用率，相应的系数为变量指标的回归系数。

式（5-5）～式（5-8）回归结果直接采用个体固定效应模型分析，分别对应表5-6中的模型（10）～模型（13）。

表5-6 黄河流域三大城市群工业生态效率影响因素稳健性检验

项目	变量符号	模型(10)	模型(11)	模型(12)	模型(13)
工业结构优化	ISO	0.0043* (0.0026)	0.0059* (0.0035)	0.0049** (0.0021)	0.00369* (0.0022)
科技研发能力	IRD	0.112*** (0.0348)	0.103*** (0.0343)	0.0364* (0.0188)	0.0645** (0.029)
环境规制强度	EP			0.0653** (0.0315)	0.102 (0.057)
工业规模	ISA	−0.0042 (0.0011)	−0.0031*** (0.0011)	−0.0031** (0.0012)	−0.00347** 0.0013
工业集聚	IAG	−0.0157 (0.0453)	−0.0227 (0.0538)	−0.0184 (0.0443)	−0.0126 (0.0476)
工业能源消费结构	IECS$_{el}$	0.0202 (0.0141)	0.0906 (0.071)		0.0232 (0.0152)
循环经济水平	RCE$_w$	0.00157** (0.0007)	0.0019*** (0.0007)	0.0015** (0.0007)	
经济发展水平	ED	0.0286*** (<0.0001)	0.0471*** (<0.0001)	0.0303*** (<0.0001)	0.0383*** (<0.0001)
人口密度	PD	0.00011 (0.0003)	0.0004 (0.0003)	0.0001 (0.0002)	0.000123 (0.0003)
环境规制强度替换变量	PG$_{SO_2}$	0.00239** (0.0011)			
	PG$_w$		0.00181* (0.0012)		
工业能源消费结构替换变量	IECS$_c$			0.00091 (0.0017)	
循环经济水平替换变量	RCE$_s$				−0.00129 (0.0007)
个体固定效应		Y	Y	Y	Y
R^2		0.5655	0.5346	0.5802	0.5553
样本数		560	560	560	560

注：( )内为标准误值；*、**、***分别表示10%、5%、1%的显著性水平。

5.3.3 回归结果分析

1. 全样本回归分析

表5-5为黄河流域三大城市群工业生态效率影响因素全样本回归结果，表5-6为黄河流域三大城市群工业生态效率影响因素稳健性检验。与此同时，从内生性

检验结果来看，表 5-5 模型（9）中变量系数与模型（8）基本一致，说明环境规制的内生性对检验结果影响不大。本节重点根据模型（8）的回归结果进行分析讨论，得到如下结论。

从模型（8）对三个解释变量的回归结果分析可以发现，结构优化、技术创新和环境治理这三个城市群工业可持续性主要驱动机制对三大城市群 IEE 变化在整体上具有显著的推动作用，并都通过了显著性检验。对控制变量的回归结果分析发现，经济发展水平和工业水循环利用率对研究区整体 IEE 提高具有显著正影响，工业规模对 IEE 具有显著负影响，工业集聚和人口密度对三大城市群整体面板影响不显著，具体结果分析如下：

（1）工业结构优化对黄河流域城市 IEE 提升的影响显著为正，且控制变量考虑越全面，对 IEE 的影响程度就越高，说明工业结构的升级和优化明显有利于 IEE 的提升，验证了前文对工业结构优化的预期假设，即工业结构优化对 IEE 具有正向推动作用，这一结论也与相关研究结果类似（许淑婷，2016；Kuai et al.，2019）。然而，尽管工业结构优化对 IEE 具有显著正影响，但是，从影响程度来看，在模型（8）中，高技术产业工业增加值占比每提高 1%，研究区内 IEE 指数仅提高 0.01106。结合相关研究成果，可能的解释是，尽管高技术产业工业增加值占比的提高能够促进城市 IEE 指数的提高，但案例区域多数城市工业特点以采矿业、煤电、煤化工等资源型产业和传统制造业为主，现阶段高技术工业比重较低，尚未形成明显的工业结构优化效应。刘玲（2019）对东北地区 IEE 影响因素的分析也取得了相似的研究结果，即认为工业结构优化初期对资源环境效率带动不明显，随着结构优化的不断深入，进而表现为 IEE 的改善。

（2）科技研发能力在所有影响因素中对 IEE 提高的促进作用最为明显。事实上，所有的 IEE 回归模型均通过了 1%的显著性水平检验。在模型（8）中，研发（R&D）支出占 GDP 比重每提高 1%，黄河流域城市群 IEE 指数提高 0.102，说明在黄河流域城市群内科技研发投入的技术进步能够有效转化为对 IEE 指数具有正向推动作用的技术效应。该研究结论与相关研究者的研究结果一致，即通过加快科技创新，推广先进生产技术与污染治理技术，可提高工业生产过程中的资源利用效率、降低环境污染物的排放强度与负荷、促进环境污染治理能力效率的进一步提高（卢燕群和袁鹏，2017；赵建吉等，2020）。

（3）环境规制强度的环境管理强度（环保投资占 GDP 的比重）及工业污染治理两个替换变量的稳健性检验结果均显示环境规制对整个区域（三大城市群）IEE 指数的提高具有一定的促进作用，但前者推动作用更为显著。

事实上，如表 5-5 模型（8）所示，环境管理强度通过了显著性检验，环保投资占 GDP 比重每增加 1%，黄河流域城市群 IEE 提高 0.0958。从表 5-6 模型（10）和模型（11）中工业污染治理因素对环境规制强度的稳健性检验结果来看，两个替换变量指标也分别通过了显著性检验,说明其对 IEE 指数的提升具有一定的促进作用。

对此,可能的解释是,2012 年以来我国相继出台了三大污染防治行动计划和"三线一单"等具有强约束性的环境规制政策,环境治理模式也从以末端治理为主向以环境质量为核心的目标性管理模式转型,逐渐强化的环境管制政策和目标要求在"黄河流域生态保护和高质量发展"的战略定位下发挥良好的绿色产业识别作用与"门槛效应",这对城市工业企业污染排放和资源节约利用具有较强的约束性,并限制了外来污染型企业进入,相比于单纯的提高末端治理技术水平更能促进工业生态效率的提高。事实上,目前已有研究在"三线一单"政策框架下,对鄂尔多斯的工业可持续性研究中也得到相类似的结论(Cheng and Li, 2019; Cheng et al., 2020)。

(4)工业规模因素对黄河流域三大城市群城市 IEE 的提高在现阶段均呈现抑制效应。在模型(8)中通过了 5%的显著性检验,验证了前文对工业规模的预期假设,即工业规模对 IEE 具有负向影响。事实上,黄河流域城市群整体上工业化发展不平衡,重工业对其他行业形成了明显的挤占效应,资源和能源投入、规模扩张的粗放发展模式,导致工业规模的扩张整体上带来更高的资源消耗和污染排放,从而导致城市 IEE 的下降。这一结论与蔺雪芹等(2019)在对全国城市工业生态效率变化驱动因素的研究中所得到的研究结果基本一致。应当指出的是,研究结果与黄磊和吴传清(2019)对长江经济带和陈磊(2018)对珠三角城市群工业绿色发展效率的研究结果明显不同。这也说明在长江经济带、长三角和珠三角等已经形成高端制造业和新型工业集聚的地区,工业化水平的提高和高技术产业的规模扩大能够带动工业生态效率的进一步提升。因此,尽管现阶段黄河流域各城市的工业规模扩张对城市的 IEE 提升具有抑制效应,但未来该区域仍需进一步进行工业规模和结构的优化调整,促进新技术产业的成长,推动城市高质量新型工业化。

(5)工业集聚对黄河流域城市群 IEE 具有一定的负向影响,但没有通过显著性检验。这说明从整体面板上看,黄河流域三大城市群是我国能源重化工发展区,现阶段工业集聚对 IEE 的推动作用依然有限。但需要指出的是,黄河流域三大城市群工业发展具有大量依托工业园区和工业基地的特点,工业集聚对研究区整体显著性不足,并不意味着对所有城市群 IEE 均没有显著影响,可能受到尺度效应的影响,需要进一步通过异质性分析进行探讨。

(6)工业能源消费结构对黄河流域城市 IEE 的推动作用十分有限,证违了前文预期假设。事实上,工业能源消费结构中清洁能源占一次能源消费比重($IECS_{cl}$)在表 5-5 个体固定效应模型(8)中未通过显著性检验。考虑工业能源消耗的复杂性,在表 5-6 模型(12)中采用煤炭消耗占工业总能耗比重($IECS_c$)作为替换变量对回归结果进行了稳健性验证，结果也未能通过显著性检验。说明工业能源消费结构（IECS）对该流域城市 IEE 的影响非常有限。对此，可能的原因是，黄河流域以能源重化工和装备制造业为主，煤炭依然是工业生产过程中的主要消费能源，清洁能源占一次能源消费的比重较低（不到3%），同时考虑现阶段黄河流域城市群工业发展的特点，天然气、生物质能源和水能等清洁能源在工业生产中使用成本远高于煤炭等化石能源，难以实现对工业用能的大规模稳定供应。

（7）循环经济水平的工业水循环利用率（RCE_w）和用于稳健性检验的替代变量工业固废综合利用率（RCE_s）对黄河流域城市 IEE 的提升具有不同的影响，前者对 IEE 具有显著的推动作用，证实了前文预期假设。而后者则呈现明显的负效应，证违了前文预期假设。

事实上，在表 5-5 模型（8）中循环经济水平中的工业水循环利用率（RCE_w）因素通过了 5%显著性检验，说明其对研究区 IEE 的提高具有明显的推动作用。黄河流域整体上属于资源型缺水地区，同时该区域作为我国重要的农业产区，农业用水占比过高，为保障该区域的工业用水充足，需要对工业水进行有效的重复利用。由于该区域当前对工业水的循环利用已形成一定的规模效应，因此，工业水资源循环经济水平的提高能够明显带动城市 IEE 的进步。然而应当指出的是，在表 5-6 模型（13）稳健性检验中，循环经济中的工业固废综合利用率（RCE_s）对区域 IEE 的影响则呈现明显的负效应，也通过了显著性检验，不符合前文假设。这一结论可能的原因是，黄河流域城市群的产业特点决定了工业固体废弃物主要来源于采掘业、煤电、重化工等行业生产产生的矸石、污泥、脱硫石膏和结晶盐等，这些固体废弃物综合利用水平并不高，尚未形成规模效应，导致固废综合利用水平的提高会对 IEE 指数的提高略有抑制。

（8）经济发展水平对黄河流域三大城市群城市工业生态效率的提高发挥着显著的作用，在模型（8）中，经济发展水平通过了 1%的显著性检验。人均 GDP 每提高 1%，能够带动 IEE 指数提高 0.0431，验证了前文对经济发展水平的预期假设。应当指出的是，尽管 IEE 指数实际是衡量经济增长和环境状况的一个综合指数，但城市的经济增长促进了工业先进技术的发展，使工业环境污染物排放量降低，从而直接带动了 IEE 指数的提高。

（9）城市发展水平的人口密度（PD）对黄河流域城市群 IEE 的影响并不显著。这一研究结果与相关研究者（刘玲，2019；黄磊和吴传清，2019）的研究结论有所不同。可能的解释是，黄河流域三大城市群总体上人口平均密度相对较低，工业企业基本布局在产业园区内，远离城市人口集聚区，现阶段人口密度和城市化水平的变化对 IEE 的提升作用较小。事实上，需要指出的是，在三大城市群中，人口密度具有显著差异，因此，人口密度对城市群 IEE 的影响还需要进一步通过分城市群异质性分析进行讨论。

2. 三大城市群异质性分析

由于三大城市群在工业主导产业、工业结构特征以及面临的主要问题上都存在一定的差异性，同时从前文分析来看，三大城市群效率水平也存在一定的差异性，因此，在对三大城市群 IEE 的整体影响因素进行面板回归的基础上，进一步通过两阶段最小二乘法分别对研究区内的黄河流域三大城市群开展 IEE 影响因素的异质性分析，从而分别探索影响三大城市群工业生产层面可持续性的主要影响因素。三大城市群的异质性分析全部采用个体固定效应模型进行回归。如表 5-7 所示，模型（14）～模型（19）为三大城市群 IEE 影响因素的异质性检验结果。其中，模型（14）和模型（15）为呼包鄂榆城市群 IEE 的影响因素分析，模型（16）和模型（17）为关中平原城市群 IEE 的影响因素分析，模型（18）和模型（19）为中原城市群 IEE 的影响因素分析。重点对模型（15）、模型（17）和模型（19）进行分析和比较。

表 5-7 黄河流域三大城市群工业生态效率影响因素异质性分析

项目	变量符号	呼包鄂榆城市群 模型(14)	呼包鄂榆城市群 模型(15)	关中平原城市群 模型(16)	关中平原城市群 模型(17)	中原城市群 模型(18)	中原城市群 模型(19)
工业结构优化	ISO	0.0073* (0.0040)	0.0122* (0.0065)	0.0112** (0.0047)	0.0089** (0.0038)	0.0114** (0.0052)	0.0108** (0.0049)
科技研发能力	IRD	0.3060*** (0.0683)	0.1760*** (0.0449)	0.201*** (0.0474)	0.1233*** (0.0419)	0.327*** (0.0328)	0.116* (0.0481)
环境规制强度	EP	−0.0346 (0.0256)	−0.0931*** (0.0213)	0.0209*** (0.0058)	0.0266*** (0.0059)	0.0150** (0.0074)	0.0172** (0.0082)
工业规模	ISA		−0.0326*** (0.0064)		−0.0280*** (0.0053)		−0.0124** (0.0038)
工业集聚	IAG		0.0315* (0.0181)		0.0124 (0.0237)		−0.0384* (0.0193)
工业能源消费结构	IECS$_{el}$		−0.0034 (0.0143)		0.0296** (0.0123)		0.0164** (0.0081)
循环经济水平	RCE$_w$		0.0032* (0.0018)		0.0017* (0.0011)		0.0015* (0.0009)
经济发展水平	ED		0.0021** (<0.0001)		0.0025** (<0.0001)		0.0042*** (<0.0001)
人口密度	PD		0.0068* (0.0039)		0.0013* (0.0007)		0.0001 (0.0002)
个体固定效应		Y	Y	Y	Y	Y	Y
样本数		54	54	198	198	252	252

注：（　）内为标准误值；*、**、***分别表示 10%、5%、1%的显著性水平。

从表 5-7 中模型（15）、模型（17）和模型（19）回归结果可以看出，在 9 个影响因素中，工业结构优化、科技研发能力、循环经济水平和经济发展水平对三大城市群 IEE 的提高均呈现显著正影响，并都通过了显著性检验，这一结果与模型（8）中研究区总面板结果一致。工业规模对三大城市群 IEE 的提高均呈现抑制效应，并且在三大城市群上均通过显著性检验，这一结果也与模型（8）中研究区总面板回归结果一致。相较而言，环境规制强度、工业集聚、工业能源消费结构以及城镇化水平的人口密度这四个影响因素对三大城市群 IEE 进步的影响存在差异。具体分析如下：

（1）在三大城市群异质性分析中，表征环境规制强度仅考虑了其基本解释变量环境管理强度（环保投资占 GDP 比重），从异质性检验结果来看，环保投资占 GDP 比重对关中平原城市群和中原城市群的 IEE 进步呈显著正影响，通过了显著性检验。相比而言，环境规制强度对呼包鄂榆城市群 IEE 的提高则呈现出显著负影响。参考于鹏等（2020）和赵红（2008）的研究结论，可能的解释是，呼包鄂榆城市群以煤基产业为主的资本密集型产业占比始终在 70%以上，环境规制强度的提高会导致工业生产成本的增加，从而在短期内对 IEE 出现抑制作用。相比而言，关中平原城市群和中原城市群产业结构中技术密集型产业占工业产值比重持续提高，已经达到 35%左右，可能已经触发了技术密集度门槛，环境规制强度的增加会带来城市群 IEE 的持续提高。

（2）工业集聚对呼包鄂榆城市群 IEE 的变化影响显著为正；对关中平原城市群 IEE 影响没有通过显著性检验，对中原城市群 IEE 影响作用呈负显著。可见工业集聚在三大城市群的异质性检验结果具有较大差异。对于这一结果，可能的解释是，关中平原城市群和中原城市群尽管近年来各自内部城市之间工业发展的联系增加，但是各城市群内产业关联性依然较弱（阎晓和涂建军，2021），在这一背景下提高城市群工业集聚程度对城市群工业协作水平提高作用不明显，因而难以有效带动 IEE 的明显提升。相反，在中原城市群这样人口密度较高、人地矛盾比较突出的城市群（李小建等，2020），工业集聚程度的增加还可能导致 IEE 的进一步下降。相比而言，呼包鄂榆城市群尽管内部也尚未形成明显的产业关联，但是作为我国重要的能源化工基地，近年来工业发展始终依托于工业园区和工业基地发展，工业逐渐向技术水平和能源利用水平更高的新型煤化工和高端石油化工转型的集聚发展模式，在一定程度上可能促进了生态工业和循环经济的进步，对资源和能源节约及污染控制具有一定的作用。

（3）工业能源消费结构的异质性检验采用基本解释变量清洁能源占一次能源消费比重（$IECS_{cl}$），从结果来看，$IECS_{cl}$ 对呼包鄂榆城市群 IEE 的影响并不显著，这与研究区总面板回归结果一致；同时，$IECS_{cl}$ 对关中平原城市群和中原城市群的 IEE 提高则具有发挥重要作用的潜力。可能的原因是呼包鄂榆城市群以煤化工、煤电等煤基产业为主的产业发展模式下，煤炭消耗比重过高，清洁能源短期难以取代煤炭，现阶段对该城市群通过改变能源消费结构以提升 IEE 指数的作用是难以见效的。相比而言，关中平原城市群和中原城市群以制造业为主导，劳动密集型产业和资本密集型产业占工业产值比重常年超过 60%，以煤炭等石化能源为生产原料的产业比重远低于呼包鄂榆城市群，工业能源结构的调整有可能在有效减少污染物排放的同时带动 IEE 的提高。

（4）人口密度对呼包鄂榆城市群和关中平原城市群 IEE 进步具有显著作用，相比而言，人口密度对中原城市群 IEE 提升的作用则不明显。可能原因是，呼包鄂榆城市群产业发展以资本密集型产业为主，且该城市群人口密度在研究区的三个城市群中最低，仅为中原城市群的一半，特别是呼包鄂榆城市群正在努力向制造业转型，人口密度的增加有助于释放更多的劳动力进入工业行业，从而促进制造业在该地区的发展，间接促进 IEE 的提高。与之不同的是，中原城市群是黄河流域已形成的 7 个城市群中人口密度最高的城市群，且目前其工业结构劳动密集型占比已经很高，中原城市群正在努力从劳动密集型制造业向技术密集型产业为主导的工业发展模式转型，单纯的人口密度增加而不是高素质人才的增加对中原城市群工业优化转型无法起到有效的促进作用。

第6章　黄河流域三大城市群工业增长质量评价

城市群工业可持续性不仅要考虑工业系统本身的生产与资源环境的耦合问题，还需要更广泛地考虑工业发展过程与城市群和城市之间复杂的相互影响和相互支撑作用，这种交互作用既包括工业发展对城市群在社会公平、经济发展和环境保护方面的影响，也需要考虑工业生产技术、工业结构、工业管理能力对工业生产的支撑作用，以及城市群在人才供给、技术创新、对工业的环境管理等方面的影响和支撑。工业增长质量评价是 E&Q 双螺旋的 Q 螺旋评价，其评价主要是从权衡经济、社会、资源和环境目标出发，综合分析工业发展与城市群和城市之间的相互影响。采用工业增长质量评价指标，基于全排列多边形图示指标法对黄河流域三大城市群 1998~2017 年工业增长质量综合指数及四个维度指数进行测度，分析三大城市群工业增长质量的时空演变特征及城市群内部差异性特点。分析各城市群工业增长质量的主要影响因素，识别三大城市群工业发展质量提高面临的主要问题和亟待解决的矛盾。

6.1　工业增长质量时空演变分析

根据前文所述评价程序，采用全排列多边形图示指标法，测度黄河流域三大城市群（呼包鄂榆城市群、关中平原城市群和中原城市群）工业增长质量（IGQ）指数，以及四个维度指数[技术经济（TE）指数、社会福利（SW）指数、资源利用（RU）指数和污染治理（PG）指数] 1998~2017 年的综合得分，对三大城市群和城市群内城市两个尺度上 IGQ 的时空变化特征进行对比，探索三大城市群 IGQ 的演变特征，以及 IGQ 面临的重要问题。城市群 IGQ 的测度通过对群内城市在各指标取平均值，再通过全排列多边形图示指标法模型进行计算。

基于全排列多边形图示指标法测算的 IGQ 值也被分为四个等级，IGQ 指数和四个维度指数的等级分别是：低水平（low level，LL）对应 IGQ 值为 [0~0.25)、中等水平（medium level，ML）对应 IGQ 值为 [0.25~0.5)、较高水平（high level，HL）对应 IGQ 值为 [0.5~0.75)、高水平（very high level，VHL）对应 IGQ 值为 [0.75~1.0)。四个维度内各指标的等级分别是：低水平（LL）对应指标值为 [−0.10~

–0.50)、中等水平（ML）对应指标值为［–0.50～0)、较高水平（HL）对应指标值为［0～0.50)、高水平（VHL）对应指标值为［0.50～1.0)。

6.1.1 工业增长质量时间变化特征

图 6-1 为 1998～2017 年研究区 IGQ 指数及各维度指数平均值变化趋势，图 6-2 为黄河流域三大城市群 IGQ 指数及各维度指数的变化趋势，图 6-3 为黄河流域三大城市群 IGQ 指数各指标变化趋势。对比黄河流域三大城市群 IGQ 指数值、四个维度指数及其组成指标的变化趋势，得到如下结论。

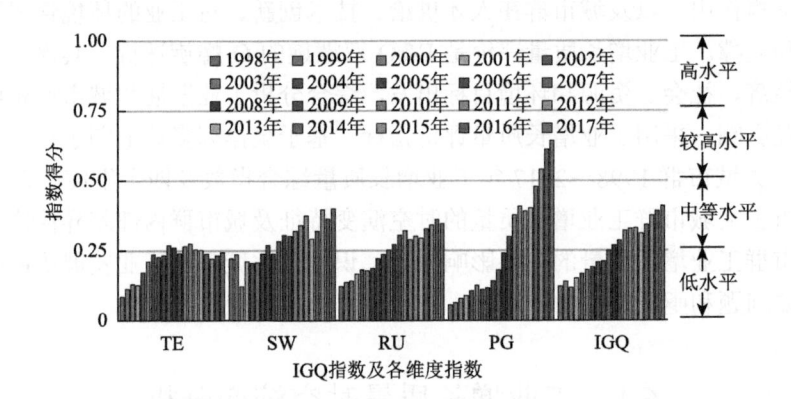

图 6-1 研究区 IGQ 指数及各维度指数平均值变化趋势（1998～2017 年）（见书后彩图）

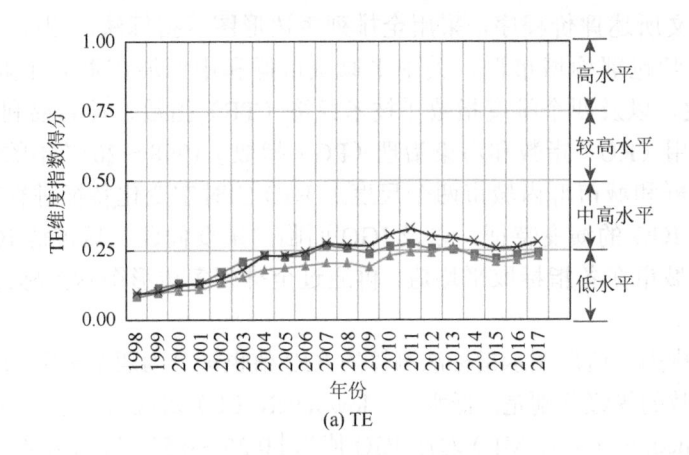

(a) TE

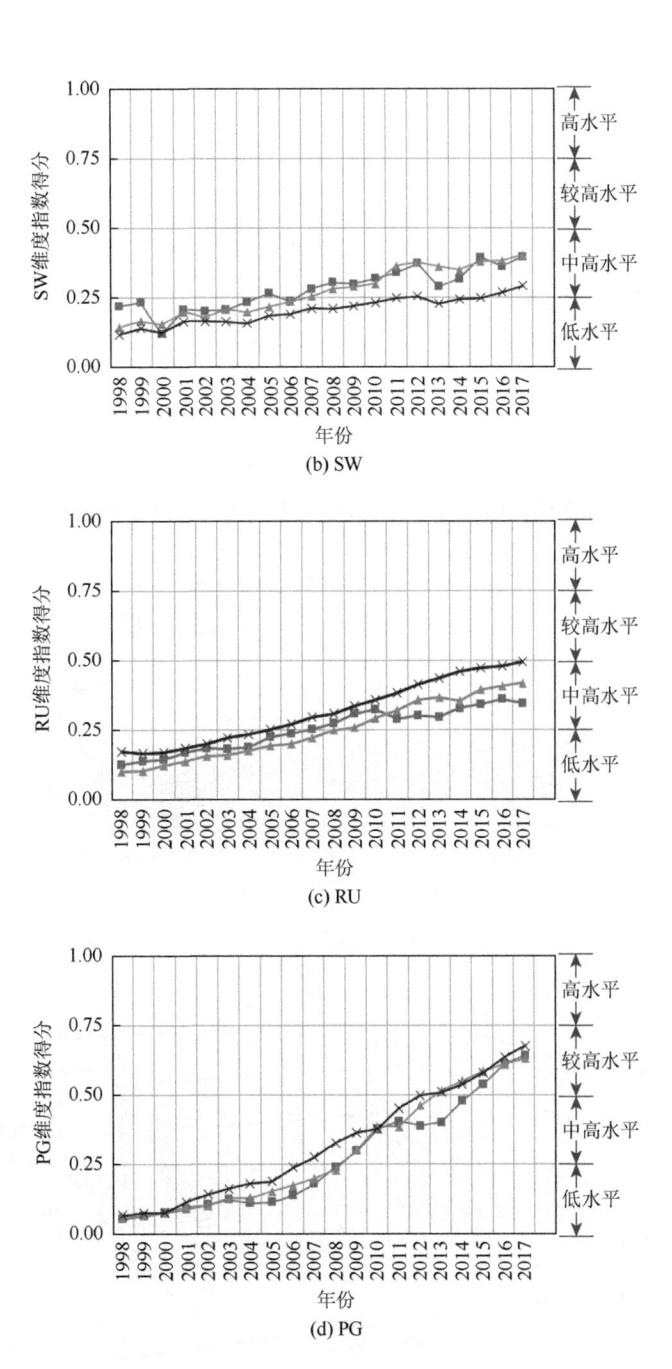

第 6 章 黄河流域三大城市群工业增长质量评价

(b) SW

(c) RU

(d) PG

(e) IGQ

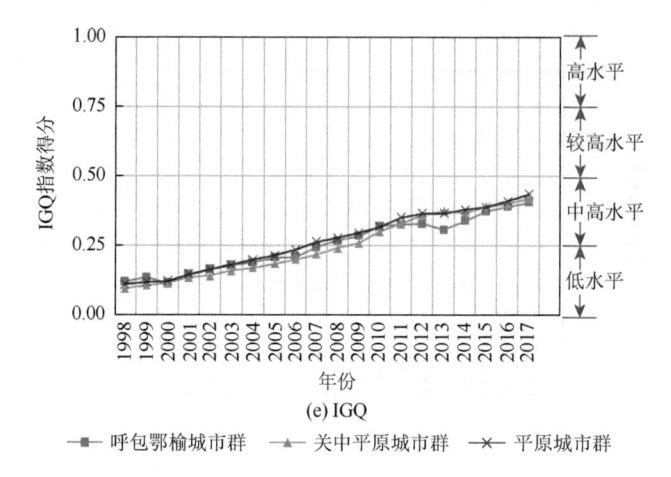

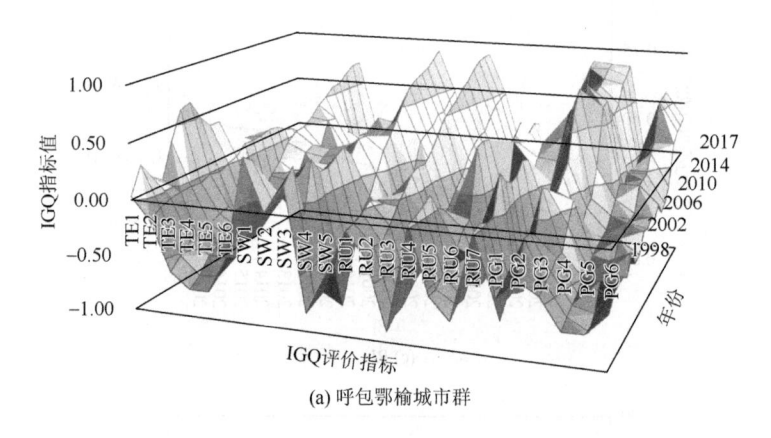

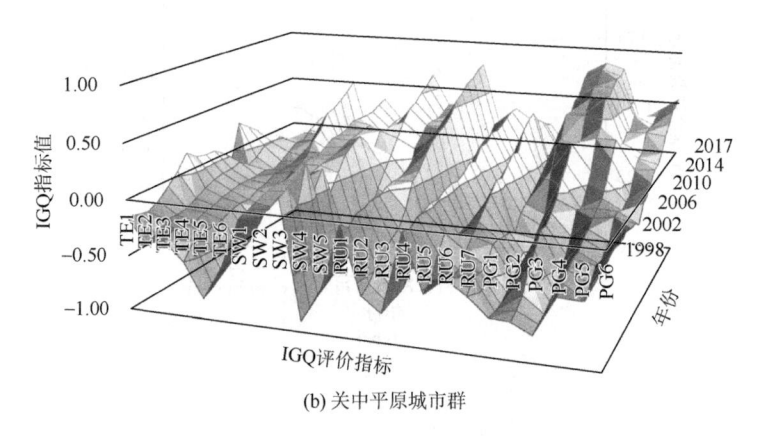

图 6-2　黄河流域三大城市群 IGQ 指数及各维度指数的变化趋势

(a) 呼包鄂榆城市群

(b) 关中平原城市群

(c) 中原城市群

■ −1.00～−0.50　■ −0.50～0.00　□ 0.00～0.50　□ 0.50～1.00

■ 低水平(LL)　■ 中等水平(ML)　□ 较高水平(HL)　□ 高水平(VHL)

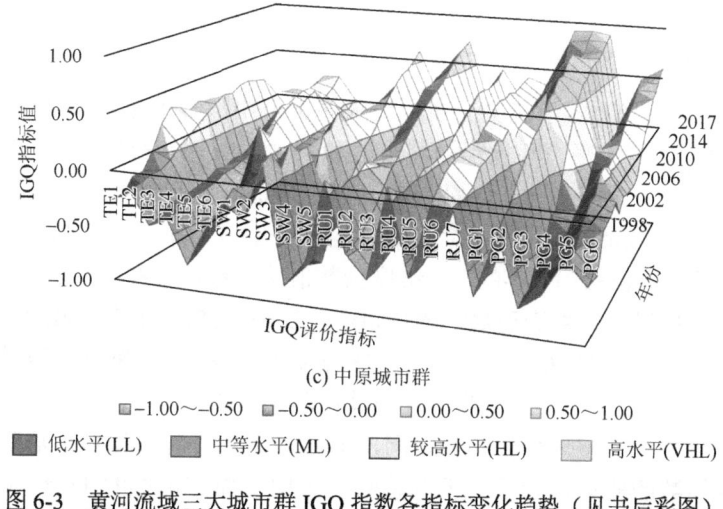

图 6-3　黄河流域三大城市群 IGQ 指数各指标变化趋势（见书后彩图）

1. 工业增长质量指数变化分析

图 6-1 为 1998～2017 年研究区 IGQ 指数及各维度指数平均值变化趋势。整体来看，1998～2017 年，三大城市群整体上技术经济（TE）、社会福利（SW）、资源利用（RU）和污染治理（PG）四个维度指数以及 IGQ 指数呈上升趋势。IGQ 指数在 2008 年之后进入中等水平，并持续提高到 2017 年的 0.42，接近较高水平的临界值。SW 维度指数和 RU 维度指数与 IGQ 指数变化趋势基本一致，并且在 2007 年之后达到中等水平，且持续提高。PG 维度指数尽管早期处于四个维度指数中的最低水平，但在 2005 年之后开始快速进步，在 2008 年之后成为绩效得分最高的维度指数，并持续快速进步，在 2014 年之后进入较高水平，目前已成为区域 IGQ 指数进步的主要驱动力。相较而言，TE 维度指数表现较差，1998～2007 年持续提高并在 2007 年进入中等水平，之后基本保持平稳，在 2011 年达到最高值后开始呈现下滑趋势，并在 2015 年跌回到低水平，且始终在低水平和中等水平临界处徘徊，2008～2017 年处在四个维度指数的最低水平，对区域整体 IGQ 指数进步具有制约作用。

图 6-2（e）为城市群 IGQ 指数变化，可以看出，1998～2017 年的 20 年，三大城市群内 IGQ 指数均呈现上升趋势。从 2009 年开始所有城市群的 IGQ 均从低水平升级为中等水平，并持续提高。1998～2003 年，呼包鄂榆城市群 IGQ 指数表现较好，随后被中原城市群和关中平原城市群分别在 2003 年和 2011 年相继超越。从 IGQ 指数的变化趋势上看，三个城市群不仅呈现出相似的变化趋势，且相关指标值的差距也呈现出先扩大后收敛的趋势，2013 年 IGQ 指数最大值是最小值的 1.44 倍，到 2017 年该值已缩小到 1.01 倍，城市群之间 IGQ 的差距正在减小。

2. 技术经济维度指数变化分析

从图 6-2（a）TE 维度指数上看，三大城市群中只有中原城市群在 2007 年之后稳定达到了中等水平，呼包鄂榆城市群和关中平原城市群除 2013 年短暂升级外，其他年份始终处于低水平。就指数变化趋势而言，呼包鄂榆城市群、关中平原城市群和中原城市群在 TE 维度指数上均呈先上升后下降的趋势。其中，关中平原城市群在 1998~2017 年的 TE 维度指数值始终最低。在 2003 年之前呼包鄂榆城市群是 TE 维度指数表现最好的城市群。2003~2005 年中原城市群的 TE 维度指数快速提升，并在 2006 年超越呼包鄂榆城市群成为 TE 维度指数最高的城市群，且在 2006~2011 年持续进步，并与其他两个城市群在 TE 维度指数上逐渐形成比较优势。与区域整体变化趋势相同，2012 年之后呼包鄂榆城市群和中原城市群 TE 维度指数的变化逐渐呈现下降趋势，关中平原城市群的 TE 维度指数则在 2011~2013 年持续进步，从而缩小了与其他两个城市群的差距，2015 年之后三个城市群的 TE 维度指数同时再次出现上升趋势。

如图 6-3 所示，对三大城市群在 TE 维度具体指标的分析，主要围绕代表工业结构优化的 TE3（高技术产业工业增加值占工业增加值比重）、代表技术创新的 TE4（R&D 支出占 GDP 比重）、代表工业生产管理能力的 TE5（工业劳动生产率）和反映工业获利水平的 TE6（工业总资产贡献率）这四个指标进行。如图 6-3 所示，关中平原城市群中 TE3 和 TE4 表现较好，呼包鄂榆城市群则在这两方面表现较差。与此同时，呼包鄂榆城市群在 TE5 和 TE6 这两个指标上的表现优于其他两个城市群。这一结果说明，关中平原城市群凭借较高的技术密集型产业占比，以及技术密集型产业在三大城市群的比较优势，有效带动了工业结构升级，区域内多个先进制造基地和大量的科研单位也为技术创新提供了足够的支撑。相反，在 2003~2012 年"煤炭黄金十年"期间，煤炭、化工、钢铁等重工业产业在呼包鄂榆城市群快速发展，导致严重依赖煤炭资源型工业发展的呼包鄂榆城市群在一定程度上形成路径锁定，明显抑制了呼包鄂榆城市群工业结构调整和技术创新，但是，大量大型先进重工业产能的集聚也带动了呼包鄂榆城市群工业生产管理水平的全面提升。相较而言，中原城市群在各项指标上的表现较为均衡，并且 2008 年以后在 TE 维度指标上表现最好，得益于中原城市群逐渐从以劳动密集型为主的低端制造业为主导向以技术密集型产业为主导的工业发展模式转型，以及区域内郑州、洛阳等中心城市和大中型城市在医药制造、精密仪器、通信设备等高技术产业上的快速发展。

3. 社会福利维度指数变化分析

从图 6-2（b）所示的 SW 维度指数变化趋势可以发现，呼包鄂榆城市群和关中平原城市群在2007年起便进入中等水平,并保持在这一等级,而中原城市群直到2011年才升级进入中等水平。从变化趋势上看,中原城市群在20年里SW维度指数最低,呼包鄂榆城市群和关中平原城市群表现明显较好。其中,呼包鄂榆城市群在2011年以前SW维度指数得分最高,之后被关中平原城市群超越。由于呼包鄂榆城市群和关中平原城市群经济发展对工业依赖程度相对较高,因而工业发展对城市福利的带动作用也相对更加明显。

对三大城市群在SW维度具体指标的分析,主要围绕代表工业对城市就业结构影响的SW1(工业就业人口贡献率)和SW2(工业服务业就业贡献率),以及表征工业系统内部分配水平的SW3(工业在岗职工平均工资增长率)这三个指标进行。如图6-3所示,在反映工业对城市就业结构影响的SW1和SW2指标上,呼包鄂榆城市群和关中平原城市群2002年之后一直处于较高水平,中原城市群始终处于中等水平未能升级。可能的原因是中原城市群作为传统农业地区,人口基数大,第三产业发展对工业的依附性较弱,同时,尽管中原城市群在劳动密集型产业上具有明显的比较优势,但是工业发展对区域人口就业影响小于呼包鄂榆城市群和关中平原城市群。在反映工业系统内部分配水平的SW3(工业在岗职工平均工资增长率)指标上,三个城市群在2012年之前均处于较高水平,具有较好的表现。但在2012年之后,呼包鄂榆城市群降级到中等水平。可见,产业结构相对单一,以资本密集型产业占绝对主导的发展模式,对抵御资源价格下跌等外部影响的韧性不足,工业对社会公平和分配公平的贡献也不稳定,不利于工业可持续性水平的提高。

4. 资源利用维度指数变化分析

从图6-2(c)所示的RU维度指数变化趋势可以发现,中原城市群始终表现最好,其RU维度指数最高,在2005年达到中等水平并持续进步,在2017年已接近较高水平。呼包鄂榆城市群和关中平原城市群在2008年之后RU维度指数也进入中等水平。从RU维度指数的变化趋势上看,早期呼包鄂榆城市群和关中平原城市群的RU维度指数变化趋势相近,2010年之后关中平原城市群的RU维度指数提高速度加快,并在2011年超越呼包鄂榆城市群。可能的解释是,在2008年之后,随着大量大型重工业产能开始向三大城市群集聚,严重依赖资源型工业发展的呼包鄂榆城市群以煤炭、化工、钢铁等重工业为主,因此在RU维度指数方面表现最差,关中平原城市群则围绕西安、咸阳等城市逐渐形成了先进制造业集聚,带动了工业技术和产业升级,促进了能源和资源利用水平的进步。

对三大城市群在RU维度具体指标的分析,针对第5章工业生态效率评价中主要的资源投入要素,即水资源和能源利用的技术水平、能源利用结构,以及碳排放强度等方面进行城市群之间的比较分析。包括代表能源利用技术水平的指标 RU1、代表水资源利用水平技术的指标 RU2，代表碳排放控制技术的指标 RU4 和代表能源结构的指标 RU5。如图 6-3 所示，在水资源利用技术方面，RU2 在三个城市群都具有良好的表现，都达到了高水平，其中，呼包鄂榆城市群于 2010 年在三个城市群中率先进入高水平，中原城市群 2013 年 RU2 进入高水平。在能源利用技术方面，呼包鄂榆城市群在 RU1 和 RU4 指标上表现较差，是唯一没能升级到较高水平的城市群。但在反映工业能源消费结构的 RU5 指标上，呼包鄂榆城市群表现最好。这一结果与前文对工业生态效率的影响因素分析结果类似，说明对煤基产业过度依赖的呼包鄂榆城市群，尽管多年来通过淘汰落后产能，引进先进生产技术等方式提高了工业生产中水资源和能源效率，但是并不能根本上改变工业能源消耗方式。与此同时，与 Chen 等（2019）的评价结果类似，认为仅通过技术升级而不是产业结构的大幅调整，很难实现工业能源利用效率的提高和工业碳排放的有效控制。

5. 污染治理维度指数变化分析

从图 6-2（d）所示的 PG 维度指数变化趋势可以发现，PG 维度指数在三个城市群中都是表现最好的维度指数。PG 维度指数整体呈现上升趋势的同时，在 2009 年全部达到中等水平，之后继续快速上升，2012 年之后上升速度进一步加快，并在 2015 年所有城市群都升级进入较高水平。应当指出的是，与三大城市群 PG 维度指数快速上升相对应的是，2009 年以来国家相继出台的规划环评条例、三大污染防治行动计划和"三线一单"等多项环境管理措施。可见，明确的环境管理的约束目标和政策实施措施对于提高工业的污染治理水平和城市对工业的环境保护及监管能力具有显著的促进作用。

如图 6-3 所示，在对三大城市群 PG 维度指数的分析中发现一些共同特征。表征工业污染治理技术水平的指标提高速度在三大城市群中都明显快于环境管理类指标。从指标得分上来看，2007 年之前环境管理类指标整体优于污染治理技术类指标，2008 年开始工业污染治理技术指标得分明显高于环境管理类指标，并在 2012 年表征污染治理技术的指标全部进入较高水平。结合技术经济和资源利用维度指标的变化规律结果来看，在 2008 年区域内工业规模扩张的同时，大量资金涌入也促进了工业资源利用技术的升级，并带动了污染治理技术和工艺的升级以及设备的更新改造。相较而言，PG4（环境保护投资占 GDP 比重）则表现相对较弱，在 2008 年进入较高水平之后就一直在该等级较低水平波动，呈现出缓慢进步。显然可见，三大城市群的城市环境管理能力依然具有较大提升潜力。

6.1.2 工业增长质量空间演化特征

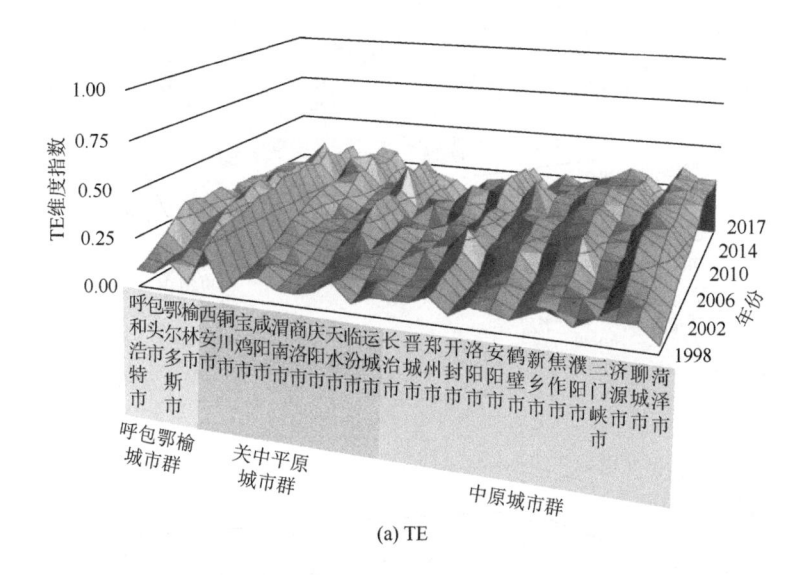

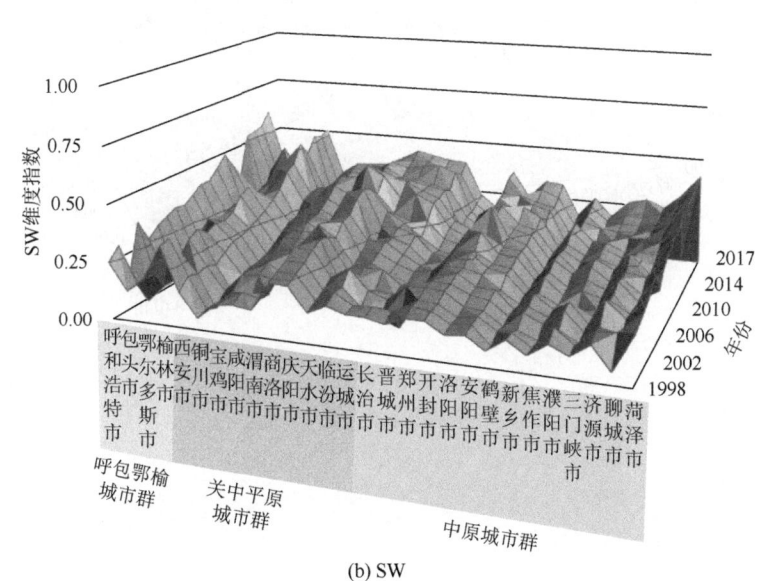

图 6-4 为黄河流域三大城市群各城市 IGQ 指数及各维度指数变化。结合图 6-4，在分析三大城市群内部城市 IGQ 空间演变的基础上，对各城市四个维度指数在城市层面的演化特征和空间格局特征进行综合分析，得到以下结论。

(a) TE

(b) SW

(c) RU

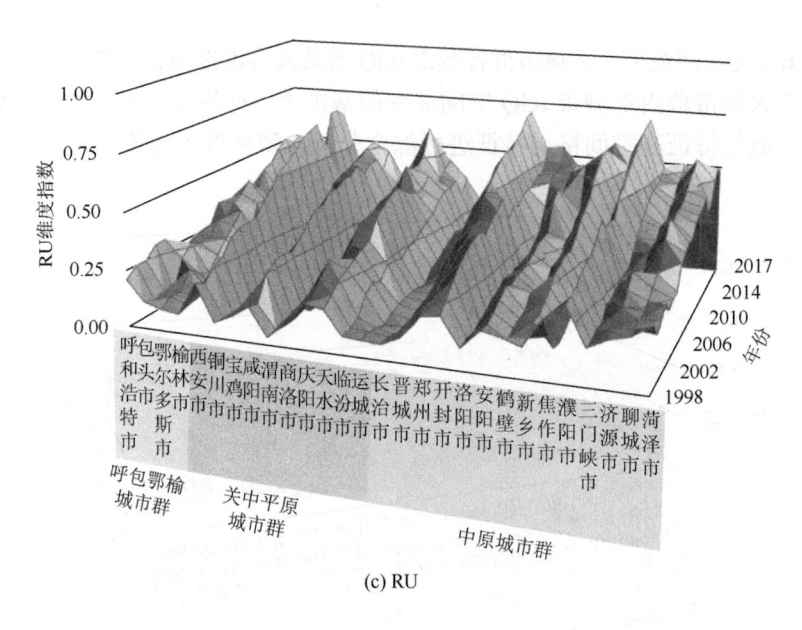

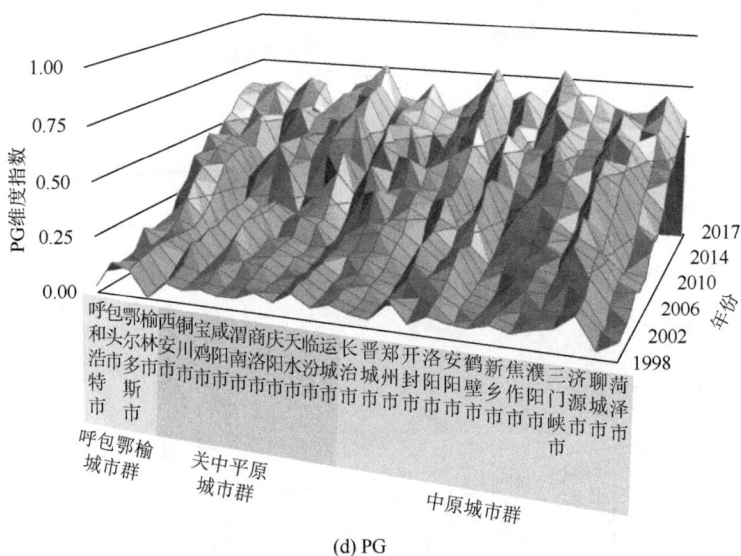

(d) PG

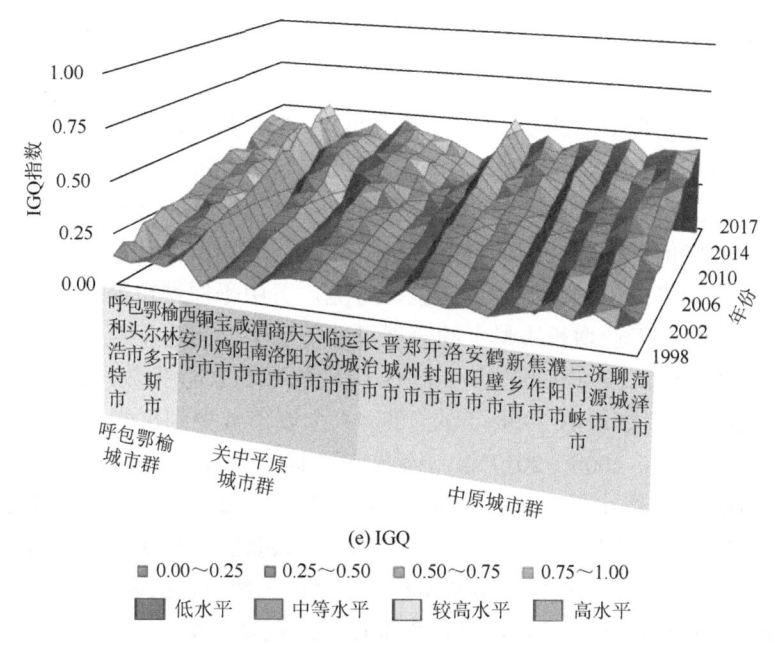

第6章 黄河流域三大城市群工业增长质量评价

图6-4 黄河流域三大城市群各城市IGQ指数及各维度指数变化（1998～2017年）（见书后彩图）

1. 工业增长质量指数空间演变特征

如图6-4（e）所示，总体来看，各城市在1998～2017年IGQ指数总体呈上升趋势，到2017年所有城市中除榆林外相关指数均达到中等水平，济源在2002年升级为中等水平，是最早达到IGQ目标的城市，西安、郑州和呼和浩特也紧随其后达到中等水平。两个国家级中心城市郑州和西安是区域28个城市中工业增长质量表现最好的城市，自2008年起IGQ得分始终处于中原城市群和关中平原城市群的最高值，凸显了中心城市的引领和示范作用。从空间上看，1998～2017年，IGQ排名较高的城市呈现由研究区北部向区域南部集中，并围绕郑州和西安两大区域中心城市集中分布的趋势。但是，排名最低的城市则始终分布在山西四市和榆林等区域中部城市。这一结果反映出西安和郑州两大中心城市虽然对相邻城市的IGQ提高具有一定的带动作用，但对整个区域的IGQ辐射带动作用依然有限，尤其是对非相邻城市和城市群内跨省域城市的辐射带动作用不明显。与工业生态效率结果相类似，工业增长质量指数在研究区整体空间上也同样出现了"中部凹陷"的分布特点。

分城市群来看，三大城市群中IGQ也呈现了不同的变化趋势。

呼包鄂榆城市群中，呼和浩特的IGQ指数得分在1998～2017年始终处于呼包鄂榆城市群最高；1998～2002年包头IGQ指数得分最低，2002年之后榆林IGQ指数得分一直位于呼包鄂榆城市群最后一名。到2017年呼包鄂榆城市群内尚未有城市的 IGQ 指数得分达到较高水平。这说明，以能源重化工产业为主的呼包鄂榆城市群在工业系统与城市交互层面上工业可持续性水平尚不令人满意。

关中平原城市群中，西安的 IGQ 在 2002 年最早从低水平升级到中等水平，并在 2014 年达到较高水平。天水和庆阳紧随其后在 2005 年进入中等水平，且在 2009 年之前 IGQ 指数一直紧随西安之后处于该城市群的前三位。之后，逐渐被位于西安南北两侧的商洛和咸阳超越。相较而言，运城、渭南和铜川三个资源型城市表现较差，始终处于城市群的后三位。可见，关中平原城市群内以能源行业为主的资源型城市在工业增长质量上的表现已经落后于以制造业为主的城市。

中原城市群内，1998~2007 年先后有 10 个城市的 IGQ 指数升级为中等水平。2008 年低水平城市数量由 1998 年的全部 14 个城市减少到仅剩长治、晋城、安阳和鹤壁 4 个城市。2008~2017 年，该城市群 14 个城市的 IGQ 持续进步，并在 2009 年全部进入中等水平。其中，郑州和濮阳分别在 2015 年和 2017 年进一步升级为较高水平。从变化趋势上看，2008 年之后郑州超越济源，并迅速拉开与其他城市的差距，处于明显优势地位，与郑州相邻的洛阳和新乡也快速提高，到 2017 年 IGQ 值分别达到 0.48 和 0.47，两个城市都已接近较高水平。

2. 工业增长质量指数各维度指数的空间演变特征

如图 6-4（a）~（d）所示，从四个维度指数的变化趋势上看，1998~2017 年，整体上各城市维度指数呈升高趋势。在四个维度指数上，从低水平升级到中等水平、较高水平和高水平的城市逐渐增多。其中，TE 维度指数从 1998 年所有城市均处于低水平，到 2012 年最多有 21 个城市达到中等水平，之后有 7 个城市从中等水平降级到低水平，到 2017 年中等水平和低水平城市各占 50%。SW 维度指数中 1998 年仅有两个城市处于中等水平，之后逐渐增多，特别是 2007~2012 年，城市 SW 维度指数进入快速提高阶段，中等水平城市增加到 21 个，到 2017 年 SW 维度指数达到中等水平以上的城市增加到 25 个，其中呼和浩特和西安是研究区内仅有的两个 SW 维度指数达到较高水平的城市。RU 维度指数中，从 1998 年仅有 3 个城市达到中等水平，逐渐提高到 2012 年有 16 个城市达到中等水平，7 个城市达到较高水平，低水平仅剩 5 个城市，到 2017 年 RU 维度指数达到较高水平城市扩大到 13 个，低水平城市仅剩 2 个。PG 维度指数中，1998 年所有城市 PG 维度指数均为低水平，到 2012 年 PG 维度指数处于低水平城市仅剩 1 个，15 个城市达到中等水平，12 个城市进入较高水平，2012~2017 年 PG 维度指数在所有城市均快速提高，到 2017 年 28 个城市全部进入较高水平，3 个城市达到高水平。

结合图 6-4，从整个研究区的视角对黄河流域三大城市群的 IGQ 各维度指数在城市层面的变化特征和空间格局演变分析如下。

（1）从 TE 维度来看，如图 6-4（a）所示，从 TE 维度指数的空间格局演化来看，1998~2017年，TE维度指数从低水平向中等水平升级的城市逐渐形成了两个集中分布区域，分别为中原城市群内郑州及其周边的黄河沿线城市，以及关中平原城市群中部的西安及其相邻的咸阳、宝鸡等。TE维度指数排名较高的城市与具有城市技术密集型产业比较优势的城市在空间上重叠度较高。

从各城市群内部空间格局变化上看，在呼包鄂榆城市群中，呼和浩特2006年之前在呼包鄂榆城市群的TE维度指数最高，之后随着鄂尔多斯煤炭产业的快速扩张，其超越呼和浩特成为城市群内TE维度指数得分最高的城市。榆林和鄂尔多斯工业结构同样以煤炭开采、煤化工和煤电产业为主导，但榆林的TE维度指数一直处于低水平。对比两城市的产业结构不难看出，榆林对煤炭开采的依赖程度更高，煤基产业链过短，结构相对单一，相比之下，鄂尔多斯则在2011年之后工业逐渐向煤制气、煤制烯烃等高端煤化工产业和非煤产业转型，技术密集型产业比较优势在呼包鄂榆城市群最高。这一研究结果与Li等（2016）的结果相类似，即资源型城市中调整产业结构，提高资源型工业生产技术水平对于提高工业的可持续性具有积极作用。关中平原城市群中西安市的TE维度指数得分最早进入中等水平（1999年），并且是TE维度指数平均表现最好的城市。得益于西安的产业结构以高技术制造业为主导，工业研发投入、资产效益和劳动生产率水平在区域内始终处于较高地位。到2017年，西安及其周边的宝鸡、咸阳和商洛尽管在2012~2014年经历短暂下降，但依然保持在中等水平。其他城市在1998~2017年均处于低水平。可见，西安作为国家级中心城市，以高技术制造业为主导的工业结构以及大量高校和科研机构集聚带来的工业科研技术的领先地位，在一定程度上带动了周边城市制造业集群的形成和工业结构的优化升级。中原城市群中城市TE维度指数在1998~2011年整体呈上升趋势，并在2011年所有14个城市都达到了中等水平，之后呈下降趋势，到2017年，长治、晋城、开封、安阳和三门峡5个市降级为低水平。

（2）从SW维度来看，如图6-4（b）所示，在研究区所有28个城市中，呼和浩特的SW维度指数表现最好，1998~2017年除2000年经历短暂降级外，其他年份均处在中等水平以上，并在2014年升级到较高水平。研究区内其他城市在2010年之后SW维度指数全部升级到中等水平。在呼包鄂榆城市群内，包头和鄂尔多斯2011年后SW维度指数依然保持上升趋势，榆林则出现了明显的下降趋势，从2012年的0.41下降到2017年的0.32。在关中平原城市群内，所有城市的SW维度指数在2011年全部升级为中等水平，其中西安表现最好，1998~2017年SW维度指数从0.16提高到0.53，升级到了较高水平。铜川是该城市群内最后一个（2011年）达到中等水平的城市，SW维度指数也始终排名最后。中原城市群各城市的SW维度指数整体呈上升趋势，但是得分与其他两个城市群相比明显偏低，到2017年三大城市群中仅有的3个城市SW维度指数得分仍处于低水平的城市均分布在中原城市群。

（3）从 RU 维度来看，如图 6-4（c）所示，三大城市群 RU 维度指数空间格局上，1998~2007 年，三大城市群所属城市的 RU 维度指数等级从低水平向中等水平的变化呈现出由城市群区域"三角端点"向内逐渐升级扩散的趋势。到 2007 年 RU 维度指数低水平城市由北至南集中分布在"榆林—临汾—运城—三门峡—商洛"一线的区域中部资源型城市，与同期 TE 维度指数呈低水平的城市分布的重叠度较高。2008~2017 年的后 10 年，RU 维度指数得分较高的城市在空间上继续集中，并分别在黄河流域下游城市和西安周边逐渐形成了两个较高水平集聚区。

从具体各城市群内部城市 RU 维度指数变化来看，在呼包鄂榆城市群，包头的 RU 维度指数提高速度最快，从 0.12 上升到 0.53，并在 2014 年达到了较高水平。榆林 RU 维度指数各年最低，始终处于低水平没能升级。关中平原城市群到 2017 年所有城市 RU 维度指数均达到中等水平，其中西安、宝鸡和庆阳三个城市升级到较高水平。1998~2017 年，西安 RU 维度指数明显好于其他城市，到 2017 年达到 0.65，而运城和渭南的 RU 维度指数得分相对较低。由此可见，西安、咸阳、宝鸡形成的高技术产业和先进制造业集群，在促进工业结构和技术优化的同时，也有效提升了区域工业资源和能源利用水平，而榆林等以煤炭开采、炼焦等传统化工为主的产业结构则不利于工业资源和能源利用率的提高（Sueyoshi and Goto，2014）。到 2017 年，中原城市群除长治 RU 维度指数得分仍处于低水平外，其他城市均达到了中等水平。其中，9 个城市 RU 维度指数已达到较高水平。应当指出的是，中原城市群整体 RU 维度指数得分之所以较高，是因为郑州、濮阳等黄河沿线城市的工业结构多以装备制造、精密加工和食品工业以及农产品加工等制造业为主，生产技术相对较高，有效提高了城市工业能源和水资源利用水平以及工业碳排放的控制能力。

（4）从 PG 维度来看，如图 6-4（d）所示，1998~2007 年 11 个城市的 PG 维度指数得分从低水平升级为中等水平，并逐渐在呼包鄂榆城市群内呼和浩特—包头，以及关中平原和中原两城市群区域中部，分别形成了南北两个集中分布区。2008~2017 年，PG 维度指数快速进步，与其他维度指标相比，这一阶段空间上三个城市群的 PG 维度指数并未出现明显的高值城市，所有城市变化趋势基本相同。

城市群内城市的工业污染治理伴随着工业发展的不同阶段（即 1998~2007 年的工业发展初期、2007~2012 年的工业快速发展阶段以及 2012~2017 年的工业结构升级改造阶段）而呈现出不同的特征。在 1998~2007 年黄河流域工业发展初期，尤其是 2001 年前，三个城市群中各城市 PG 维度指数得分均处于低水平，工业生产以粗放型和中小型工厂为主，环境管理政策不完善，工业污染治理和环境管理水平较差。2007 年之后直至 2012 年，随着工业发展由散布式向园区化发展，以及环评法、规划环评条例等环境法规的相继出台，工业污染治理技术水平开始有所提高。尤其是随着 2008 年大量资本涌入区域内城市的资源型产业，在快速扩大工业规模的同时，也迅速带动了工业污染末端治理设施的建设和投入使用，并带动了工业污染治理技术的有效提高。特别是2012年以来，随国家供给侧结构性改革和工业结构升级，各城市工业污染治理技术能力进一步提高。与此同时，我国环境管制从工业末端治理向更加精细化的目标导向型前端管理转型，工业污染治理和城市环境管理水平随之大幅提高。因此，到2015年区域内所有城市PG维度指数都进入了较高水平。

6.2 工业增长质量差异性分析

在城市群IGQ时空演变分析中已发现黄河流域三大城市群之间的IGQ差距正在逐渐减小，在此基础上，为了进一步探索黄河流域各城市群内部，以及研究区整体的IGQ变化差异性及其动态变化情况，选取1998年、2002年、2007年、2012年和2017年IGQ指数的评价结果，应用核密度估计分别描绘呼包鄂榆城市群、关中平原城市群和中原城市群IGQ指数的核密度分布状态，以反映1997~2017年三大城市群的IGQ差异演变情况。

6.2.1 城市群内部工业增长质量差异性分析

图6-5（a）~（c）分别为呼包鄂榆城市群、关中平原城市群和中原城市群IGQ核密度分布趋势图。从三大城市群层面来分析各城市群内部的IGQ差异性变化趋势，得到如下结果。

三大城市群的IGQ核密度曲线整体均呈向右侧移动趋势，整体上都呈现单峰形态，没有出现强度很大的双峰，与三个城市群IGQ时空变化分析结果相对应，说明三个城市群IGQ在整体水平提高的同时内部没有出现明显的质量分化情况。三大城市群内部差异变化具体分析如下。

（1）如图6-5（a）所示，呼包鄂榆城市群IGQ核密度主峰1998年在低水平区呈峰度很强的双峰状，之后峰强明显下降，但峰宽变宽，到2017年主峰在中等水平区域呈单峰状，峰形为宽峰且左侧出现很长的拖尾，这说明1998~2017年，呼包鄂榆城市群IGQ总体上由低水平集中向高水平集中演变，同时，拖尾加长也说明城市群内部IGQ水平差异性不断增加，有再次出现明显两极分化的可能性。

（2）如图6-5（b）所示，关中平原城市群IGQ核密度主峰1998年在低水平区呈单峰状，之后曲线向右移动，峰度逐渐减弱，峰宽变宽。到2007年呈宽峰状，且在主峰左侧出现一个明显的肩膀峰，说明关中平原城市群1998~2007年内部IGQ水平的差异性逐渐增强，并出现了两极分化的状态。之后的五年主峰右移到中等水平，肩膀峰消失，但左侧拖尾加长，且分布曲线呈现明显左偏态分布，这

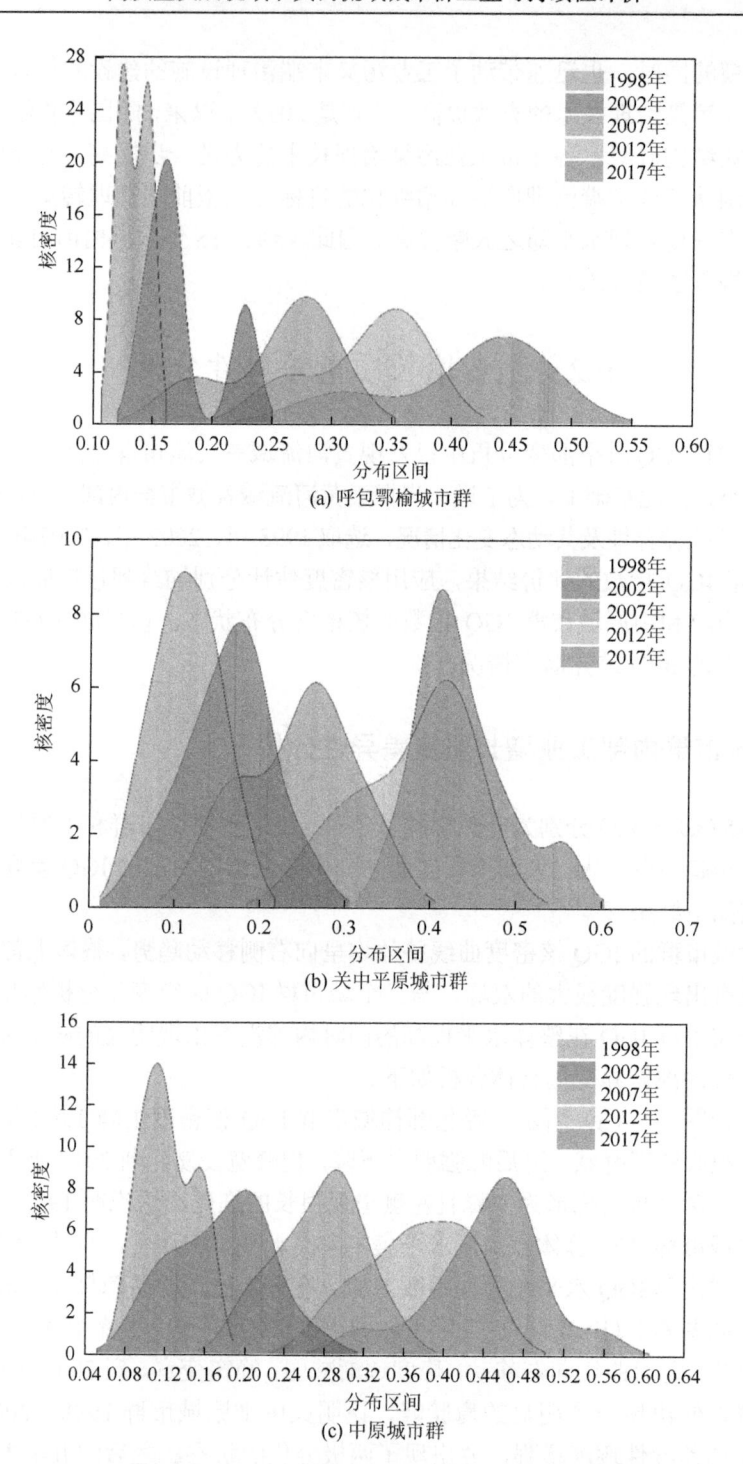

图 6-5 黄河流域三大城市群 IGQ 核密度分布趋势（见书后彩图）

说明 2007~2012 年关中平原城市群整体 IGQ 提高的同时城市群内部工业发展的不平衡性增加，IGQ 差距进一步拉大。此后一直到 2017 年，主峰位置没有发生明显变化，左侧拖尾逐渐收缩，说明 2012 年之后关中平原城市群 IGQ 水平整体群内差异明显减小，IGQ 在关中平原城市群呈现出一定"俱乐部收敛"趋势。主峰右侧出现一个强度较小的副峰，结合前文 IGQ 时空演化评价结果可以说明，西安以其占城市群总工业规模 29%的较大比重和明显的技术密集型产业比较优势，对相邻城市的 IGQ 进步起到明显带动作用。

（3）如图 6-5（c）所示，中原城市群 IGQ 核密度曲线在 1998~2017 年，从低水平区域向中等水平移动过程中主峰主要为宽峰状态，曲线形态为左偏分布态，且左拖尾不断加长，到 2017 年左拖尾在所有年份中最长。这一结果说明，中原城市群与关中平原城市群类似，在工业发展过程中同样面临着城市群内部发展不均衡带来的 IGQ 的差异。密度曲线拖尾加长的结果说明，尽管中原城市群内部差异暂时没有出现明显的分化现象，但是城市群内部分 IGQ 落后城市与城市群整体 IGQ 水平的差距进一步拉大。

6.2.2 研究区整体工业增长质量差异性分析

三大城市群整体的 IGQ 差异性通过对研究区 28 个城市进行跨城市群的核密度分析获得。图 6-6 为研究区整体 IGQ 核密度分布趋势，图 6-7 为研究区 IGQ 指数及各维度指数整体变化趋势箱线图，用以反映研究区流域三大城市群整体差异性的变化趋势。

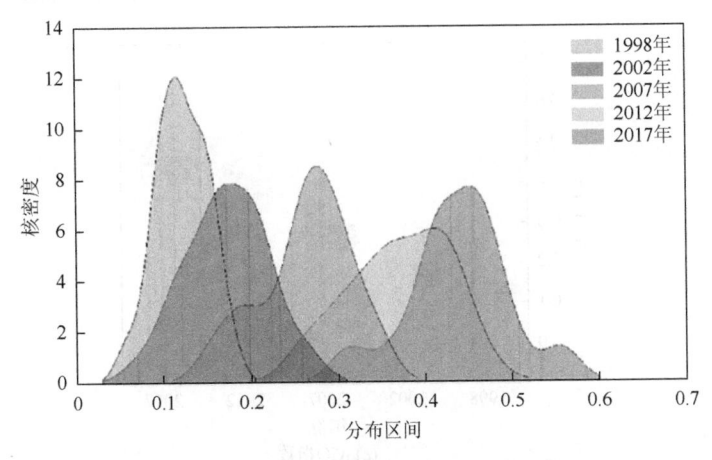

图 6-6 研究区整体 IGQ 核密度分布趋势（1998~2017 年）（见书后彩图）

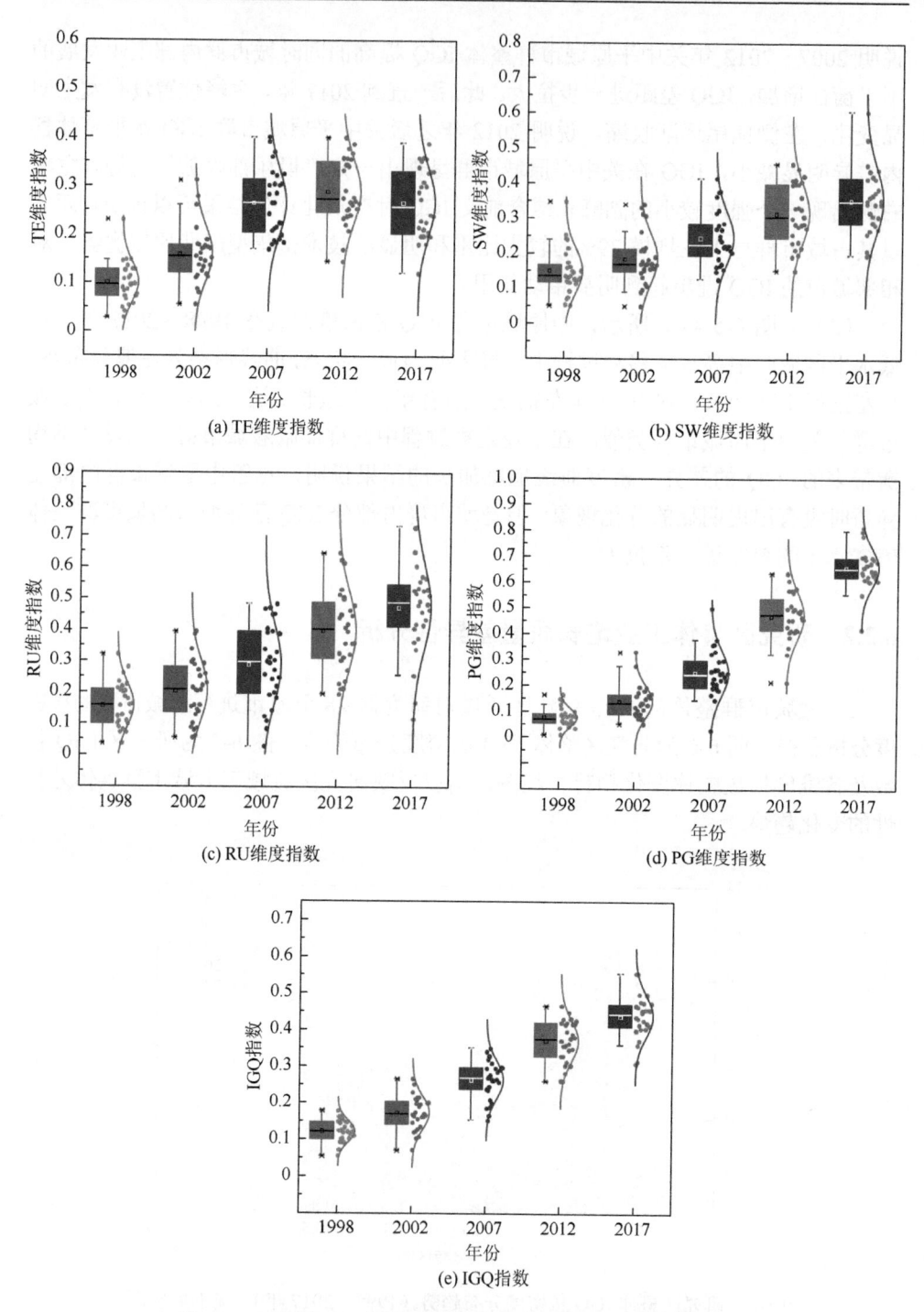

图 6-7　研究区 IGQ 指数及各维度指数整体变化趋势箱线图

综合图 6-6 和图 6-7，可以看出黄河流域三大城市群 IGQ 的跨城市群总体差异性变化具有如下特征。

（1）从图 6-6 核密度曲线的位置来看，1998～2017 年区域 IGQ 的核密度曲线有整体向右移动趋势，流域城市群区域 IGQ 指数总体逐年呈现升高态势。1998 年波峰对应的 IGQ 指数从 0.1 左右提升到 2017 年的 0.45 左右，提升幅度较大，反映出黄河流域城市群区域 IGQ 指数总体呈逐年升高态势。

（2）从图 6-6 核密度曲线的形状来看，该 IGQ 整体上呈单峰分布，表明该区域城市 IGQ 经历了从没有分化到出现两极分化，再到多极分化的显著变化。从 IGQ 核密度曲线的峰度来看，1998～2017 年 IGQ 指数表现出尖峰形向宽峰形再向尖峰形发展的变化趋势。1998 年 IGQ 指数呈现尖峰特征，随后到 2012 年波峰逐年平缓且高度明显下降，且主峰一直向右移动。说明 IGQ 指数整体呈升高趋势，但内部差异有增加趋势，在中等水平区间分布相对分散。2012～2017 年，峰宽减小，由宽峰发展为窄峰，峰度升高，说明区域内城市的内部差异缩小，逐渐向接近较高水平集中，并呈现出一定程度的"俱乐部收敛"。

（3）如图 6-7 所示，对 IGQ 指数各维度指数的差异性变化趋势（箱线图）分析可知，PG 维度指数的变化趋势与 IGQ 指数的变化趋势相似，得分分布相对集中，差异性相对较小，三大城市群大多数城市都逐渐向高水平集中。2017 年，PG 维度指数在分布曲线头部，中部和尾部也出现了三个城市集中区。可见，尽管 PG 维度指数在区域内整体上分布平均且差异较小，但同样存在三级分化的趋势。从三大城市群内部城市集中分布的中位数得分上看，PG 维度指数明显高于 IGQ 指数，说明 PG 维度指数的提升对研究区城市 IGQ 指数的进步具有明显的推动作用。城市的 SW 和 RU 两个维度指数总体上呈上升趋势，但城市间的差异性逐渐拉大。尽管 2012～2017 年两个维度指数的箱体宽度都有所减小（表明城市在该维度指数的集中程度有所增加），但分布曲线头部的增高和拖尾的加长则说明城市群之间的差距正逐渐加大。从 TE 维度指数分布情况来看，箱体位置先升高后下降，箱体宽度逐渐增大，曲线跨度范围也逐步增大，充分说明 2012 年之后区域三大城市群在 TE 维度指数集中度逐渐下降，城市间差异性逐渐增大并且呈两极分化趋势。与此同时，TE 维度指数的中位数明显低于 IGQ 指数，说明各城市群 TE 维度指数差异性的提升和 TE 维度指数得分较低，对三大城市群 IGQ 的进步具有抑制作用。

6.3 工业增长质量影响因素分析

IGQ 本身就是由多指标聚合而成的综合指数，在指标体系构建和指标选择时已经考虑了表征城市群工业可持续性的结构优化、技术创新、环境治理这三个主要驱动因素,并筛选了相关指标。因此,IGQ 的关键影响因素的识别重点从 IGQ 指标体系内部进行分析,筛选对 IGQ 指数时空演变和差异变化最主要的指标。

根据障碍度模型分析方法,对城市群 IGQ 指数中各指标的障碍度(M_i)进行测算,以表征各指标对 IGQ 指数的影响程度。当某一指标的障碍度 M_i>5%且 M_i 排名位列指标体系所有指标前八时,则表明该指标在整个指标体系中对城市群 IGQ 指数的时空变化和差异性变化具有重要影响,且认为是工业发展中亟须进一步提高和解决的突出矛盾,即可定义为 IGQ 指数的关键影响因素。

在筛选各年城市群工业发展关键制约指标的基础上,对 1998~2017 年区域内三大城市群 IGQ 指数的关键制约因素进行识别,对 IGQ 指数的影响转换机制进行分析并探讨 IGQ 指数关键制约因素的变化。

表 6-1 为黄河流域三大城市群尺度 IGQ 关键制约因素识别。从表 6-1 对三大城市群(呼包鄂榆城市群、关中平原城市群和中原城市群)IGQ 各指标影响程度(障碍度)(M_i)的计算结果来看,1998~2017 年,在 IGQ 指标体系的全部 24 个指标中,共有 10 个指标被筛选为影响三大城市群 IGQ 的关键制约因素。

表 6-1　黄河流域三大城市群尺度 IGQ 关键制约因素识别(1998~2017 年)

流域/城市群		排名							
		1	2	3	4	5	6	7	8
三大城市群总体	维度指数	**TE3**	**SW5**	**TE4**	**TE5**	SW4	**PG4**	**RU3**	SW3
	M_i/%	6.67	6.62	6.32	6.31	6.23	6.21	5.87	5.71
呼包鄂榆城市群	维度指数	**TE3**	**TE4**	**PG4**	**SW5**	TE6	SW3	**RU3**	**TE5**
	M_i/%	6.95	6.75	6.68	6.13	5.69	5.62	5.50	5.47
关中平原城市群	维度指数	SW4	**TE3**	**SW5**	**TE5**	**TE4**	TE6	**RU3**	**PG4**
	M_i/%	6.36	6.34	6.18	6.17	6.14	5.91	5.84	5.69
中原城市群	维度指数	**SW5**	**TE3**	**TE5**	**PG4**	SW4	**TE4**	**RU3**	RU5
	M_i/%	7.07	6.83	6.64	6.49	6.44	6.34	5.99	5.78

注:表中加粗处指标为三大城市群 IGQ 的共性影响因素。

如表 6-1 所示,分析黄河流域三大城市群 1998~2017 年的关键影响因素识别结果,从各城市群被识别为 1998~2017 年城市群关键影响因素的 8 个制约指标(M_i≥5 且 M_i 排在前八)上看,有 6 个指标同时被三大城市群选为关键影响因素,对三个城市群在研究期 20 年内 IGQ 变化都具有显著影响,占到各城市群主要影响因素的 75%,包括 TE3(高技术产业工业增加值占工业增加值比重)、TE4(R&D 支出占 GDP 比重)、TE5(工业劳动生产率)、SW5(工业从业人员具有大学学历比重)、RU3(单位建设用地工业增加值)和 PG4(环境保护投资占 GDP 比重)。

其余的四个指标中，TE6（工业总资产贡献率）、SW4（城镇居民可支配收入）对关中平原城市群和中原城市群IGQ影响较显著，SW3（工业在岗职工平均工资增长率）仅对呼包鄂榆城市群IGQ影响显著，RU5（清洁能源占一次能源消费比重）仅对中原城市群IGQ影响显著。

分析黄河流域三大城市群在1998~2017年的制约因素识别结果可以发现，三大城市群IGQ的关键影响因素具有很强的相似性，在城市群IGQ提高中，三大城市群都亟须进一步提高和解决的问题可以总结为工业结构调整、工业技术创新和环境治理三个方面，具体分析如下。

（1）在工业结构调整方面，表征工业结构优化调整的TE3指标在三个城市群均被识别，且TE3对三个城市群IGQ的影响程度均排在前两位，说明前文城市群工业可持续性主要驱动机制之一城市群工业发展的产业结构优化是影响城市群IGQ指数提高的主要因素和关键问题。事实上，该区域三大城市群高技术产业工业增加值占工业增加值比重均未达到全国平均水平。相比而言，三大城市群资本密集型产业在工业结构中比重最大，特别是呼包鄂榆城市群达到80%。城市群当前都以资源型工业和重型制造业为主导产业，很大程度上抑制了高技术产业发展培育，导致路径依赖风险较高，特别是当工业发展速度整体放缓后，区域内产能过剩和落后产能问题尤为突出。

（2）在工业技术创新方面，尽管西部大开发以来三大城市群工业技术能力有所进步，但表征工业科研能力的TE4指标、表征工业生产管理水平的TE5指标和表征工业人员素质的SW5指标依然被识别为同时影响三个城市群IGQ的关键影响因素，说明在以创新为核心推动的黄河流域城市群高质量发展的背景下，三大城市群在工业研发投入、工业科技和技术人才储备、工业生产的精细化管理方面依然有很大的进步空间。

（3）在环境治理方面，表征环境管理强度的PG4指标被选出，说明随着区域工业技术的不断升级，特别是污染物末端治理和资源利用技术标准的提高，污染治理与工业发展的矛盾将逐渐得以缓和，但工业污染负荷过高仍然是区域城市环境质量不达标的主要原因，同时也是制约三大城市群IGQ提高的重要因素。要实现区域IGQ的提高不仅需要提高工业企业的末端治理能力，更需要进一步提高对工业的环境治理和监管水平。

表征工业土地利用水平的RU3指标被识别出，说明三大城市群工业用地的管理能力和空间集聚水平有待提高，特别是在我国当前环境以目标约束为导向的环境管理模式下，"三线一单"等环境管理政策逐渐对工业发展在空间上进行了明确划定，以土地要素投入为驱动的工业发展方式对IGQ的提高已逐渐形成制约，不利于工业可持续性的进一步提高。

图6-8为1998~2017年五个重点年份黄河流域三大城市群IGQ主要影响因

素影响程度变化趋势，该图是通过对黄河流域 28 个城市 IGQ 关键制约因素进行识别后得到制约因素，通过频次分析进行累积绘制而成的，以探讨 IGQ 关键制约因素的变化特性。表 6-2 给出了黄河流域及城市群尺度重点年份 IGQ 关键制约因素识别和影响程度。

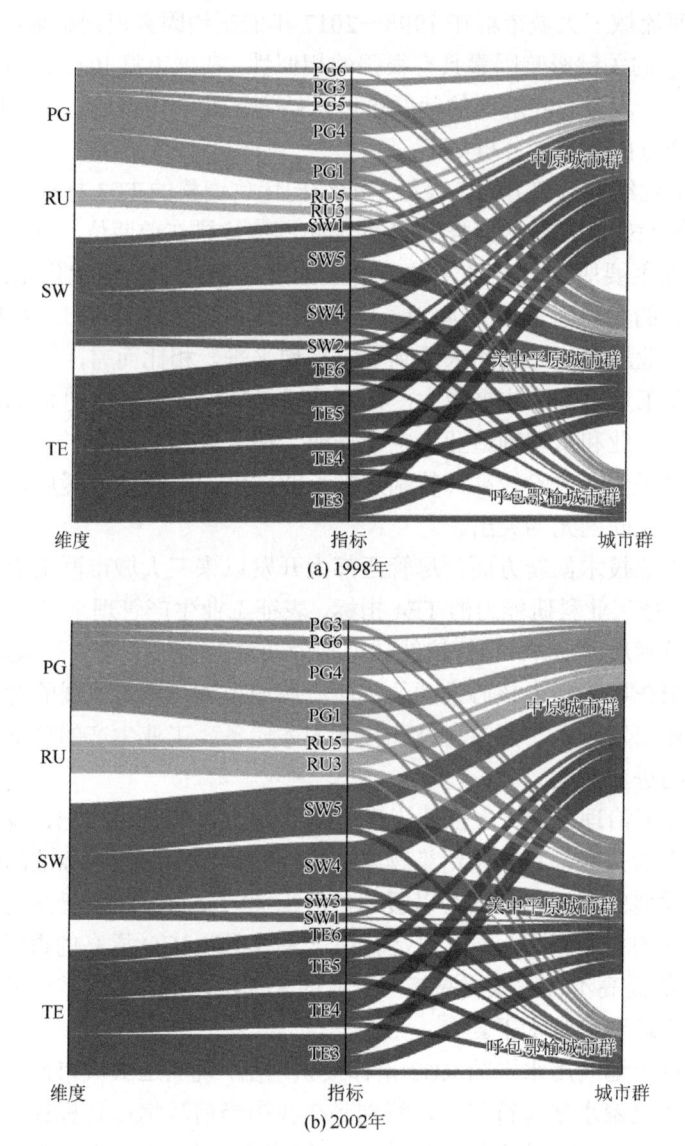

(a) 1998年

(b) 2002年

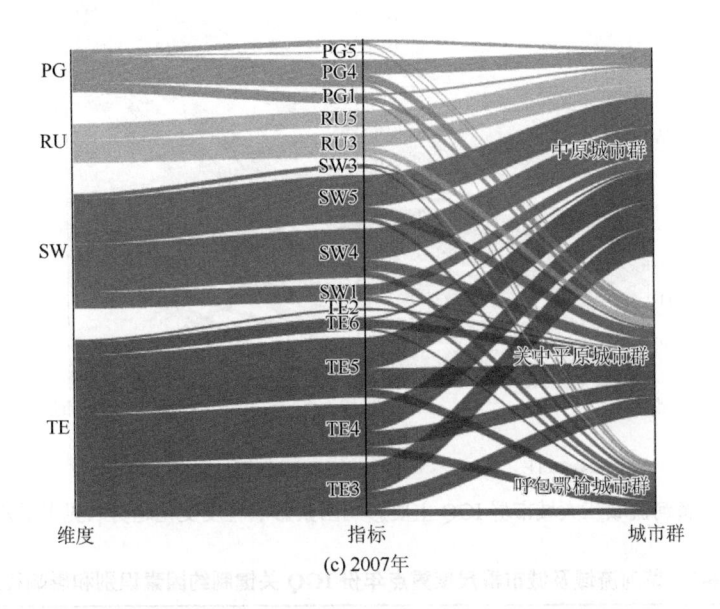

第6章 黄河流域三大城市群工业增长质量评价

(c) 2007年

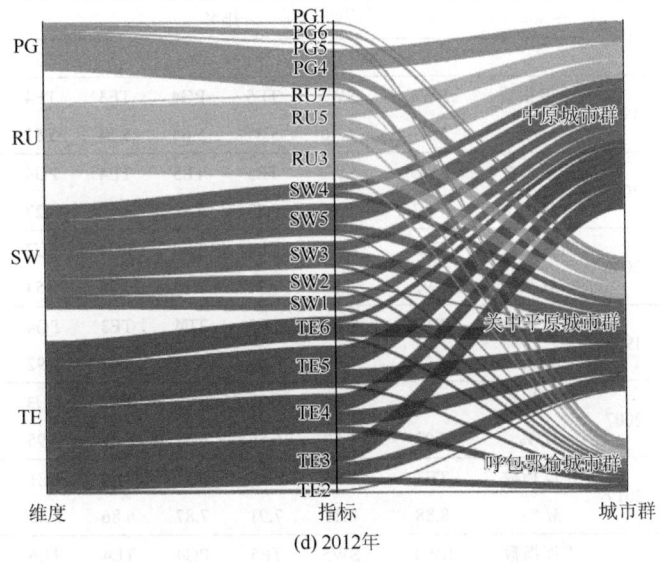

(d) 2012年

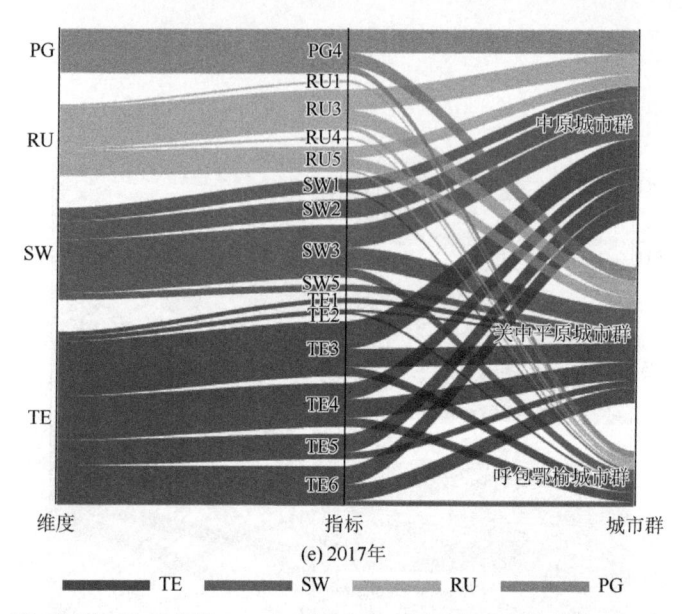

·164· 高质量发展视域下黄河流域城市群工业可持续性评价

(e) 2017年

图 6-8 黄河流域三大城市群 IGQ 主要影响因素影响程度变化趋势（见书后彩图）

表 6-2 黄河流域及城市群尺度重点年份 IGQ 关键制约因素识别和影响程度

城市群	年份		排名							
			1	2	3	4	5	6	7	8
黄河流域三大城市群平均值	1998	维度指数	SW4	SW5	TE5	PG4	TE3	TE4	TE6	PG1
		M_i/%	7.01	6.40	5.87	5.64	5.54	5.51	5.30	5.13
	2007	维度指数	SW5	SW4	TE3	TE5	TE4	PG4	RU3	RU5
		M_i/%	7.37	7.05	6.53	6.33	6.30	6.27	5.99	5.46
	2017	维度指数	TE3	SW3	TE4	TE6	PG4	RU3	TE1	TE5
		M_i/%	7.91	7.58	7.34	7.14	6.82	6.54	6.27	6.17
呼包鄂榆城市群	1998	维度指数	SW4	SW5	TE5	TE4	TE3	PG4	TE6	PG5
		M_i/%	7.22	6.24	6.06	6.04	6.02	5.92	5.45	5.32
	2007	维度指数	SW5	TE4	PG4	TE3	SW4	RU3	TE5	PG6
		M_i/%	7.02	6.59	6.56	6.52	6.29	5.95	5.71	5.22
	2017	维度指数	TE3	TE4	SW3	PG4	TE6	TE1	RU5	RU6
		M_i/%	8.88	8.11	7.91	7.87	6.86	6.45	6.21	5.18
关中平原城市群	1998	维度指数	SW4	SW5	TE5	PG4	TE4	TE6	TE3	PG1
		M_i/%	6.91	6.26	5.75	5.36	5.29	5.24	5.10	5.02
	2007	维度指数	SW4	SW5	TE5	TE3	TE4	RU3	PG4	RU5
		M_i/%	7.14	6.73	6.12	6.06	5.83	5.80	5.72	5.46
	2017	维度指数	SW3	TE6	TE4	TE3	RU3	TE1	RU5	PG4
		M_i/%	7.83	7.58	7.54	7.28	6.63	6.50	6.35	5.96

续表

城市群	年份		排名							
			1	2	3	4	5	6	7	8
中原城市群	1998	维度指数	SW4	SW5	TE5	PG4	TE3	TE4	TE6	PG1
		M_i/%	7.03	6.54	5.91	5.76	5.73	5.52	5.30	5.28
	2007	维度指数	SW5	SW4	TE3	TE5	PG4	TE4	RU3	RU5
		M_i/%	7.95	7.20	6.90	6.67	6.60	6.58	6.15	5.79
	2017	维度指数	TE3	SW3	PG4	SW2	TE5	TE4	TE6	RU3
		M_i/%	8.07	7.32	7.11	7.11	7.06	6.99	6.92	6.91

结合表 6-2 和图 6-8，从关键制约因素 M_i 及其在所有指标中的排名情况来看，三大城市群 IGQ 影响因素具有类似的变化过程，在 TE、SW 两个维度中的相关指标出现了关键制约因素的转换和明显变化。TE 维度的 TE3、TE4 和 TE5 三个指标始终是该三大城市群 IGQ 影响程度位列前八的关键制约因素。从 TE 维度指标的变化趋势上看，M_{TE3} 和 M_{TE4} 同时持续提高，到 2017 年 TE3 指标对三大城市群的障碍度明显超过 TE5 指标。SW 维度的 SW4 和 SW5 两个指标的障碍度在 1998~2007 年所有指标中排名最高，之后 M_{SW4} 和 M_{SW5} 逐渐下降。相反，M_{SW3} 则快速提高，到 2017 年在三个城市群的障碍度排名都超过 SW4 指标和 SW5 指标。

从关键制约因素的障碍度 M_i 及其排名的变化可以看出，1998~2017 年黄河流域三大城市群区域 IGQ 的主要制约因素存在以下三个方面的转换。

（1）该区域城市群工业发展早期为以资本和劳动等要素扩张的粗放发展阶段，劳动力缺乏和生产效率低下是制约其工业发展的主要因素。进入高质量发展和工业转型阶段后，区域城市群工业发展以资源密集和劳动力密集为主的结构性问题所带来的创新能力和工业资产效益不足已然转化成为影响 IGQ 进一步提升的主要因素，是城市工业发展亟待解决的主要问题。

（2）工业化早期，城市发展对工业的依赖性很高，工业发展需要优先带动和支撑城市社会整体福利及收入水平提高。随着城市服务业的发展，城市居民整体收入增加对工业的期望降低，工业发展的主要影响因素转化为优先提高从业人员收入水平，解决工业发展成果的内部分配和共享问题。

（3）城市资源环境对工业发展从支撑驱动机制向制约机制转变。该区域工业发展早期，工业规模较小，与资源承载之间矛盾还不显著，资源对工业发展整体呈现支撑驱动作用。区域城市工业经历了发展规模粗放式扩张后，工业发展与城市资源承载的矛盾日益突出，资源对工业从支撑驱动逐渐转变为制约作用，工业资源利用水平不高和能源结构不合理成为城市工业高质量发展背景下亟待解决的关键问题。

第 7 章　黄河流域三大城市群工业可持续性预测评估

在前文中对 E&Q 双螺旋评价概念模型的两条主链 IEE 和 IGQ 主要影响因素识别的基础上，将同时影响工业生态效率和工业增长质量的因素作为城市群工业可持续性的主要影响因素，并以此作为黄河流域三大城市群工业发展情景设计核心因子。基于此，设计针对黄河流域三大城市群不同目标的工业发展情景，并预测近期（2018~2025 年）、中期（2026~2035 年）和远期（2035~2050 年）三个阶段下，各情景对 IEE、IGQ 和 IS 等级的时空变化的影响，进而提出三大城市群工业可持续性改善对策建议（图 7-1）。

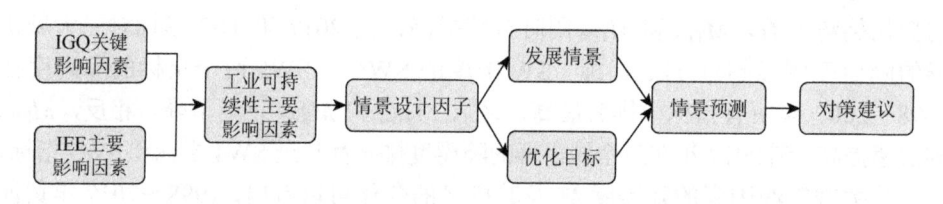

图 7-1　基于主要影响因素的工业可持续性预测评估

7.1　工业可持续性影响因素分析

7.1.1　工业可持续性主要影响因素分析

根据前文研究结果，对黄河流域三大城市群而言，"高技术产业工业增加值占工业增加值比重""R&D 支出占 GDP 比重"和"环境保护投资占 GDP 比重"是同时被识别为 IEE 和 IGQ 的主要影响因素的三个指标。据此，将这三个指标识别为在 E&Q 双螺旋评价概念模型下，黄河流域三大城市群 IS 的主要影响因素。这一结果进一步验证了前文对 IS 主要驱动机制的假设，工业结构优化、技术创新和环境治理对 IS 变化具有显著影响。

事实上，这三个指标在被识别为 IEE 指数主要影响因素的同时，1998~2017 年对 IGQ 指数的影响程度也在不断增加，是未来城市群工业系统优化发展亟待解决的主要问题。尽管该区域各城市的工业科技研发投入、高技术产业占比和环保投资都已大幅提高，但在黄河流域工业高质量发展背景下，IS 三个驱动因素仍有较大的优化提升空间。因此，未来黄河流域三大城市群工业发展应当进一步针对工业结构优化、技术创新和环境治理三个方面进行优化调整，以提高和改善城市群的 IS 水平。

7.1.2 工业可持续性情景设计因子的选择

情景设计因子选择，首先将工业结构优化、技术创新及环境治理这三个在 E&Q 双螺旋评价概念模型下 IS 的主要影响因素直接作为城市群未来工业发展情景设计的核心因子。工业发展情景也主要围绕这些因子和指标进行设计。三个因子中，工业结构优化因子对应的指标为"高技术产业工业增加值占工业增加值比重"，技术创新因子对应的指标为"R&D 支出占 GDP 比重"，环境治理因子则包括三个指标：首先"环境保护投资占 GDP 比重"作为同时影响 E&Q 双螺旋评价概念模型中两条主链的指标被选出，在此基础上，针对水资源短缺、能源开发强度过高这两个制约黄河流域三大城市群工业绿色发展的主要问题，结合"十四五"规划纲要中对黄河流域提出的"降低水资源开发利用强度"和"合理控制煤炭开发强度"两大目标，"单位工业增加值新鲜水耗"和"清洁能源占一次能源消费比重"两个指标也被选为代表工业环境治理的情景设计因子。

此外，针对 IS 的经济发展和社会公平目标，结合党的十九届五中全会提出的 2035 年远景目标"人均 GDP 达到中等发达国家水平，中等收入群体显著扩大"的具体要求，选取代表城市经济发展水平的"人均 GDP"和代表社会福利水平的"城镇居民可支配收入"这两个指标。

至此，共确定出工业结构优化、技术创新、环境治理以及城市经济社会发展共四个工业发展情景的设计因子，四个因子共包括七个指标（表 7-1）。

表 7-1 黄河流域三大城市群工业发展情景指标和变化速率 （单位：%）

情景设计因子	具体指标	I级	II级	III级	IV级
工业结构优化	高技术产业工业增加值占工业增加值比重	2.10	3.22	5.26	6.08
技术创新	R&D 支出占 GDP 比重	1.09	2.9	3.6	5.8
环境治理	环境保护投资占 GDP 比重	2.60	4.80	7.20	10.10
	清洁能源占一次能源消费比重	1.28	3.09	5.40	7.80
	单位工业增加值新鲜水耗	−2.50	−3.30	−4.50	−9.00
城市经济社会发展	人均 GDP	1.50	3.50	5.00	7
	城镇居民可支配收入	1.80	6.50	5.00	8

在此基础上，基于 BP 神经网络模型的情景预测分析，需要预测和确定不同情景下各因子指标在 2025 年、2035 年、2050 年的取值。参考相关研究者（Wen and Yuan，2020；段福梅，2018）对工业发展情景指标的预测方法，分别对各情景下每个指标设定不同强度的变化速率，进而根据年均变化速率对各优化因子的预测值进行测算。这里，优化因子的年均变化幅度越大，说明优化的强度越高，反之说明优化强度越低。

表 7-1 为筛选确定的黄河流域三大城市群工业发展情景指标和变化率。表中相关参数的确定参考了联合国发布的《2020 年人类发展报告》中对各情景变量的参数确定方法，对七个指标分别设定四个不同强度级别的年均变化率。图 7-2 为情景优化指标的变化率方法示意：Ⅰ级为最低优化强度，参考高度工业化国家各指标变化率确定；Ⅱ～Ⅳ级的优化强度逐渐提高，其中，情景指标的Ⅱ级变化速率的确定综合考虑 2017 年国内平均水平和"十四五"规划目标，Ⅲ级和Ⅳ级则分别以 2017 年国内先进水平和 2017 年国际先进水平作为各情景指标在 2025 年需要达到的目标要求，并以 2017 年各指标在研究区三大城市群的均值为基准，测算 2018～2025 年各指标的年均变化率。

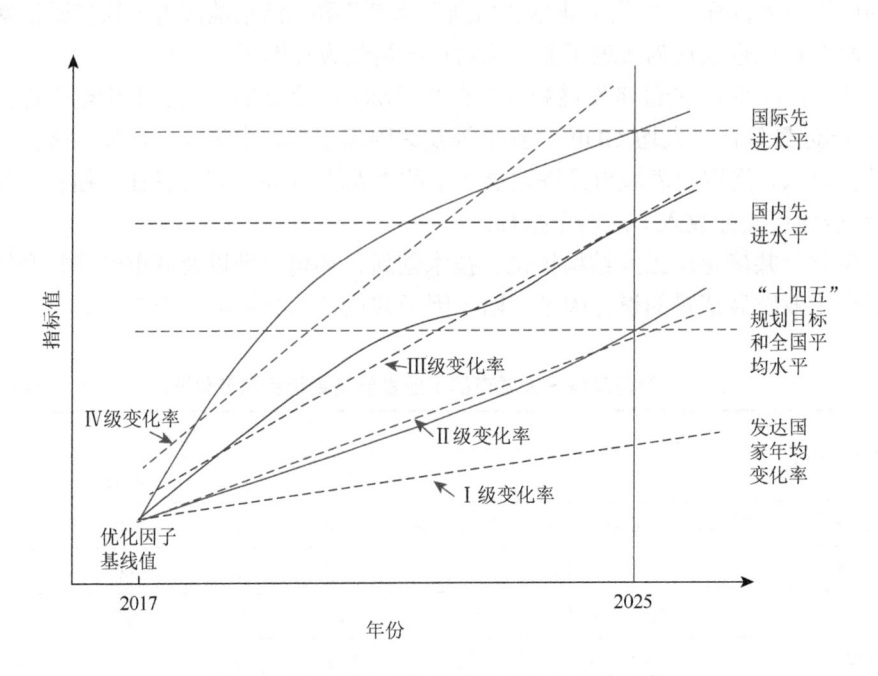

图 7-2 情景优化指标的变化率设定方法示意

7.2 工业发展情景设计

根据前文情景分析步骤,黄河流域三大城市群工业发展情景设计主要包括三个步骤:①基于城市群工业可持续性主要影响因素,确定工业发展情景设计因子;②对组成情景因子的指标各设定四个等级的变化率;③根据不同情景的主要发展目标,对各指标的优化强度等级进行组合,从而设计五种路径的工业发展情景。其中,①和②两个步骤已经在前节进行分析,本节主要对工业发展情景进行探讨和设计。

从城市群工业绿色发展的角度,围绕工业结构优化、技术创新、环境治理和城市经济社会发展,通过对四个情景设计因子下的七个指标在三个预测阶段(2018~2025年、2026~2035年和2036~2050年)的变化率强度进行组合,为黄河流域三大城市群设计了五个旨在促进IS改善的工业发展情景,如表7-2所示。通过情景预测分析,探究不同驱动机制下工业发展对未来城市群IS的影响,以及不同情景路径下IS的变化情况。

表 7-2 黄河流域三大城市群 IS 进步的工业发展情景设计

	工业结构优化	技术创新		环境治理			城市经济社会发展	
	高技术产业工业增加值占工业增加值比重	R&D 支出占 GDP 比重	环境保护投资占 GDP 比重	清洁能源占一次能源消费比重	单位工业增加值新鲜水耗		人均 GDP	城镇居民可支配收入
近期(2018~2025年)								
情景一	基于各指标历史数据的变化趋势进行预测							
情景二	IV	III	II	II	III		II	II
情景三	II	IV	II	II	III		II	II
情景四	II	II	IV	IV	IV		II	II
情景五	III	III	II	II	II		II	II
中期(2026~2035年)								
情景一	基于各指标历史数据的变化趋势进行预测							
情景二	III	II	II	II	II		II	II
情景三	III	III	II	II	II		II	II
情景四	II	II	III	III	III		II	II
情景五	II	III	III	III	III		III	III

续表

	工业结构优化	技术创新	环境治理		城市经济社会发展	
	高技术产业工业增加值占工业增加值比重	R&D 支出占 GDP 比重	环境保护投资占 GDP 比重	清洁能源占一次能源消费比重	单位工业增加值新鲜水耗	人均 GDP	城镇居民可支配收入
	远期（2036~2050 年）						
情景一	基于各指标历史数据的变化趋势进行预测						
情景二	III	I	I	III	I	I	I
情景三	II	III	I	I	II	I	I
情景四	I	I	III	II	II	I	I
情景五	I	II	II	II	II	III	I

如表 7-2 所示，设计的情景一为基准情景（business-as-usual，BAU）。对应工业可持续性的三个主要驱动机制，情景二、情景三和情景四分别是"工业结构优化情景"、"技术创新情景"和"环境治理情景"，分别通过重点调整对应代表指标，探究不同工业发展模式对未来工业可持续性的影响。情景五是三个主要影响因素分阶段组合情景。针对黄河流域三大城市群进行的具体工业发展情景设计如下。

7.2.1 基准情景

基准情景（情景一，S1），用于观察和分析在当前发展模式下未来城市群城市工业可持续性的变化趋势，基准情景下三大城市群各情景设计因子指标的变化趋势与 1998~2017 年该城市群的历史数据变化趋势一致。

7.2.2 工业结构优化情景

工业结构优化情景（情景二，S2）将代表产业结构优化要素的高技术产业工业增加值占工业增加值比重指标在近期（2018~2025 年）设定为最快速度（IV级）增长，2025 年之后两个阶段优化速度有所放缓但变化率依然保持III级。基于前文分析，工业结构优化作为工业可持续性的重要驱动机制，除了工业结构调整外，还会带动能源结构的变化。因此，在情景二中，清洁能源占一次能源消费比重在近期（2018~2025 年）和中期（2026~2035 年）这两个阶段变化率为II级，之后在远期（2036~2050 年）阶段变化速率有所提高。其他指标各阶段的变化速率组合见表 7-2。

7.2.3 技术创新情景

技术创新情景（情景三，S3）将代表科技创新和研发水平的 R&D 支出占 GDP 比重指标在近期（2018~2025 年）阶段设定为保持快速（Ⅳ级）增长，2025 年之后的两个阶段增速有所放缓但变化速率依然保持较快的Ⅲ级增速。同时，技术创新不仅会带动工业生产技术和科技研发水平的提高，也会带动资源利用技术的升级，降低资源约束，因此单位工业增加值新鲜水耗指标的变化强度水平在近期（2018~2025 年）阶段变化速率确定为Ⅲ级，之后两个阶段变化速率均为Ⅱ级。考虑技术变化对工业结构升级的带动具有滞后性，代表工业结构优化的高技术产业工业增加值占工业增加值比重指标在近期（2018~2025 年）阶段变化速率设定为Ⅱ级，中期（2026~2035 年）阶段增速有所提高并设定变化速率达到Ⅲ级，2035 年之后远期有所放缓。

7.2.4 环境治理情景

环境治理情景（情景四，S4）下，表征环境管理要素的环境保护投资占 GDP 比重会快速提高，近期（2018~2025 年）阶段的变化率被设置为Ⅳ级，中期（2026~2035 年）和远期（2036~2050 年）两个阶段的变化率被设置为Ⅲ级。与此同时，随着绿色发展和环境规制要求的提高，资源约束会下降，能源结构也会被动优化，因此分别将单位工业增加值新鲜水耗和清洁能源占一次能源消费比重在近期（2018~2025 年）阶段的变化速率设定为Ⅳ级，其他两个阶段分别设置为Ⅱ级。

7.2.5 组合情景

组合情景（情景五，S5）下，近期（2018~2025 年）阶段由工业结构优化和技术创新同时驱动，对应的高技术产业工业增加值占工业增加值比重和 R&D 支出占 GDP 比重两个指标在这一阶段设置为Ⅲ级变化速率；中期（2026~2035 年）阶段，以环境治理和技术创新共同驱动，同时人民开始享受工业高质量发展的成果红利，这一阶段工业发展重点之一是促进城市解决社会公平问题，居民收入提高进入快车道；到了远期（2036~2050 年）阶段，环境治理和技术创新继续加强，工业结构调整趋于稳定，城市经济在这一阶段提高速度加快。

7.3 模型验证及目标判定

7.3.1 模型验证

采用 BP 神经网络模型对五个情景下的 IEE 指数和 IGQ 指数的等级变化进行预测分析。为检验 BP 神经网络模型的适用性和精确度，以黄河流域三大城市群中 28 个城市 1998~2012 年共计 420 个采样点的相关数据作为训练样本，以 2013~2017 年共计 140 个采样点的相关数据作为检验样本。模型设计最多训练次数为 50000 次，学习速率为 0.025，误差目标为 0.0000065。

图 7-3 为 2013~2017 年 IGQ 和 IEE 指数 BP 神经网络预测检验。与 2013~2017 年实际值进行对比可以看出，BP 神经网络模型能够较好地反映出 2013~2017 年黄河流域三大城市群中各城市 IGQ 和 IEE 的变化趋势及规律。

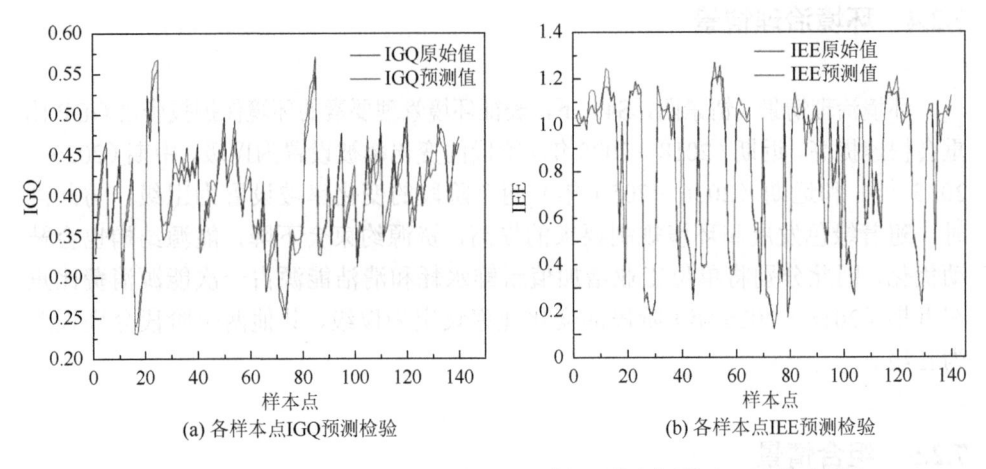

图 7-3 2013~2017 年 IGQ 和 IEE 指数 BP 神经网络预测检验（见书后彩图）

140 个样本的测试结果显示，IGQ 和 IEE 预测的平均误差率分别为 3.82%和 4.21%，符合本书对误差的预期。考虑本书的预测重点并不是具体数值而是 IEE 和 IGQ 的变化等级，因此，这一结果具有较好的预测准确性，预测结果在各采样点与实际值接近，同时，各年误差与平均水平接近，没有出现明显的误差增加现象，具有较好的拟合度。因此，检验结果表明 BP 神经网络模型适合作为预测黄河流域三大城市群未来各阶段不同情景下 IGQ 和 IEE 等级变化的模型。

7.3.2 目标判定

工业发展多情景预测的主要目的是分析不同情景下工业发展对 IS 改善的影响程度，并判断该情景下工业发展对各阶段 IS 目标的可达性及达标时间。这就需要对各阶段 IS 目标进行判定。依据前文对 IGQ 指数和 IEE 指数评价的分级标准，采用四级分类体系（Sun et al.，2017）对 IGQ 和 IEE 目标进行分类。

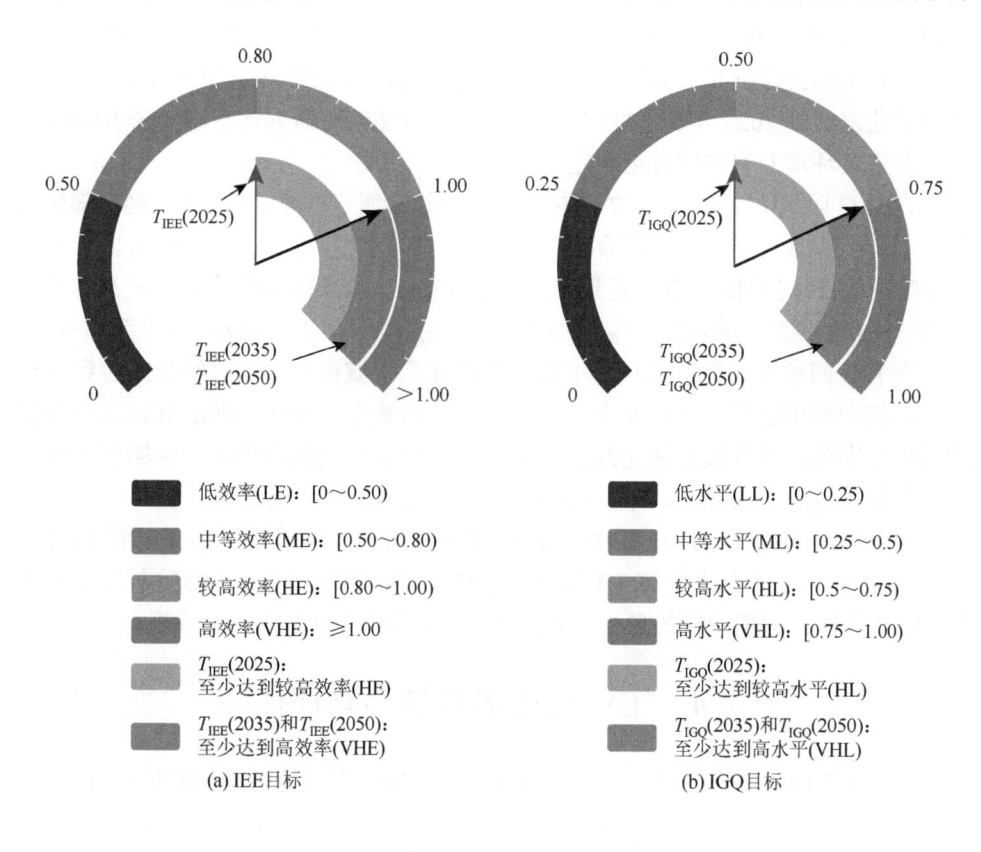

图 7-4 为四级目标体系及 IGQ、IEE 和 IS 阶段目标，其中，图 7-4（a）和（b）为 IEE 目标和 IGQ 目标。与前文 IGQ 和 IEE 分级标准相同，IGQ 指数对应的四个等级分别是高水平（very high level，VHL）、较高水平（high level，HL）、中等水平（medium level，ML）和低水平（low level，LL）；IEE 指数对应的四个等级分别是高效率（very high efficiency，VHE）、较高效率（high efficiency，HE）、中等效率（medium efficiency，ME）和低效率（low efficiency，LE）。通过对 IGQ 指数和 IEE 指数的等级标准进行 4×4 矩阵式排列，得到如图 7-4（c）所示的 16 种等级组合。

据此，将这 16 种等级组合进一步划分为 10 个等级作为基于 E&Q 双螺旋评价概念模型的 IS 的等级，由高到低分别为 IS-L1～IS-L10。通过分别设定城市群

低效率(LE)：[0～0.50]
中等效率(ME)：[0.50～0.80]
较高效率(HE)：[0.80～1.00]
高效率(VHE)：≥1.00
T_{IEE}(2025)：至少达到较高效率(HE)
T_{IEE}(2035)和T_{IEE}(2050)：至少达到高效率(VHE)

低水平(LL)：[0～0.25]
中等水平(ML)：[0.25～0.5]
较高水平(HL)：[0.5～0.75]
高水平(VHL)：[0.75～1.00]
T_{IGQ}(2025)：至少达到较高水平(HL)
T_{IGQ}(2035)和T_{IGQ}(2050)：至少达到高水平(VHL)

(a) IEE目标 (b) IGQ目标

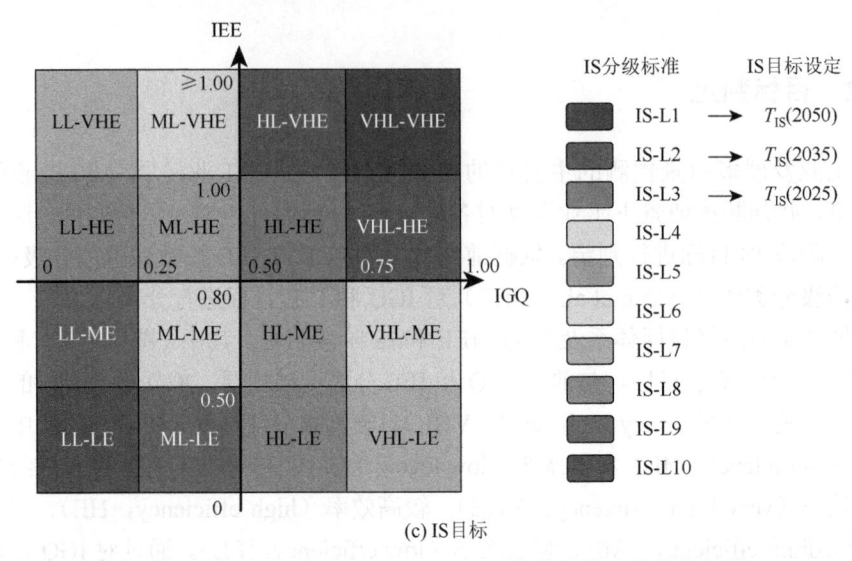

图 7-4 四级目标体系及 IGQ、IEE 和 IS 阶段目标（见书后彩图）

工业系统在三个预测阶段应达到的 IGQ 和 IEE 最低要求，进而确定对应的城市群 IS 目标。应当说明的是，本书中各阶段 IGQ 和 IEE 的目标要求（图 7-4）是在 1998～2017 年 IEE 和 IGQ 回顾性评价结果的基础上，结合《中国制造 2025》和《中华人民共和国国民经济和社会发展第十四个五年规划和 2035 年远景目标纲要》中对我国工业发展到 2025 年和 2035 年的要求，通过邀请对研究区有多年研究经验的工业专家及环境专家共同讨论确定的。

在 IGQ 回顾性评价中，2017 年 IGQ 指数在该流域三个城市群层面已经全部达到中等水平，在 28 个城市层面除榆林外均已达到中等水平，为此，综合考虑 IGQ 指数三个阶段的目标分别设定为：近期阶段目标（T_{IGQ}（2025））为至少达到较高水平；中期阶段和远期阶段的目标 [T_{IGQ}（2035）和 T_{IGQ}（2050）] 设定为至少达到高水平。

在 IEE 回顾性评价中，2017 年 IEE 指数在三个城市群层面已经全部达到较高效率，但在城市层面依然有 6 个城市未达到较高效率。因此，确定 IEE 三个阶段的目标分别为：近期段目标 [T_{IEE}（2025）] 为至少达到较高效率；中期和远期段的目标 [T_{IEE}（2035）和 T_{IEE}（2050）] 设定为至少达到高效率。

将各阶段 IGQ 指数和 IEE 指数目标要求相对应可以确定：IS 近期阶段目标 [T_{IS}（2025）] 为至少达到 IS-L3 等级；中期阶段的目标 [T_{IS}（2035）] 为至少达到 IS-L2 等级；远期阶段的目标 [T_{IS}（2050）] 为至少达到 IS-L1 等级。

7.4 工业发展多情景预测评估

通过 BP 神经网络模型，对七个情景设计指标在不同情景下的变化进行预测，

第 7 章 黄河流域三大城市群工业可持续性预测评估

从而得到五个情景下黄河流域三大城市群在城市、城市群两个空间尺度上的 IGQ、IEE 以及 IS 等级的变化情况。图 7-5 展示了黄河流域三大城市群 IGQ 指数和 IEE 指数的情景预测结果，表 7-3～表 7-5 展示了城市层面的预测结果和变化趋势。表 7-6 为黄河流域三大城市群 IS 等级情景预测结果。总体上看，五种情景下三大城市群 IGQ、IEE 和 IS 都呈现上升趋势，但不同情景下各城市群和具体城市的 IS 目标可达性差异较大，分析如下。

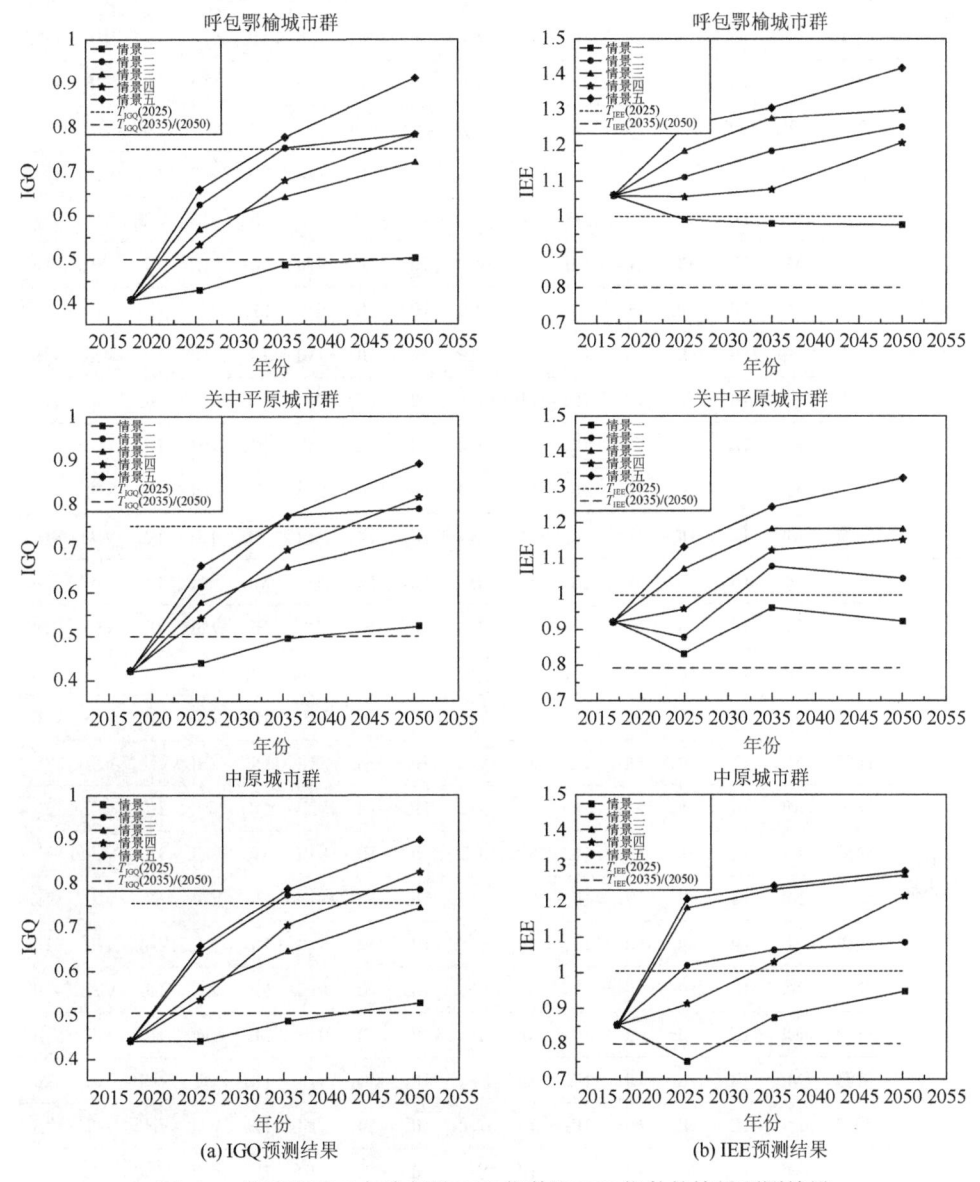

图 7-5 黄河流域三大城市群 IGQ 指数和 IEE 指数的情景预测结果

表 7-3 黄河流域三大城市群 IGQ 指数的多情景预测（2025 年、2035 年、2050 年）

城市群	城市	2025 年 S1	S2	S3	S4	S5	2035 年 S1	S2	S3	S4	S5	2050 年 S1	S2	S3	S4	S5
呼包鄂榆城市群	呼和浩特	ML	HL	HL	HL	HL	HL	VHL	HL	HL	VHL	HL	VHL	VHL	VHL	VHL
	鄂尔多斯	ML	HL	HL	HL	HL	HL	VHL	HL	HL	VHL	HL	VHL	HL	VHL	VHL
	包头	ML	HL	HL	HL	HL	HL	VHL	HL	HL	VHL	ML	HL	HL	HL	VHL
	榆林市	ML	HL	HL	HL	HL	ML	HL	HL	HL	VHL	HL	VHL	HL	HL	VHL
关中平原城市群	西安	HL	VHL	HL	HL	VHL	VHL	VHL	VHL	VHL	VHL	VHL	VHL	VHL	VHL	VHL
	铜川	ML	HL	HL	HL	HL	HL	VHL	HL	HL	VHL	HL	VHL	HL	HL	VHL
	宝鸡	ML	HL	HL	HL	HL	HL	VHL	HL	HL	VHL	HL	VHL	HL	HL	HL
	咸阳	ML	HL	HL	HL	HL	HL	VHL	HL	HL	VHL	HL	VHL	HL	HL	VHL
	渭南	ML	HL	ML	ML	HL	ML	HL	HL	HL	HL	HL	HL	HL	HL	VHL
	商洛	HL	HL	HL	HL	HL	HL	VHL	HL	HL	VHL	HL	VHL	HL	HL	VHL
	庆阳	ML	HL	HL	HL	HL	HL	VHL	HL	HL	VHL	HL	VHL	HL	HL	VHL
	天水	ML	HL	HL	HL	HL	ML	HL	HL	HL	VHL	HL	HL	HL	HL	VHL
	临汾	ML	HL	HL	HL	HL	HL	HL	HL	HL	VHL	HL	HL	HL	HL	VHL
	运城	ML	HL	HL	HL	HL	HL	HL	HL	HL	VHL	ML	HL	HL	HL	VHL
中原城市群	长治	ML	HL	ML	HL	HL	HL	HL	HL	HL	VHL	HL	VHL	HL	HL	VHL
	晋城	ML	HL	HL	HL	HL	HL	VHL	HL	HL	VHL	HL	VHL	HL	VHL	VHL
	郑州	HL	HL	HL	HL	VHL	HL	VHL	HL	HL	VHL	HL	VHL	VHL	HL	VHL
	开封	ML	HL	HL	HL	HL	ML	HL	HL	HL	VHL	HL	HL	HL	HL	VHL
	洛阳	ML	HL	HL	HL	HL	HL	VHL	HL	HL	VHL	HL	VHL	HL	VHL	VHL
	安阳	ML	HL	HL	HL	HL	HL	HL	HL	HL	VHL	HL	VHL	HL	HL	VHL
	鹤壁	ML	HL	HL	HL	HL	HL	HL	HL	HL	VHL	HL	HL	HL	HL	VHL
	新乡	ML	HL	HL	HL	HL	HL	VHL	HL	HL	VHL	HL	VHL	HL	HL	VHL
	焦作	ML	HL	HL	HL	HL	HL	HL	HL	HL	VHL	HL	HL	HL	HL	VHL
	濮阳	ML	HL	HL	HL	HL	HL	VHL	HL	HL	VHL	ML	HL	HL	HL	VHL
	三门峡	ML	HL	HL	HL	HL	HL	HL	HL	HL	VHL	ML	VHL	HL	HL	VHL
	济源	ML	HL	HL	HL	HL	HL	VHL	HL	VHL	VHL	HL	VHL	HL	HL	VHL
	聊城	ML	HL	HL	HL	HL	HL	VHL	HL	HL	VHL	HL	VHL	HL	HL	VHL
	菏泽	ML	HL	HL	HL	HL	HL	VHL	HL	VHL	HL	HL	VHL	HL	VHL	VHL

表 7-4　黄河流域三大城市群 IEE 指数的多情景预测（2025 年、2035 年、2050 年）

城市群	城市	2025年 S1	S2	S3	S4	S5	2035年 S1	S2	S3	S4	S5	2050年 S1	S2	S3	S4	S5
呼包鄂榆城市群	呼和浩特	VHE	VHE	VHE	VHE	VHE	VHE	VHE	VHE	VHE	VHE	VHE	VHE	VHE	HE	VHE
	鄂尔多斯	VHE	VHE	VHE	VHE	VHE	VHE	VHE	VHE	ME	VHE	ME	VHE	VHE	VHE	VHE
	包头	HE	VHE	VHE	VHE	VHE	VHE	VHE	VHE	VHE	VHE	VHE	VHE	VHE	VHE	VHE
	榆林市	ME	HE	HE	HE	HE	VHE	VHE	VHE	VHE	VHE	VHE	VHE	VHE	VHE	VHE
关中平原城市群	西安	VHE	VHE	VHE	VHE	VHE	VHE	VHE	VHE	VHE	VHE	VHE	VHE	VHE	VHE	VHE
	铜川	HE	VHE	VHE	VHE	VHE	VHE	VHE	VHE	VHE	VHE	HE	HE	VHE	HE	VHE
	宝鸡	HE	VHE	VHE	VHE	VHE	ME	VHE	VHE	VHE	VHE	ME	ME	VHE	HE	VHE
	咸阳	HE	VHE	VHE	VHE	VHE	HE	VHE	VHE	VHE	VHE	HE	VHE	VHE	VHE	VHE
	渭南	LE	ME	ME	ME	VHE	LE	ME	ME	ME	VHE	LE	VHE	VHE	VHE	VHE
	商洛	ME	LE	ME	ME	ME	VHE	VHE	VHE	VHE	VHE	HE	HE	HE	HE	VHE
	庆阳	HE	VHE	VHE	VHE	VHE	VHE	VHE	VHE	VHE	VHE	VHE	VHE	VHE	VHE	VHE
	天水	HE	HE	VHE	VHE	VHE	VHE	VHE	VHE	VHE	VHE	VHE	VHE	HE	HE	VHE
	临汾	HE	VHE	VHE	VHE	VHE	VHE	VHE	VHE	VHE	VHE	VHE	VHE	VHE	VHE	VHE
	运城	ME	HE	VHE	HE	VHE	ME	VHE	HE	HE	VHE	ME	HE	VHE	VHE	VHE
中原城市群	长治	LE	ME	HE	ME	HE	LE	HE	HE	ME	VHE	LE	VHE	HE	VHE	VHE
	晋城	LE	ME	HE	HE	HE	HE	HE	HE	VHE	VHE	HE	HE	VHE	VHE	VHE
	郑州	VHE	VHE	VHE	VHE	VHE	VHE	VHE	VHE	VHE	VHE	VHE	VHE	VHE	VHE	VHE
	开封	ME	VHE	VHE	VHE	VHE	VHE	VHE	VHE	VHE	VHE	HE	VHE	VHE	VHE	VHE
	洛阳	ME	HE	VHE	HE	VHE	ME	VHE	VHE	HE	VHE	ME	VHE	VHE	VHE	VHE
	安阳	HE	VHE	VHE	VHE	VHE	VHE	VHE	VHE	VHE	VHE	VHE	VHE	VHE	VHE	VHE
	鹤壁	HE	HE	VHE	HE	VHE	HE	VHE	VHE	VHE	VHE	HE	HE	VHE	VHE	VHE
	新乡	ME	HE	VHE	ME	VHE	ME	HE	HE	ME	HE	HE	HE	VHE	VHE	VHE
	焦作	HE	HE	VHE	HE	VHE	VHE	VHE	VHE	VHE	VHE	ME	VHE	VHE	VHE	VHE
	濮阳	ME	HE	HE	HE	VHE	HE	HE	HE	HE	VHE	HE	HE	VHE	VHE	VHE
	三门峡	HE	VHE	VHE	HE	VHE	HE	VHE	VHE	VHE	VHE	HE	VHE	VHE	HE	VHE
	济源	HE	VHE	VHE	HE	VHE	HE	HE	HE	HE	VHE	ME	VHE	VHE	VHE	VHE
	聊城	HE	HE	VHE	HE	VHE	ME	VHE	VHE	HE	VHE	HE	VHE	VHE	VHE	VHE
	菏泽	VHE	VHE	VHE	VHE	VHE	VHE	VHE	VHE	VHE	VHE	VHE	VHE	VHE	VHE	VHE

表 7-5　黄河流域三大城市群 IS 等级的多情景预测（2025 年、2035 年、2050 年）

城市群	城市	2025年 S1	S2	S3	S4	S5	2035年 S1	S2	S3	S4	S5	2050年 S1	S2	S3	S4	S5
呼包鄂榆城市群	呼和浩特	L4	L2	L2	L2	L2	L2	L1	L2	L2	L1	L2	L1	L1	L2	L1
	鄂尔多斯	L4	L2	L2	L2	L2	L2	L1	L2	L2	L5	L5	L1	L2	L1	L1
	包头	L5	L2	L2	L3	L2	L5	L1	L2	L2	L2	L5	L1	L2	L1	L1
	榆林市	L6	L3	L3	L3	L3	L5	L2	L2	L2	L2	L4	L1	L2	L1	L1
关中平原城市群	西安	L2	L2	L2	L2	L1	L2	L1	L1	L1	L1	L2	L1	L1	L1	L1
	铜川	L5	L3	L2	L2	L2	L4	L1	L2	L2	L2	L5	L2	L2	L3	L1
	宝鸡	L5	L2	L2	L2	L2	L5	L2	L2	L2	L2	L5	L4	L1	L3	L1
	咸阳	L5	L2	L2	L3	L2	L5	L1	L2	L2	L2	L5	L2	L2	L2	L1
	渭南	L9	L5	L5	L6	L3	L9	L5	L5	L5	L2	L9	L2	L2	L3	L2
	商洛	L5	L8	L5	L5	L3	L5	L2	L4	L2	L2	L5	L1	L3	L2	L1
	庆阳	L5	L3	L2	L2	L2	L5	L4	L1	L2	L2	L6	L3	L2	L2	L1
	天水	L5	L2	L2	L2	L2	L5	L4	L1	L2	L2	L5	L1	L3	L2	L1
	临汾	L6	L3	L2	L3	L2	L6	L2	L3	L3	L1	L6	L3	L2	L1	L1
	运城	L6	L3	L2	L3	L2	L6	L2	L3	L3	L1	L6	L3	L2	L1	L1
	长治	L9	L5	L3	L6	L3	L9	L3	L3	L5	L2	L9	L1	L3	L1	L1
	晋城	L9	L5	L3	L6	L3	L5	L2	L2	L2	L2	L5	L1	L2	L1	L1
中原城市群	郑州	L2	L2	L2	L2	L1	L2	L4	L2	L2	L2	L3	L1	L1	L1	L1
	开封	L6	L3	L2	L5	L2	L5	L1	L2	L2	L2	L5	L1	L2	L1	L1
	洛阳	L6	L2	L2	L3	L2	L4	L2	L2	L2	L2	L5	L1	L2	L1	L1
	安阳	L5	L2	L2	L3	L2	L4	L2	L2	L2	L2	L4	L1	L2	L1	L1
	鹤壁	L5	L2	L2	L2	L2	L4	L2	L2	L2	L2	L4	L1	L2	L1	L1
	新乡	L6	L3	L2	L5	L2	L5	L2	L2	L2	L2	L5	L1	L2	L1	L1
	焦作	L5	L2	L2	L3	L2	L5	L2	L2	L2	L2	L5	L4	L1	L1	L1
	濮阳	L6	L3	L2	L5	L2	L5	L1	L2	L3	L2	L5	L3	L2	L2	L1
	三门峡	L5	L2	L2	L3	L2	L5	L1	L2	L2	L2	L5	L1	L3	L2	L1
	济源	L5	L2	L2	L2	L2	L5	L1	L2	L2	L2	L5	L3	L1	L2	L1
	聊城	L5	L2	L2	L2	L2	L5	L1	L2	L3	L2	L5	L2	L1	L1	L1
	菏泽	L4	L2	L2	L2	L2	L2	L1	L2	L1	L2	L2	L1	L1	L1	L1

第7章 黄河流域三大城市群工业可持续性预测评估

表 7-6 黄河流域三大城市群 IS 等级情景预测结果

城市群	设定情景	2017 年	2025 年 预测值	2025 年 目标	2035 年 预测值	2035 年 目标	2050 年 预测值	2050 年 目标
呼包鄂榆城市群	情景一	IS-L4	IS-L5	IS-L3	IS-L5	IS-L2	IS-L3	IS-L1
	情景二		IS-L2		IS-L1		IS-L1	
	情景三		IS-L2		IS-L2		IS-L2	
	情景四		IS-L2		IS-L2		IS-L1	
	情景五		IS-L2		IS-L1		IS-L1	
关中平原城市群	情景一	IS-L5	IS-L5	IS-L3	IS-L5	IS-L2	IS-L3	IS-L1
	情景二		IS-L3		IS-L1		IS-L1	
	情景三		IS-L2		IS-L2		IS-L2	
	情景四		IS-L3		IS-L2		IS-L1	
	情景五		IS-L2		IS-L1		IS-L1	
中原城市群	情景一	IS-L5	IS-L6	IS-L3	IS-L5	IS-L2	IS-L3	IS-L1
	情景二		IS-L2		IS-L1		IS-L1	
	情景三		IS-L2		IS-L2		ISL2	
	情景四		IS-L3		IS-L2		IS-L1	
	情景五		IS-L2		IS-L1		ISL1	

7.4.1 基准情景下工业可持续性影响预测分析

基准情景（情景一，S1）下，从表 7-6 和图 7-5 可以看出，在五个情景中，基准情景的 IS 表现最差，三大城市群在近期（2018~2025 年）、中期（2026~2035 年）和远期（2036~2050 年）三个阶段都没能达到对应阶段的等级目标。其中，IGQ 在 2018~2050 年三大城市群都处于中等水平，没能实现 2025 年向较高水平升级，2035 年和 2050 年向高水平升级，T_{IGQ}（2025）、T_{IGQ}（2035）、T_{IGQ}（2050）这三个阶段的 IGQ 目标均未达到。IEE 仅呼包鄂榆城市群和关中平原城市群在 2018~2025 年达到了较高效率 [T_{IEE}（2025）]，但之后两个阶段三个城市群均未升级到高效率 [T_{IEE}（2035）/T_{IEE}（2050）]。在城市层面上，如表 7-3 和表 7-4 所示，所有 28 个城市中仅有 8 个城市在基准情景能同时满足三个阶段的 IEE 动态目标，没有一个城市能完全满足三个阶段的 IGQ 目标，在五个情景中对 IS 目标的城市达标比例最低。可见，在当前发展模式下，尽管城市和工业决策者已经意识到以高能耗、高污染为主的重工业难以持续，但仅依靠削减煤炭、钢铁、采矿等落后产能规模，而不进行产业结构的深度优化，黄河流域三大城市群依然难以实现 IS 的全面提高。与此同时，按照当前三大城市群的工业发展定位，进一步承接东部地区污染型工业，提高重工业集聚水平有可能导致环境质量的进一步恶化和资源的过度消耗，从而导致 IEE 的下降。正如表 7-4 所示，鄂尔多斯市和庆阳市分别是我国重要的煤炭产业和石油产业基地，在基准情景下 IEE 预计会出现从高效率到中等效率降级的下降趋势。

7.4.2 工业结构优化情景下工业可持续性影响预测分析

对工业结构优化情景（情景二，S2）而言，如图 7-5 和表 7-6 所示，从目标可达性上看，三大城市群在各阶段均达到了 IGQ 和 IEE 的动态目标以及 IS 等级目标。这一预测结果说明，工业结构的优化不仅是当前阶段黄河流域三大城市群工业可持续性的主要影响因素，对三大城市群未来 IS 的持续进步也具有非常重要的驱动作用（Cagno et al., 2019）。从变化趋势上看，工业结构优化情景下三个城市群 IGQ 指数变化趋势类似，近期阶段到 2020 年前后快速达到较高水平，之后继续进步，中期阶段到 2035 年三大城市群的 IGQ 均升级进入高水平 [达到了 T_{IGQ}（2035）和 T_{IGQ}（2050）]，之后远期阶段（2036～2050 年）三个城市群 IGQ 指数仍将保持在这一水平但进步速度明显放缓。相较而言，工业结构优化情景对三大城市群 IEE 的影响则具有一定的差异，其中，以资源型产业为主导的呼包鄂榆城市群在工业结构优化情景下其 IEE 在三个阶段持续进步，劳动密集型产业具有明显比较优势的中原城市群在近期阶段（2018～2025 年）IEE 快速提高到高效率后不再有明显进步，而关中平原城市群在工业结构优化情景下 IEE 变化则呈现近期先下降，中期快速提高并升级到高效率，远期再次下降的趋势。从 2035 年之后，IGQ 指数和 IEE 指数预测值提高都非常缓慢，这一变化趋势与相关研究者的判断类似，即工业结构调整可以在早期快速推进能源消费结构和人口就业结构的优化，从而带动 IS 的提高。但是如果没有技术升级，以及环境管理和产业政策的配套，当高技术产业比重提高到一定水平后，工业结构调整因素对 IS 持续提高的促进会遇到明显的瓶颈。

从城市层面上看，正如表 7-3 和表 7-4 所示，工业结构优化情景下，在近期到 2025 年和中期到 2035 年 IGQ 指数达标城市数量为五个情景中最多，其中 2025 年所有城市 IGQ 均达到较高水平 [T_{IGQ}（2025）]，2035 年有 20 个城市的 IGQ 达到高水平，但到 2050 年 IGQ 指数和 IEE 指数的达标城市数量均有所下降。这一预测结果直接反映在城市层面 IS 等级变化上，如表 7-5 所示，2025 年有 11 个城市的 IS 值未达到 IS-L3 等级 [T_{IS}（2025）]，2035 年仅有 3 个城市未达到 IS-L2 等级，但到 2050 年未达设定目标 T_{IS}（2050）的城市又增加到 6 个。对城市层面的预测趋势与相关研究者（Escrig-Olmedo et al., 2017）的研究结果相似，说明一方面相比于对 IEE 的影响，工业结构优化对体现工业与城市交互的 IGQ 的驱动作用更加明显；另一方面，一定程度的工业结构优化能够有效促进 IEE 的提高，但是过高的结构调整目标反而在远期对 IS 的提高产生抑制作用。

7.4.3 技术创新情景下工业可持续性影响预测分析

对技术创新情景（情景三，S3）而言，主要情景设计因子"技术创新"是 IS 另一个主要的影响要素。如表 7-6 所示，在情景三的预测结果中，三大城市群的 IS 等级在近期从 2017 年的 IS-L3 等级升级到 2025 年的 IS-L2 等级，提前达到中期 2035 年设定的目标[T_{IS}（2035）]，之后远期到 2050 年所有城市群 IS 都保持在这一等级，没能升级到 IS-L1[T_{IS}（2050）]。

如图 7-5 所示，在城市群层面，对比在技术创新情景下的 IGQ 指数和 IEE 指数预测结果，可以发现，技术创新情景下三大城市群在三个阶段的 IEE 指数预测值都达到了高效率，而 IGQ 指数预测结果则与 IS 达标情况类似，所有城市群均达到了近期与中期目标，但是在远期（2036～2050 年）阶段 IGQ 指数预测值都没有达到这一阶段设定的目标高水平[T_{IGQ}（2050）]。在城市层面，如表 7-3 和表 7-4 所示，技术创新情景下全部 28 个城市 IGQ 指数在近期阶段均达到较高水平[T_{IGQ}（2025）]，但在中期到 2035 年和远期到 2050 年 IGQ 指数达到了高水平的城市分别仅有 1 个和 7 个。相较而言，各城市 IEE 指数达标情况较好，2035 年和 2050 年达到这两个阶段 IEE 指数目标高效率城市分别达到 24 个和 23 个，是五个情景中除组合情景（情景五）外，在中期和远期阶段 IEE 指数达标城市最多的情景。此外，在技术创新情景下，资源型城市在前两个阶段 IEE 指数和 IGQ 指数提高明显较快。

通过工业结构优化情景与技术创新情景比较可以看出，工业结构优化情景在城市群 IGQ 指数的预测结果明显好于技术创新情景，技术创新情景在城市群 IEE 指数的预测结果明显优于工业结构优化情景。这一结果表明，技术创新能力的提高能够直接作用于 IEE 指数的提高，并在技术投入后短期内使效率快速提升。相对来说，工业结构优化对工业与城市交互的综合水平提高作用更明显。同时，与结构优化情景相类似，技术创新情景同样在推动 IS 快速提高后出现瓶颈，说明技术创新虽然能够在近期通过对现有产业进行技术升级，促进黄河流域城市群 IEE 指数和 IGQ 指数的进步，但是在没有合理的结构调整和治理措施的配合下，完全依赖产业技术升级无法实现 IEE 指数和 IGQ 指数的长期持续提高。

7.4.4 环境治理情景下工业可持续性影响预测分析

对环境治理情景（情景四，S4）而言，在城市群层面，如表 7-6 和图 7-5 所示，从目标可达性上看，三大城市群在三个预测时段都达到了 IS 等级目标和 IEE 等级目标。从城市群预测结果的变化趋势上看，三大城市群 IGQ 指数预测结果表现出类似趋势，在近期和远期分别达到了较高水平和高水平［T_{IGQ}（2025）和 T_{IGQ}（2050）］，尽管中期没能达到高水平，但提高速度较快。三大城市群 IEE 指数的预测结果则差异较大，关中平原城市群和中原城市群 IEE 指数预测值在三个阶段均呈稳定上升趋势，呼包鄂榆城市群则表现出前两个阶段 IEE 没有明显改善，第三个阶段快速提高的趋势。这一结果印证了对三大城市群 IEE 的影响因素的异质性分析结果，即环境规制强度的增加对以能源和资源型产业为主的城市群的 IEE 变化在短期内会有抑制作用，长期则有促进作用。

与其他情景比较发现，如图 7-5 所示，环境治理情景中各城市群 IGQ 指数的预测趋势，三个城市群在近期（2018~2025 年）都进入了较高水平，但在这一阶段三个城市群的 IGQ 指数预测值均低于结构调整情景（情景二）和技术创新情景（情景三）中各城市群的 IGQ 指数预测表现。到了中期（2026~2035 年）环境治理情景下 IGQ 指数预测值有明显的提升，在远期的 2045 年之后三大城市群 IGQ 指数值都达到高水平，中期和远期环境治理情景的 IGQ 指数预测值分别在 2030 年和 2040 年前后超越技术创新情景和结构优化情景的相应预测结果。

应当指出的是，这一预测结果与当前一些学者的观点相似，说明从加强工业的环境规制、提高清洁能源比重和降低资源利用强度三个方面推动工业绿色发展，可能会带来工业生产模式的明显改变从而增加生产成本，这使得环境治理情景在初期对工业发展制约作用较强，对 IS 的促进作用低于结构优化和技术进步。随着环境和资源对工业发展的约束性提高，也倒逼工业加快削减过剩产能，升级工业生产中能源、资源利用技术和污染治理技术，并向能源消耗更少、污染排放更低的工业发展模式转型，与循环经济相关产业链也会随之延长，同时也会带动城市宜居水平和社会福利的提高，有助于加强工业发展与环境保护的耦合以及城市群 IS 的进步（海骏娇，2019）。

7.4.5　组合情景下工业可持续性影响预测分析

对组合情景（情景五，S5）而言，三大城市群的 IS 预测结果在五个情景中表现最好。如图 7-5 和表 7-6 所示，从目标可达性上看，组合情景在城市群层面能够达到各阶段 IGQ 指数、IEE 指数和 IS 等级的既定目标。与此同时，如表 7-3~表 7-5 所示，组合情景是五个情景中唯一在城市层面所有城市完全达到所有预设目标的情景。从变化趋势上看，情景五中，三大城市群 IGQ 指数和 IEE 指数在三个预测时段内的预测值都高于其他四个情景，同时每个预测阶段都保持了较好的增长趋势。分析三大城市群内部各城市的 IGQ 指数和 IEE 指数预测值变化趋势发现，在情景五中，资源型城市在每个阶段的预测值具有相对更快的提升幅度。

结合前文组合情景所设计的工业发展路径，在城市群和城市层面预测评价结果充分说明，对黄河流域三大城市群而言，制定分阶段差异化的工业优化对策最能够保证 IS 的持续提高。短期内，工业结构优化与技术创新协同调控是突破影响 IS 等级提高瓶颈的有效方法。当城市和城市群 IS 等级升级到一定程度，工业系统内部进一步优化的内生动力逐渐减弱时，环境管制和能源结构优化能够进一步倒逼产业结构调整和技术提高，从而保持 IS 等级的继续进步。与此同时，加强工业发展成果与所在城市的"共享"程度，以高质量工业发展带动城市经济水平的提高，能够促进中远期在高质量发展视域下城市 IS 等级的持续提高。

第 8 章 黄河流域三大城市群工业可持续性提升对策建议

8.1 三大城市群工业可持续性改善总体发展路径

对三大城市群设定了工业发展的近期（2018~2025年）、中期（2026~2035年）和远期（2036~2050年）三个阶段及其相应的IEE、IGQ和IS评价应满足的等级目标，并从目标可达性的角度对三大城市群工业发展的三个阶段、五种情景进行了目标预测评估。预测评估结果表明：在基准情景下，三大城市群工业系统均始终无法达到三个阶段的IEE、IGQ的预设目标。尽管技术创新情景和环境治理情景下，三大城市群工业系统也都没能达到所有阶段的既定目标，但预测表明技术升级可以在短期内对IS提升起到明显的促进作用，随后很快会出现瓶颈，难以实现远期预设目标。另外，预测还表明，从长期来看高强度的环境治理尽管有利于IS指数的提高，但对短期内三大城市群的IEE和IGQ指数的促进作用并不明显。在工业结构优化情景下，三大城市群均可以实现各阶段的预设目标，但远期也出现优化瓶颈。相较而言，在预设的组合情景下，由于可以同时考虑三个主要影响因素，并采取相对平衡的分阶段工业绿色发展策略，对三大城市群的IS的改善效果最好。

如图8-1所示，根据预测评估结果提出了黄河流域三大城市群IS分阶段改善

	近期(2018~2025年)	中期(2026~2035年)	远期(2036~2050年)
呼包鄂榆城市群	在满足相关环境管理目标要求的前提下，严控资源型产业规模，提升煤基产业先进产能比重	大幅削减落后产能规模，同时增加煤基产业上下游制造产业比重，逐渐降低煤基产业比重，降低能源消费强度	
关中平原城市群	强化西安作为中心城市对周边城市的辐射带动作用，促进工业化水平较高的城市提高其高技术产业比重	注重促进各城市工业的均衡发展，推动欠发达城市扩大工业规模，增加资源型城市的非资源型产业比重，促进工业污染占比全面降低	
中原城市群	注重提高技术密集型产业比重，通过技术密集型产能逐渐替换初级劳动密集型制造业	强化工业技术创新能力，同时加强城市群内部工业发展的关联水平，形成具有集群效应的产业链	

图 8-1 黄河流域三大城市群工业可持续性改善整体对策

的对策建议：从三大城市群总体来看，近期（2018～2025年）应着重进行工业结构优化和工业生产技术升级，提高工业资源利用和环境污染治理技术；中期（2026～2035年）和远期（2036～2050年）应在注重提高工业技术创新能力的基础上，加强政府对工业的环境治理能力，升级能源消费结构，促进工业对城市社会福利和居民收入水平的提高。

对黄河流域工业发展的总体发展路径包括：①推动城市群工业结构调整，促进结构高级化转型；②升级工业技术创新能力，推进工业新旧动能转化；③构建长效工业环境管制模式，提升环境管理能力。具体如下。

1. 推动城市群工业结构调整，促进结构高级化转型

围绕《黄河流域生态保护和高质量发展规划纲要》中对黄河流域"加快战略性新兴产业和先进制造业发展"的要求，从重化工业主导向创新驱动主导转变，"十四五"期间能源重化工业产业进入清洁、高效发展模式，规模扩张的动力已经减弱。与此同时，按照循环经济理念和生态工业模式，抓住5G、互联网+、区块链等契机，以信息化促进地区工业组织与生产方式的转型，大力发展高成长型产业，培育战略性新兴产业，优化调整传统主导产业。加快工业结构调整，全面推动工业由主要依赖资源消耗型向科技创新驱动型转变，由粗放型向集约集聚型转变，形成结构合理、特色鲜明、节能环保、竞争力强的循环高效型工业产业体系。

建设重要的新能源、盐化工、石化、有色金属和农畜产品加工产业基地、区域性新材料和生物医药产业基地。加大落后产能淘汰力度，提高能源重化工和装备制造业清洁生产水平，大力发展循环经济；优化能源基础原材料产业发展方式，促进传统能源基础原材料产业的提质增效，加大产业技术改造、升级以及淘汰力度，提升产业资源环境效率水平。在此基础上，关中平原城市群和中原城市群依托现有的制造业基础，着力发展电子信息、装备制造、汽车及零部件、食品、现代家居、服装服饰等高成长性制造业，培育壮大生物医药、节能环保、新能源、新材料等战略性新兴产业，积极拓展现代服务业。

2. 升级工业技术创新能力，推进工业新旧动能转化

创新驱动是城市群工业可持续性升级的核心动能。三大城市群能源、矿产资源丰富，资源型产业、能源重化工产业和传统制造业比重大，长期以来经济增长方式粗放，产业发展质量不高，在新时期的发展形势下，存在新旧动能转换乏力的问题，新旧动能转换难度大。黄河流域各城市群必须加快新旧动能转化的步伐，在黄河流域率先实现由依赖资源要素向依靠创新驱动的经济发展方式转变。发挥城市群和中心城市的科技、人才优势，围绕具有竞争力的传统优势产业和具有发展潜力的新兴优势产业，以体制机制创新为支撑，集聚和整合各类创新要素；以

科技创新为核心，持续推动经济发展动能的转换，建立符合当地产业发展优势和高质量发展要求的现代产业集群。将创新作为城市群发展的动力源，走创新驱动、开放合作、协同共享、智慧拉动的能级提升之路，建设创新型城市群。通过科技创新、产业创新、人居环境创新和体制机制创新，加快流域产业升级转型步伐，提升高端制造业、现代服务业和高新技术产业比重，将城市群建成重要的先进制造业和现代服务业基地，把关中平原城市群建成国家创新高地，把中原城市群建成中西部地区创新创业先行区。

3. 构建长效工业环境管制模式，提升环境管理能力

推进黄河流域三大城市群的高质量发展和工业可持续性全面提高，必须改变过去高投入、高消耗的资源利用方式，引导资源要素在城市群进行高效配置、集约利用，提高资源利用效率。一是引导资源要素在空间上的高效配置，使资源要素配置到能更好地发挥其效益的区域。以都市圈、区域中心城市、高新技术产业园区为重点，吸引高端要素和创新资源集聚。二是引导资源要素在产业上的高效配置，推动传统优势产业和新兴潜力产业集聚、集群发展。

实施资源环境指标为约束的"倒逼"机制，明确主要污染物总量减排、浓度控制目标；及时整顿和关闭区域内产能过剩、耗能高的小型企业；从严控制涉重金属及高污染、高耗能项目建设。以区域环境容量和浓度管控倒逼地区煤炭、煤电、钢铁、化工发展规模控制以及生态发展区内的矿山开采、有色金属冶炼等高污染、高能耗项目转型；严格控制水体污染物和持久性有机污染物。考虑三大城市群水资源短缺、生态环境脆弱等自然因素，坚持以水定产，合理确定煤化工等重点产业的发展规模。重点控制鄂尔多斯、山西、榆林等新型能源重化工产业区的煤炭开采规模，严格控制地区煤化工的扩展态势，按照资源约束确定适度的煤化工规模。要加快提升煤炭、电力、煤化工、冶金等行业的生产工艺水平，探索实施多联产能源系统、煤电化（油）一体化等项目，鼓励多途径开展煤炭煤电冶金废渣利用、废水回用、废气资源化利用，提高地区资源利用技术水平，降低单位产品环境载荷。

与此同时，按照区域自然条件、资源环境承载能力和经济社会发展基础，确定合理的产业发展空间与重点能源基础原材料产业的发展规模。通过推进产业结构升级和空间布局优化，促进区域生态环境质量的改进与提升。严守生态保护红线，划定特定区域的空间准入红线。加强对国家重要生态功能区的空间保护，使其与国家水源涵养、水土流失保护等重要生态功能区内的保护建设相协调。在流域内实行严格的环境准入政策。从严控制"两高一资"产业技术工艺水平、总体规模和空间布局，以资源环境利用效率强制严格管控企业入驻的可行性；对某些环境敏感区要划定产业负面清单。

8.2 三大城市群分阶段工业可持续性改善对策

前文分析发现，工业结构优化、技术创新、环境治理是影响 IS 变化的三个主要因素，通过对五个工业发展情景对 IS 变化的影响进行预测分析，预测结果发现组合情景（情景五）是唯一能满足城市群和城市两个尺度上的 IS 目标的情景，在这一情景下，三大城市群的 IGQ、IEE 和 IS 的预测结果均表现最好。据此，以组合情景的工业优化发展为主，结合其他情景预测结果，为三大城市群 IS 改善提出对策建议。

如表 8-1 所示，根据预测结果，呼包鄂榆城市群工业发展以能源重化工为主，高技术产业基础薄弱，高技术产业工业增加值占工业增加值比重近期、中期和远期目标分别是 4.9%、9.6%和 25.7%，关中平原城市群和中原城市群高技术产业占比近期分别为 11.2%和 7.5%，远期分别为 40.7%和 36.3%，均远高于呼包鄂榆城市群。到 2050 年，呼包鄂榆城市群、关中平原城市群和中原城市群的 R&D 支出占 GDP 比重将分别增加到 3.1%、3.5%和 4.6%。环境保护投资占 GDP 比重，关中平原城市群和中原城市群需要从 2025 年的 1.7%增加到 2050 年的 5.7%。清洁能源占一次能源消费比重需要从 2025 年到 2050 年增长 3~5 倍，单位工业增加值新鲜水耗到 2050 年则需要降低到 2025 年的 30%以内。

表 8-1 黄河流域三大城市群分阶段工业可持续性改善路径

关键影响因子	发展阶段	呼包鄂榆城市群	关中平原城市群	中原城市群
高技术产业增加值占工业增加值比重	近期（2018~2025 年）	4.9%	11.2%	7.5%
	中期（2026~2035 年）	9.6%	21.6%	14.4%
	远期（2036~2050 年）	25.7%	40.7%	36.3%
R&D 支出占 GDP 比重	近期（2018~2025 年）	1.5%	1.9%	2.2%
	中期（2026~2035 年）	2.6%	3.2%	3.9%
	远期（2036~2050 年）	3.1%	3.5%	4.6%
环境保护投资占 GDP 比重	近期（2018~2025 年）	1.0%	1.7%	1.7%
	中期（2026~2035 年）	2.4%	4.3%	4.3%
	远期（2036~2050 年）	4.8%	5.7%	5.7%
清洁能源占一次能源消费比重	近期（2018~2025 年）	6.5%	5.1%	3.0%
	中期（2026~2035 年）	14.1%	10.7%	6.5%
	远期（2036~2050 年）	30.3%	23.7%	15.0%
单位工业增加值新鲜水耗	近期（2018~2025 年）	6.2m^3	8.9m^3	9.5m^3
	中期（2026~2035 年）	2.4m^3	3.5m^3	3.8m^3
	远期（2036~2050 年）	1.5m^3	2.2m^3	2.3m^3

在此基础上，黄河流域三大城市群分阶段工业绿色发展和工业可持续性提升路径上又有所差异，三大城市群工业发展与 IS 分阶段改善对策，具体如下。

8.2.1　呼包鄂榆城市群分阶段工业可持续性改善对策

在近期（2018～2025 年），针对城市群煤炭采掘和洗选占工业总产值接近 30%，资本密集型产业在工业结构中占比 80%的工业发展特点，工业结构的优化转型不应以彻底抛弃煤基产业和能源产业为目标，应当在严格控制资源开采、焦化、煤电等传统资源基础型产业和钢铁等传统制造业规模扩张的前提下，逐渐削减过剩产能。在此基础上，增加煤制油、煤制烯烃等先进的资源型产业的产能比重，同时引进先进的工业生产技术，逐步替换和淘汰落后产能，并逐渐实现煤基产业和能源产业的高端化转型。

在中期（2026～2035 年）和远期（2036～2050 年），针对呼包鄂榆城市群资源型产业是城市群最主要的污染来源这一特点，应当明确环境污染治理目标和工业碳减排目标，着重引进先进的工业污染治理技术和设备，提高工业大气和水体污染末端治理技术。与此同时，提高资源循环利用技术水平，缓解水资源对工业发展的约束。在此基础上，应当逐渐完善上下游产业配套，延长资源类产业链条，并增加科研投入，促进突破煤化工和煤电等煤基产业带来的煤泥、结晶盐等工业固废的资源化利用技术瓶颈，推动资源优势向经济优势转化，促进工业生态效率和工业发展质量的提高。

8.2.2　关中平原城市群分阶段工业可持续性改善对策

在近期（2018～2025 年），关中平原城市群应当依托中心城市西安市的科研能力和人才储备，强化以西安为中心的先进制造业集群在国防军工、飞机制造、新材料加工等行业的优势，同时加强精密加工、人工智能等高端制造产业的集聚程度。进一步加大工业研发投入强度，突破产业链关键环节的技术瓶颈，推动产业由价值链中低端向中高端攀升。在此基础上，西安周边其他工业规模较大的城市（宝鸡、咸阳、渭南等）应当改变当前资本密集型为主导产业的结构特点，增加高技术产业增加值占工业增加值比重，促使城市群内资源型城市增加非资源型产业比重。

在中期（2026～2035 年）和远期（2036～2050 年），加大环境管理投入强度，通过制定逐渐趋严的环境规制目标和资源利用约束要求，倒逼工业结构的合理化调整，降低工业污染和能源消耗强度。在此基础上，加强城市群内部工业人才流动和技术交流，增加中心城市工业辐射带动作用，形成城市群内部技术外溢效应，促进工业生产技术和城市群污染治理的协作机制。与此同时，减小城市群内部工业发展差距，带动工业发展落后城市工业规模提高，提高城市群内部经济落后城市经济发展水平和城镇居民收入，从而缓解关中平原当前工业和经济发展严重不平衡的问题。

8.2.3 中原城市群分阶段工业可持续性改善对策

在近期（2018～2025 年），对于中原城市群制造业占工业结构主导地位的工业特点，工业发展应当严格控制传统钢铁、化工、金属加工等工业生态效率水平较低的重工业产业集聚和规模扩张，转而着重提高汽车及零部件制造、通信仪器制造、生物医药等先进制造业在工业中的比重。引进先进的生产设备，促进劳动密集型产业的自动化和信息化转型，提高城市群工业劳动生产率。与此同时，优化生产技术和工艺水平，改变能源消耗结构，增加清洁能源占一次能源消费比重。

在中期（2026～2035 年）和远期（2036～2050 年），应当提高工业环境目标要求，严格控制劳动密集型和资本密集型产业能源消耗强度和水资源利用强度。通过进一步提高科技研发投入，增强工业创新能力，推动工业结构从劳动密集型向技术密集型产业转型。同时加强人才集聚和分配机制调整，促进人员素质和收入水平的提升，基于此推动发展工业设计、工业技术服务等工业服务业，从而促进产业结构和产品附加价值升级加强。在此基础上，黄河沿线郑州、洛阳、新乡、濮阳、菏泽、聊城等具有技术密集型产业比较优势的城市，应当努力扩大高技术制造业规模，实现工业结构向高级化转型，形成中部先进制造业集群，并且强化城市群产业关联，带动其他城市工业结构的合理化和高级化转型。

参 考 文 献

白彩全，王秀梅，谢悦青，等. 2015. 长三角县域居民收入差距演变趋势——基于核密度估计的分析[J]. 浙江农业学报，27（3）：498-503.

常远. 2019. 新型城镇化、包容性和可持续性工业化与经济发展的互动影响研究[D]. 大连：东北财经大学硕士学位论文.

陈博文，白永平，吴常艳. 2013. 基于"时空接近"的区域经济差异、格局和潜力研究——以呼包鄂榆经济区为例[J]. 经济地理，33（1）：27-34.

陈金英. 2016. 中国城市群空间结构及其对经济效率的影响研究[D]. 长春：东北师范大学博士学位论文.

陈锦锦. 2018. 中原城市群可持续发展水平测度及提升对策研究[D]. 重庆：重庆大学硕士学位论文.

陈磊. 2018. 珠三角城市群产业碳排放空间关联研究[D]. 北京：北京师范大学博士学位论文.

陈彦晖. 2009. 基于DEA模型的我国区域工业可持续发展有效性测量与评价[D]. 南京：南京航空航天大学硕士学位论文.

程序. 2019. 长三角城市群工业生态绿色发展水平测度研究[D]. 吉林：东北电力大学硕士学位论文.

崔盼盼，赵媛，夏四友，等. 2020. 黄河流域生态环境与高质量发展测度及时空耦合特征[J]. 经济地理，40（5）：49-57.

邓明翔，李巍. 2017. 基于LEAP模型的云南省供给侧结构性改革对产业碳排放影响情景分析[J]. 中国环境科学，37（2）：786-794.

邓祥征，杨开忠，单菁菁，等. 2021. 黄河流域城市群与产业转型发展[J]. 自然资源学报，36（2）：273-289.

丁帅. 2018. 北京市科技金融双螺旋创新系统耦合发展研究[D]. 北京：中国矿业大学（北京）博士学位论文.

杜莉. 2020. 关中平原城市群产业结构调整与能源生态效率耦合关系及影响研究[D]. 西安：西安建筑科技大学硕士学位论文.

杜勇. 2017. 我国石油城市可持续发展能力评价研究[D]. 武汉：中国地质大学博士学位论文.

段福梅. 2018. 中国二氧化碳排放峰值的情景预测及达峰特征——基于粒子群优化算法的BP神经网络分析[J]. 东北财经大学学报，5：19-27.

方创琳. 2020. 黄河流域城市群形成发育的空间组织格局与高质量发展[J]. 经济地理，40（6）：1-8.

冯晨鹏. 2015. 基于DEA方法的环境绩效评价与配额分配研究[D]. 合肥：中国科学技术大学博士学位论文.

冯雅丽. 2019. 经济、社会、生态的耦合协调分析——基于核密度估计曲线[J]. 统计与管理，8：

94-103.

付丽娜，陈晓红，冷智花. 2013. 基于超效率 DEA 模型的城市群生态效率研究——以长株潭"3+5"城市群为例[J]. 中国人口·资源与环境，23（4）：169-175.

宫大鹏，赵涛，慈兆程，等. 2015. 基于超效率 SBM 的中国省际工业化石能源效率评价及影响因素分析[J]. 环境科学学报，35（2）：585-595.

关伟，许淑婷，郭岫垚. 2020. 黄河流域能源综合效率的时空演变与驱动因素[J]. 资源科学，42（1）：150-158.

郭成虎. 2018. 中原城市群环境效率及影响因素研究[D]. 天津：天津财经大学硕士学位论文.

郭平，周伟，曹银贵. 2016. 衰退型资源城市土地集约利用研究[J]. 江苏农业科学，44（4）：486-490.

郭一鸣，蔺雪芹，王岱. 2020. 中国城市能源效率空间演化特征及影响因素——基于两阶段 Super SBM 的分析[J]. 地域研究与开发，39（2）：8-13，35.

海骏娇. 2019. 城市环境可持续性政策的驱动因子和成效研究[D]. 上海：华东师范大学博士学位论文.

韩永宝. 2018. 京津冀产业结构调整背景下农民工就业质量提升研究[D]. 北京：首都经济贸易大学博士学位论文.

郝国彩，徐银良，张晓萌，等. 2018. 长江经济带城市绿色经济绩效的溢出效应及其分解[J]. 中国人口·资源与环境，28（5）：75-83.

何玉梅，罗巧. 2018. 环境规制、技术创新与工业全要素生产率——对"强波特假说"的再检验[J]. 软科学，32（4）：20-25.

胡妍，李巍. 2016. 区域用水环境经济综合效率及其影响因素——基于 DEA 和 Malmquist 指数模型[J]. 中国环境科学，36（4）：1275-1280.

华敏. 2017. 长江中游城市群城市土地利用效率与经济发展水平时空耦合研究[D]. 武汉：武汉大学硕士学位论文.

黄和平，李亚丽，乔学忠. 2018. 基于 IUOCE 的农业循环经济评价及障碍因素分析——以江西省为例[J]. 中国生态农业学报，26（6）：916-925.

黄金川，陈守强. 2015. 中国城市群等级类型综合划分[J]. 地理科学进展，34（3）：290-301.

黄磊，吴传清. 2019. 长江经济带城市工业绿色发展效率及其空间驱动机制研究[J]. 中国人口·资源与环境，29（8）：40-49.

黄璐. 2015. 中国城市发展及规划可持续性评估[D]. 杭州：浙江大学博士学位论文.

贾卓，强文丽，王月菊，等. 2020. 兰州—西宁城市群工业污染集聚格局及其空间效应[J]. 经济地理，40（1）：68-75.

蒋闯. 2017. 基于全要素框架的资源型城市能源效率测度研究[D]. 北京：中国地质大学（北京）博士学位论文.

金凤君，马丽，许堞. 2020. 黄河流域产业发展对生态环境的胁迫诊断与优化路径识别[J]. 资源科学，42（1）：127-136.

巨虹，李同昇，翟洲燕. 2020. 基于 ETFP 的黄河流域工业高质量发展水平时空分异研究[J]. 资源科学，42（6）：1099-1109.

蒯鹏. 2016. 矿产资源型城市工业系统绿色转型路径优化研究[D]. 北京：北京师范大学博士学位论文.

李成宇, 张士强. 2020. 中国省际水-能源-粮食耦合协调度及影响因素研究[J]. 中国人口·资源与环境, 30 (1): 120-128.
李金花. 2017. 重污染行业企业可持续发展评价研究[D]. 大连: 大连理工大学博士学位论文.
李小建, 文玉钊, 李元征, 等. 2020. 黄河流域高质量发展: 人地协调与空间协调[J]. 经济地理, 40 (4): 1-10.
李煜东. 2018. 中国循环经济发展中的生态效率及其影响因素研究[D]. 大连: 东北财经大学硕士学位论文.
蔺雪芹, 郭一鸣, 王岱. 2019. 中国工业资源环境效率空间演化特征及影响因素[J]. 地理科学, 39 (3): 377-386.
刘华军, 乔列成, 孙淑惠. 2020. 黄河流域用水效率的空间格局及动态演进[J]. 资源科学, 42 (1): 57-68.
刘琳轲, 梁流涛, 高攀, 等. 2021. 黄河流域生态保护与高质量发展的耦合关系及交互响应[J]. 自然资源学报, 36 (1): 176-195.
刘玲. 2019. 基于改进 EBM 模型的东北地区生态效率评价研究[D]. 北京: 中国地质大学 (北京) 博士学位论文.
刘世锦. 2017. 推动经济发展质量变革、效率变革、动力变革[J]. 求是, 2017, (22): 20-22.
刘燕. 2018. 长江经济带耦合协调发展测度和影响因素研究[D]. 长沙: 湖南大学硕士学位论文.
卢硕, 张文忠, 李佳洺. 2020. 资源禀赋视角下环境规制对黄河流域资源型城市产业转型的影响[J]. 中国科学院院刊, 35 (1): 73-85.
卢燕群, 袁鹏. 2017. 中国省域工业生态效率及影响因素的空间计量分析[J]. 资源科学, 39 (7): 1326-1337.
马海涛, 徐楦钫. 2020. 黄河流域城市群高质量发展评估与空间格局分异[J]. 经济地理, 40 (4): 11-18.
马荣. 2019. 高铁建设对城市产业结构升级的影响研究[D]. 西安: 西北大学博士学位论文.
马茹, 罗晖, 王宏伟, 等. 2019. 中国区域经济高质量发展评价指标体系及测度研究[J]. 中国软科学, (7): 60-67.
马晓君, 李煜东, 王常欣, 等. 2018. 约束条件下中国循环经济发展中的生态效率——基于优化的超效率 SBM-Malmquist-Tobit 模型[J]. 中国环境科学, 38 (9): 3584-3593.
苗洪亮. 2017. 我国城市群空间结构、内部联系对其经济效率的影响研究[D]. 北京: 中央财经大学博士学位论文.
彭红松, 郭丽佳, 章锦河, 等. 2020. 区域经济增长与资源环境压力的关系研究进展[J]. 资源科学, 42 (4): 593-606.
冉芸. 2010. 基于水环境承载力的区域产业发展战略调控分析研究[D]. 北京: 清华大学硕士学位论文.
任保显. 2020. 中国省域经济高质量发展水平测度及实现路径——基于使用价值的微观视角[J]. 中国软科学, 10: 175-183.
申桂萍, 宋爱峰. 2020. 我国黄河流域工业高质量发展效率研究[J]. 兰州大学学报 (社会科学版), 48 (6): 33-41.
盛朝迅. 2017. 如何推动质量变革、效率变革和动力变革[J]. 经济研究参考, 63: 24-25.
盛广耀. 2020. 黄河流域城市群高质量发展的基本逻辑与推进策略[J]. 中州学刊, 7: 21-27.

孙艺璇, 程钰, 刘娜. 2021. 中国经济高质量发展时空演变及其科技创新驱动机制[J]. 资源科学, 43（1）：82-93.

陶阳. 2010. 区域生态工业系统运行机制与生态效率评价研究[D]. 哈尔滨：哈尔滨工业大学博士学位论文.

田秋生. 2018. 高质量发展的理论内涵和实践要求[J]. 山东大学学报（哲学社会科学版），(6)：1-8.

王兵, 吴延瑞, 颜鹏飞. 2008. 环境管制与全要素生产率增长：APEC 的实证研究[J]. 经济研究, (5)：14.

王聪颖. 2011. 产业集群发展与创业人才孵化双螺旋模型与仿真研究[D]. 武汉：华中科技大学博士学位论文.

王福全. 2017. 生态文明视阈下我国石油工业可持续发展战略与实践研究[D]. 北京：中国石油大学（北京）博士学位论文.

王少剑, 黄永源. 2019. 中国城市碳排放强度的空间溢出效应及驱动因素[J]. 地理学报, 74（6）：1131-1148.

王雪辉, 谷国锋. 2016. 市场潜能、地理距离与经济增长的溢出效应[J]. 财经论丛, (11)：3-10.

王昀. 2016. 中国工业转型升级的潜力测算与路径优化研究[D]. 大连：大连理工大学博士学位论文.

翁青青. 2018. 基于生态文明理念的京津冀绿色发展研究[D]. 天津：南开大学博士学位论文.

习近平. 2019-12-15. 推动形成优势互补高质量发展的区域经济布局[N]. 新华月报, (3)：14-16.

夏军. 2019. 黄河流域综合治理与高质量发展的机遇与挑战[J]. 人民黄河, 41（10）：157.

邢新朋. 2016. 能源和环境约束下中国经济增长及其效率问题研究[D]. 哈尔滨：哈尔滨工业大学博士学位论文.

熊倩. 2019. 基于优化 DPSIR-DEA 的安徽省产城融合环境可持续发展评价研究[D]. 合肥：合肥工业大学硕士学位论文.

徐辉, 师诺, 武玲玲, 等. 2020. 黄河流域高质量发展水平测度及其时空演变[J]. 资源科学, 42（1）：115-126.

徐维祥, 徐志雄, 刘程军. 2021. 黄河流域地级城市土地集约利用效率与生态福利绩效的耦合性分析[J]. 自然资源学报, 36（1）：114-130.

许淑婷. 2016. 中国能源生态效率的时空演变与影响因素研究[D]. 大连：辽宁师范大学博士学位论文.

阎晓, 涂建军. 2021. 黄河流域资源型城市生态效率时空演变及驱动因素[J]. 自然资源学报, 36（1）：223-239.

杨琳. 2017. 资源环境约束下我国经济可持续增长效率评价与路径分析研究[D]. 北京：北京理工大学博士学位论文.

杨鹏. 2020. 工业高质量发展：方位、路径和地方探索[M]. 北京：经济管理出版社.

杨雪纯. 2019. 基于不同视角的城市产业能源-水-碳耦合分析框架及应用研究[D]. 济南：山东大学博士学位论文.

姚建建, 门金来. 2020. 中国区域经济-科技创新-科技人才耦合协调发展及时空演化研究[J]. 干旱区资源与环境, 34（5）：28-36.

易昌良. 2020. 中国高质量发展指数报告[M]. 北京：研究出版社.

于鹏，李鑫，张剑，等. 2020. 环境规制对技术创新的影响及其区域异质性研究——基于中国省级面板数据的实证分析[J]. 管理评论，32（5）：87-95.

于洋，张丽梅，陈才. 2019. 我国东部地区经济-能源-环境-科技四元系统协调发展格局演变[J]. 经济地理，39（7）：14-21.

曾贤刚，牛木川. 2019. 高质量发展条件下中国城市环境效率评价[J]. 中国环境科学，39（6）：2667-2677.

翟璐. 2013. 辽宁省经济可持续发展能力评价与对策研究[D]. 长春：东北师范大学博士学位论文.

张国俊，王珏晗，吴坤津，等. 2020. 中国三大城市群经济与环境协调度时空特征及影响因素[J]. 地理研究，39（2）：272-288.

张静文. 2018. 长江中游城市群产业升级的环境效率研究[D]. 南京：南京航空航天大学硕士学位论文.

张军，吴桂英，张吉鹏. 2004. 中国省际物质资本存量估算：1952—2000[J]. 经济研究，10：35-44.

张芷若，谷国锋. 2020. 中国科技金融与区域经济发展的耦合关系研究[J]. 地理科学，40（5）：751-759.

张子龙，薛冰，陈兴鹏，等. 2015. 中国工业环境效率及其空间差异的收敛性[J]. 中国人口·资源与环境，25（2）：30-38.

赵传松. 2019. 山东省全域旅游可持续性评估与发展模式研究[D]. 济南：山东师范大学博士学位论文.

赵红. 2008. 环境规制对产业技术创新的影响——基于中国面板数据的实证分析[J]. 产业经济研究，3：35-40.

赵建吉，刘岩，朱亚坤，等. 2020. 黄河流域新型城镇化与生态环境耦合的时空格局及影响因素[J]. 资源科学，42（1）：159-171.

郑闽. 2018. 企业家创业、创新精神与全要素生产率增长[D]. 广州：暨南大学硕士学位论文.

中国新闻网. 2017. 习近平推动中国经济三大变革[EB/OL]. [2017-11-23]. https://www.chinanews.com.cn/gn/2017/11-23/8383883.shtml.

Angelakoglou K, Gaidajis G. 2015. A review of methods contributing to the assessment of the environmental sustainability of industrial systems[J]. Journal of Cleaner Production, 108: 25-747.

Arbolino R, Carlucci F, Cirà A, et al. 2017. Efficiency of the EU regulation on greenhouse gas emissions in Italy: The hierarchical cluster analysis approach[J]. Ecological Indicators, 81: 115-123.

Arbolino R, Boffardi R, Lanuzza F, et al. 2018a. Monitoring and evaluation of regional industrial sustainability: Evidence from italian regions[J]. Land Use Policy, 75: 420-428.

Arbolino R, De Simone L, Carlucci F, et al. 2018b. Towards a sustainable industrial ecology: Implementation of a novel approach in the performance evaluation of Italian regions[J]. Journal of Cleaner Production, 178: 220-236.

Benedetti M, Cesarotti V, Introna V. 2018. From energy targets setting to energyaware operations control and back: An advanced methodology for energy efficient manufacturing[J]. Journal of Cleaner Production, 167: 1518-1533.

Bi G, Song W, Zhou P, et al. 2014. Does environmental regulation affect energy efficiency in China's thermal power generation? Empirical evidence from a slacks-based DEA model[J]. Energy Policy, 66: 537-546.

Blum N U, Haupt M, Bening C R. 2020. Why "Circular" doesn't always mean "Sustainable" [J]. Resources Conservation and Recycling, 162: 105042.

Bui N T, Kawamura A, Bui D D, et al. 2019. Groundwater sustainability assessment framework: A demonstration of environmental sustainability index for Hanoi, Vietnam[J]. Journal of Environmental Management, 241: 479-487.

Cagno E, Neri A, Howard M, et al. 2019. Industrial sustainability performance measurement systems: A novel framework[J]. Journal of Cleaner Production, 230: 1354-1375.

Carli R, Dotoli M, Pellegrino R. 2018. Multi-criteria decision-making for sustainable metropolitan cities assessment[J]. Journal of Environmental Management, 226: 46-61.

Cebi S, Ilbahar E, Atasoy A. 2016. A fuzzy information axiom based method to determine the optimal location for a biomass power plant: A case study in Aegean Region of Turkey[J]. Energy, 116: 894-907.

Chen L, Xu L, Yang Z. 2019. Inequality of industrial carbon emissions of the urban agglomeration and its peripheral cities: A case in the Pearl River Delta, China[J]. Renewable and Sustainable Energy Reviews, 109: 438-447.

Chen Y, Zhu M, Lu J, et al. 2020. Evaluation of ecological city and analysis of obstacle factors under the background of high-quality development: Taking cities in the Yellow River Basin as examples[J]. Ecological Indicators, 118: 106771.

Cheng R, Li W. 2019. Evaluating environmental sustainability of an urban industrial plan under the three-line environmental governance policy in China[J]. Journal of Environmental Management, 251: 109545.

Cheng R, Li W, Lu Z, et al. 2020. Integrating the three-line environmental governance and environmental sustainability evaluation of urban industry in China[J]. Journal of Cleaner Production, 264: 121554.

Chimeli A B, Braden J B. 2005. Total factor productivity and the environmental Kuznets curve[J]. Journal of Environmental Economics and Management, 49 (2): 366-380.

Dai J, Chen B, Hayat T, et al. 2015. Sustainability-based economic and ecological evaluation of a rural biogas-linked agro-ecosystem[J]. Renewable and Sustainable Energy Reviews, 41: 347-355.

Du J, Yu B, Yao X. 2012. Selection of leading industries for coal resource cities based on coupling coordination of industry's technological innovation[J]. International Journal of Mining Science and Technology, 22 (3): 317-321.

Ervural B C, Zaim S, Delen D. 2018. A two-stage analytical approach to assess sustainable energy efficiency[J]. Energy, 164: 822-836.

Escrig-Olmedo E, Rivera-Lirio J M, Muñoz-Torres M J, et al. 2017. Integrating multiple ESG investors'preferences into sustainable investment: A fuzzy multicriteria methodological approach[J]. Journal of Cleaner Production, 162: 1334-1345.

Etzkowitz H. 2008. The Triple Helix: University-Industry-Government Innovation in Action[M]. New York: Routledge.

Fang C, Cui X, Li G, et al. 2019. Modeling regional sustainable development scenarios using the Urbanization and Eco-environment Coupler: Case study of Beijing-Tianjin-Hebei urban agglomeration, China[J]. Science of the Total Environment, 689: 820-830.

Fang C, Yu D. 2017. Urban agglomeration: An evolving concept of an emerging phenomenon[J]. Landscape and Urban Planning, 162: 126-136.

Fare R, Grosskopf S, Lovell C. 1993. Production Frontiers[M]. Cambridge: Cambridge University Press.

Feleki E, Vlachokostas C, Moussiopoulos N. 2020. Holistic methodological framework for the characterization of urban sustainability and strategic planning[J]. Journal of Cleaner Production, 243: 118432.

Feng M, Li X. 2020. Evaluating the efficiency of industrial environmental regulation in China: A three-stage data envelopment analysis approach[J]. Journal of Cleaner Production, 242: 118535.

Gao J, Christensen P, Li W. 2017. Application of the WEAP model in strategic environmental assessment: Experiences from a case study in an arid/semi-arid area in China[J]. Journal of Environmental Management, 198: 363-371.

García-Álvarez M T, Moreno B. 2018. Environmental performance assessment in the EU: A challenge for the sustainability[J]. Journal of Cleaner Production, 205: 266-280.

Govindan K, Kadziński M, Ehling R, et al. 2019. Selection of a sustainable third-party reverse logistics provider based on the robustness analysis of an outranking graph kernel conducted with ELECTRE I and SMAA[J]. Omega, 85: 1-15.

Hacking T, Guthrie P. 2008. A framework for clarifying the meaning of triple bottom-line, integrated, and sustainability assessment[J]. Environmental Impact Assessment Review, 28 (2-3): 73-89.

Hák T, Janoušková S, Moldan B. 2016. Sustainable development goals: A need for relevant indicators[J]. Ecological Indicators, 60: 565-573.

Henderson S, Mitchell S, Bartlett P. 2001. Position correlation microscopy: Probing single particle dynamics in colloidal suspensions[J]. Colloids & Surfaces A Physicochemical & Engineering Aspects, 190 (1): 81-88.

Hendiani S, Bagherpour M. 2019. Developing an integrated index to assess social sustainability in construction industry using fuzzy logic[J]. Journal of Cleaner Production, 230: 647-662.

Hritonenko N, Yatsenko Y, Boranbayev S. 2015. Environmentally sustainable industrial modernization and resource consumption: Is the hotelling's rule too steep? [J]. Applied Mathematical Modelling, 39 (15): 4365-4377.

Hueting R. 2010. Why environmental sustainability can most probably not be attained with growing production[J]. Journal of Cleaner Production, 18 (6): 525-530.

Iddrisu I, Bhattacharyya S C. 2015. Sustainable energy development index: A multi-dimensional indicator for measuring sustainable energy development[J]. Renewable and Sustainable Energy Reviews, 50: 513-530.

Jin J, Wang R, Li F, et al. 2011. Conjugate ecological restoration approach with a case study in mentougou district, Beijing[J]. Ecological Complexity, 8 (2): 161-170.

Kahraman C, Cebi S. 2009. A new multi-attribute decision making method: Hierarchical fuzzy axiomatic design[J]. Expert Systems with Applications, 36 (3): 4848-4861.

Kahraman C, Kaya İ, Cebi S. 2009. A comparative analysis for multiattribute selection among renewable energy alternatives using fuzzy axiomatic design and fuzzy analytic hierarchy process[J]. Energy, 34 (10): 1603-1616.

Kannan D, Govindan K, Rajendran S. 2015. Fuzzy axiomatic design approach based green supplier selection: A case study from Singapore[J]. Journal of Cleaner Production, 96: 194-208.

Kaur H, Garg P. 2019. Urban sustainability assessment tools: A review[J]. Journal of Cleaner Production, 210: 146-158.

Kılkış Ş. 2019. Benchmarking the sustainability of urban energy, water and environment systems and envisioning a cross-sectoral scenario for the future[J]. Renewable and Sustainable Energy Reviews, 103: 529-545.

Kravchenko M, Pigosso D C A, McAloone T C. 2019. Towards the ex-ante sustainability screening of circular economy initiatives in manufacturing companies: Consolidation of leading sustainability-related performance indicators[J]. Journal of Cleaner Production, 241: 118318.

Kuai P, Yang S, Tao A, et al. 2019. Environmental effects of Chinese-style fiscal decentralization and the sustainability implications[J]. Journal of Cleaner Production, 239: 118089.

Kulak O, Kahraman C. 2005. Multi-attribute comparison of advanced manufacturing systems using fuzzy vs. crisp axiomatic design approach[J]. International Journal of Production Economics, 95 (3): 415-424.

Kunz N C, Moran C J, Kastelle T. 2013. Conceptualising "coupling" for sustainability implementation in the industrial sector: A review of the field and projection of future research opportunities[J]. Journal of Cleaner Production, 53: 69-80.

Laura F, Tamara A, Müller A, et al. 2020. Selecting sustainable sewage sludge reuse options through a systematic assessment framework: Methodology and case study in Latin America[J]. Journal of Cleaner Production, 242: 118389.

Li C. 2019. How does environmental regulation affect different approaches of technical progress? —Evidence from China's industrial sectors from 2005 to 2015[J]. Journal of Cleaner Production, 209: 572-580.

Li F, Liu X, Hu D, et al. 2009. Measurement indicators and an evaluation approach for assessing urban sustainable development: A case study for China's Jining city[J]. Landscape and Urban Planning, 90 (3-4): 134-142.

Li H, Zhu X, Chen J, et al. 2019. Environmental regulations, environmental governance efficiency and the green transformation of China's iron and steel enterprises[J]. Ecological Economics, 165: 106397.

Li L, Lei Y, Pan D, et al. 2016. Research on sustainable development of resource-based cities based on the DEA approach: A case study of Jiaozuo, China[J]. Mathematical Problems in Engineering, 2016: 1-10.

Li L, Shan Y, Lei Y, et al. 2019. Decoupling of economic growth and emissions in China's cities:

A case study of the central plains urban agglomeration[J]. Applied Energy, 244: 36-45.

Li T, Li Y, An D, et al. 2019. Mining of the association rules between industrialization level and air quality to inform high-quality development in China[J]. Journal of Environmental Management, 246: 564-574.

Li Y, Lin C, Wang Y, et al. 2017. Multi-criteria evaluation method for site selection of industrial wastewater discharge in coastal regions[J]. Journal of Cleaner Production, 161: 1143-1152.

Liu W, Jiao F, Ren L, et al. 2018. Coupling coordination relationship between urbanization and atmospheric environment security in Jinan City[J]. Journal of Cleaner Production, 204: 1-11.

Liu X, Liu H, Chen J, et al. 2018. Evaluating the sustainability of marine industrial parks based on the DPSIR framework[J]. Journal of Cleaner Production, 188: 158-170.

Moldan B, Janoušková S, Hák T. 2012. How to understand and measure environmental sustainability: Indicators and targets[J]. Ecological Indicators, 17: 4-13.

Moldavska A, Welo T. 2019. A Holistic approach to corporate sustainability assessment: Incorporating sustainable development goals into sustainable manufacturing performance evaluation[J]. Journal of Manufacturing Systems, 50: 53-68.

Neri A, Cagno E, Di Sebastiano G, et al. 2018. Industrial sustainability: Modelling drivers and mechanisms with barriers[J]. Journal of Cleaner Production, 194: 452-472.

Neves A, Godina R, Azevedo S G, et al. 2020. A comprehensive review of industrial symbiosis[J]. Journal of Cleaner Production, 247: 119113.

Nguyen Q C, Ye F. 2015. Study and evaluation on sustainable industrial development in the Mekong Delta of Vietnam[J]. Journal of Cleaner Production, 86: 389-402.

Obersteiner M, Walsh B, Frank S, et al. 2016. Assessing the land resource-food price nexus of the sustainable development goals[J]. Science Advances, 2 (9): e1501499.

Oțoiu A, Grădinaru G. 2018. Proposing a composite environmental index to account for the actual state and changes in environmental dimensions, as a critique to EPI[J]. Ecological Indicators, 93: 1209-1221.

Ouyang X, Chen J, Du K. 2021. Energy efficiency performance of the industrial sector: From the perspective of technological gap in different regions in China[J]. Energy, 214: 118865.

Padró R, La Rota-Aguilera M J, Giocoli A, et al. 2020. Assessing the sustainability of contrasting land use scenarios through the socioecological integrated analysis (SIA) of the metropolitan green infrastructure in Barcelona[J]. Landscape and Urban Planning, 203: 103905.

Pan J. 2012. From industrial toward ecological in China[J]. Science, 336 (6087): 1397-1397.

Piyathanavong V, Garza-Reyes J A, Kumar V, et al. 2019. The adoption of operational environmental sustainability approaches in the Thai manufacturing sector[J]. Journal of Cleaner Production, 220: 507-528.

Plate E J. 1993. Sustainable development of water resources: A challenge to science and engineering[J]. Water International, 18 (2): 84-94.

Pupphachai U, Zuidema C. 2017. Sustainability indicators: A tool to generate learning and adaptation in sustainable urban development[J]. Ecological Indicators, 72: 784-793.

Rath B N, Akram V, Bal D P, et al. 2019. Do fossil fuel and renewable energy consumption affect total factor productivity growth? Evidence from cross-country data with policy insights[J]. Energy Policy, 127: 186-199.

Ryberg M W, Owsianiak M, Clavreul J, et al. 2018. How to bring absolute sustainability into decision-making: An industry case study using a planetary boundary-based methodology[J]. Science of the Total Environment, 634: 1406-1416.

Saad M H, Nazzal M A, Darras B M. 2019. A general framework for sustainability assessment of manufacturing processes[J]. Ecological Indicators, 97: 211-224.

Schöggl J P, Stumpf L, Baumgartner R J. 2020. The narrative of sustainability and circular economy—A longitudinal review of two decades of research[J]. Resources, Conservation and Recycling, 163: 105073.

Scordato L, Klitkou A, Tartiu V E, et al. 2018. Policy mixes for the sustainability transition of the pulp and paper industry in Sweden[J]. Journal of Cleaner Production, 183: 1216-1227.

Shaaban M, Scheffran J. 2017. Selection of sustainable development indicators for the assessment of electricity production in Egypt[J]. Sustainable Energy Technologies and Assessments, 22: 65-73.

Shen J, Zhang X, Lv Y, et al. 2019. An improved emergy evaluation of the environmental sustainability of China's steel production from 2005 to 2015[J]. Ecological Indicators, 103: 55-69.

Shen N, Liao H, Deng R, et al. 2019. Different types of environmental regulations and the heterogeneous influence on the environmental total factor productivity: Empirical analysis of China's industry[J]. Journal of Cleaner Production, 211: 171-184.

Shi X, Li X. 2019. A symbiosis-based life cycle management approach for sustainable resource flows of industrial ecosystem[J]. Journal of Cleaner Production, 226: 324-335.

Shoemaker D A, BenDor T K, Meentemeyer R K. 2019. Anticipating trade-offs between urban patterns and ecosystem service production: Scenario analyses of sprawl alternatives for a rapidly urbanizing region[J]. Computers, Environment and Urban Systems, 74: 114-125.

Singh R K, Murty H R, Gupta S K, et al. 2009. An overview of sustainability assessment methodologies[J]. Ecological Indicators, 9 (2): 189-212.

Stoycheva S, Marchese D, Paul C, et al. 2018. Multi-criteria decision analysis framework for sustainable manufacturing in automotive industry[J]. Journal of Cleaner Production, 187: 257-272.

Sueyoshi T, Goto M. 2014. Environmental assessment for corporate sustainability by resource utilization and technology innovation: DEA radial measurement on Japanese industrial sectors[J]. Energy Economics, 46: 295-307.

Sun J, Li Y P, Gao P P, et al. 2018. A mamdani fuzzy inference approach for assessing ecological security in the Pearl River Delta urban agglomeration, China[J]. Ecological Indicators, 94: 386-396.

Sun X, Liu X, Li F, et al. 2017. Comprehensive evaluation of different scale cities' sustainable development for economy, society, and ecological infrastructure in China[J]. Journal of Cleaner Production, 163: S329-S337.

Tian N, Tang S, Che A, et al. 2020. Measuring regional transport sustainability using super-efficiency

SBM-DEA with weighting preference[J]. Journal of Cleaner Production, 242: 118474.

Tsolas I E. 2011. Performance assessment of mining operations using nonparametric production analysis: A bootstrapping approach in DEA[J]. Resources Policy, 36 (2): 159-167.

Tugnoli A, Santarelli F, Cozzani V. 2008. An approach to quantitative sustainability assessment in the early stages of process design[J]. Environmental Science & Technology, 42 (12): 4555-4562.

Valenzuela-Venegas G, Salgado J C, Díaz-Alvarado F A. 2016. Sustainability indicators for the assessment of eco-industrial parks: Classification and criteria for selection[J]. Journal of Cleaner Production, 133: 99-116.

Verma P, Raghubanshi A S. 2018. Urban sustainability indicators: Challenges and opportunities[J]. Ecological Indicators, 93: 282-291.

Vučijak B, Kurtagić S M, Silajdžić I. 2016. Multicriteria decision making in selecting best solid waste management scenario: A municipal case study from bosnia and herzegovina[J]. Journal of Cleaner Production, 130: 166-174.

Wang C, Wang L, Dai S. 2018. An indicator approach to industrial sustainability assessment: The case of China's capital economic circle[J]. Journal of Cleaner Production, 194: 473-482.

Wang D, Wang Y, Song X. 2018. Evolution model with time lag effects for the coal industrial symbiosis system: A case study of Ordos, China[J]. Journal of Cleaner Production, 187: 863-876.

Wang J, Wang S, Li S, et al. 2019. Coupling analysis of urbanization and energy-environment efficiency: Evidence from Guangdong province[J]. Applied Energy, 254: 113650.

Wang M, Feng C. 2020. Regional total-factor productivity and environmental governance efficiency of China's industrial sectors: A two-stage network-based super DEA approach[J]. Journal of Cleaner Production, 273: 123110.

Wang Q, Zhan L. 2019. Assessing the sustainability of the shale gas industry by combining DPSIRM model and RAGA-PP techniques: An empirical analysis of Sichuan and Chongqing, China[J]. Energy, 176: 353-364.

Wang Y, Wang J. 2019. Does industrial agglomeration facilitate environmental performance: New evidence from urban China? [J]. Journal of Environmental Management, 248: 109244.

Wang Z, Li W, Li Y, et al. 2020. The "Three Lines One Permit" policy: An integrated environmental regulation in China[J]. Resources, Conservation and Recycling, 163: 105101.

Wen L, Yuan X. 2020. Forecasting CO_2 emissions in Chinas commercial department, through BP neural network based on random forest and PSO[J]. Science of the Total Environment, 718: 137194.

Wey W M. 2019. Constructing urban dynamic transportation planning strategies for improving quality of life and urban sustainability under emerging growth management principles[J]. Sustainable Cities and Society, 44: 275-290.

Xu X, Tan Y, Yang G, et al. 2018. China's ambitious ecological red lines[J]. Land Use Policy, 79: 447-451.

Yaylacı E D, Düzgün H Ş. 2017. Evaluating the mine plan alternatives with respect to bottom-up and top-down sustainability criteria[J]. Journal of Cleaner Production, 167: 837-849.

Zhang D, Lu Y, Tian Y. 2020. Spatial association effect of haze pollution in Cheng-Yu urban

Agglomeration[J]. Scientific Reports, 10（1）: 1-10.

Zhang J, Mauzerall D L, Zhu T, et al. 2010. Environmental health in China: Progress towards clean air and safe water[J]. The Lancet, 375（9720）: 1110-1119.

Zhang J, Zeng W, Wang J, et al. 2017. Regional low-carbon economy efficiency in China: Analysis based on the super-SBM model with CO_2 emissions[J]. Journal of Cleaner Production, 163: 202-211.

Zhang R, Wang Y, Wang K, et al. 2019. An evaluating model for smart growth plan based on BP neural network and set pair analysis[J]. Journal of Cleaner Production, 226: 928-939.

Zhao H, Zhao H, Guo S. 2017. Evaluating the comprehensive benefit of eco-industrial parks by employing multi-criteria decision making approach for circular economy[J]. Journal of Cleaner Production, 2017: 2262-2276.

Zinatizadeh S, Azmi A, Monavari S M, et al. 2017. Evaluation and prediction of sustainability of urban areas: A case study for Kermanshah city, Iran[J]. Cities, 66: 1-9.

Zuo X, Hua H, Dong Z, et al. 2017. Environmental performance index at the provincial level for China 2006—2011[J]. Ecological Indicators, 75: 48-56.

附录 A 黄河流域三大城市群各城市工业结构概览

附表 A-1 黄河流域三大城市群各城市工业结构变化

呼包鄂榆城市群

行业	1998年 占比	1998年 排名	2007年 占比	2007年 排名	2017年 占比	2017年 排名
煤炭开采和洗选业	4.9%	7	26.3%	1	28.9%	1
石油和天然气开采业	0.8%	18	0.0%	34	9.1%	3
黑色金属矿采选业	0.4%	25	1.0%	16	2.7%	10
有色金属矿采选业	0.4%	24	0.2%	25	0.1%	29
非金属矿采选业	0.6%	20	0.1%	28	0.2%	27
农副食品加工业	4.9%	6	2.1%	12	1.2%	13
食品制造业	1.5%	13	6.4%	5	2.0%	11
酒、饮料和精制茶制造业	1.8%	11	0.6%	19	0.3%	25
烟草制品业	1.4%	14	0.6%	18	0.6%	20
纺织业	10.0%	2	3.5%	7	0.4%	22
纺织服装、服饰业	0.3%	27	0.1%	27	0.4%	23
皮革、毛皮、羽毛及其制品和制鞋业	0.1%	32	0.1%	30	0.1%	35

关中平原城市群

行业	1998年 占比	1998年 排名	2007年 占比	2007年 排名	2017年 占比	2017年 排名
煤炭开采和洗选业	3.9%	10	6.9%	5	8.5%	1
石油和天然气开采业	3.1%	16	0.6%	25	1.3%	21
黑色金属矿采选业	0.2%	32	1.7%	18	0.7%	28
有色金属矿采选业	2.6%	17	5.0%	6	1.1%	23
非金属矿采选业	0.1%	34	0.1%	32	0.1%	36
农副食品加工业	3.7%	11	3.1%	13	4.8%	9
食品制造业	2.2%	18	1.8%	17	2.8%	16
酒、饮料和精制茶制造业	1.7%	19	2.4%	16	2.4%	17
烟草制品业	1.2%	24	0.9%	20	0.9%	25
纺织业	4.2%	9	1.4%	19	1.4%	19
纺织服装、服饰业	0.5%	28	0.2%	29	0.3%	29
皮革、毛皮、羽毛及其制品和制鞋业	0.5%	27	0.0%	36	0.1%	37

中原城市群

行业	1998年 占比	1998年 排名	2007年 占比	2007年 排名	2017年 占比	2017年 排名
煤炭开采和洗选业	7.9%	3	6.1%	6	3.1%	13
石油和天然气开采业	2.1%	16	1.3%	20	0.1%	34
黑色金属矿采选业	0.3%	28	0.2%	33	0.4%	31
有色金属矿采选业	1.9%	19	2.8%	14	2.8%	16
非金属矿采选业	0.3%	32	0.4%	31	0.4%	29
农副食品加工业	6.4%	5	5.5%	7	5.7%	5
食品制造业	1.7%	20	2.0%	17	2.6%	18
酒、饮料和精制茶制造业	2.1%	17	1.3%	21	1.5%	21
烟草制品业	1.5%	22	0.7%	24	0.7%	27
纺织业	4.8%	9	4.1%	10	3.4%	12
纺织服装、服饰业	0.3%	29	0.5%	27	1.1%	26
皮革、毛皮、羽毛及其制品和制鞋业	1.2%	24	0.9%	23	1.1%	25

附录 A 黄河流域三大城市群各城市工业结构概览

续表

行业	呼包鄂榆城市群 1998年 占比	排名	2007年 占比	排名	2017年 占比	排名	关中平原城市群 1998年 占比	排名	2007年 占比	排名	2017年 占比	排名	中原城市群 1998年 占比	排名	2007年 占比	排名	2017年 占比	排名
木材加工和木、竹、藤、棕、草制品业	0.1%	31	0.0%	33	0.1%	32	0.1%	35	0.1%	30	0.2%	31	0.6%	27	1.1%	22	1.8%	20
家具制造业	0.2%	30	0.0%	32	0.0%	37	0.3%	30	0.0%	34	0.2%	30	0.2%	33	0.5%	28	1.4%	22
造纸和纸制品业	0.3%	28	0.2%	24	0.6%	21	1.7%	20	0.7%	23	0.9%	24	3.1%	13	3.1%	13	1.3%	23
印刷和记录媒介复制业	0.1%	34	0.1%	29	0.1%	33	1.3%	23	0.5%	26	0.8%	26	0.8%	25	0.5%	29	0.6%	28
文教、工美、体育和娱乐用品制造业	0.0%	36	0.0%	36	0.1%	34	0.0%	36	0.1%	33	0.2%	32	0.0%	36	0.0%	37	1.2%	24
石油加工、炼焦和核燃料加工业	3.9%	8	3.1%	9	8.3%	5	3.4%	14	9.7%	4	6.4%	5	3.3%	11	3.5%	11	2.4%	19
化学原料和化学制品制造业	6.1%	5	5.5%	6	9.8%	2	4.9%	7	4.5%	8	5.9%	6	7.3%	4	6.3%	5	7.8%	3
医药制造业	0.5%	22	1.1%	15	0.8%	15	5.1%	6	2.9%	14	3.3%	13	1.9%	18	1.7%	18	2.8%	15
化学纤维制造业	0.1%	33	0.0%	31	1.0%	14	0.3%	31	0.0%	35	1.2%	22	0.7%	26	0.4%	30	0.2%	33
橡胶和塑料制品业	0.5%	21	0.2%	23	6.8%	6	0.6%	25	0.7%	24	3.7%	11	2.7%	15	2.4%	16	2.7%	17
非金属矿物制品业	3.3%	9	1.9%	13	4.7%	7	3.5%	13	3.8%	10	3.6%	12	8.0%	2	8.9%	2	10.5%	1
黑色金属冶炼和压延加工业	34.5%	1	16.5%	2	4.1%	8	7.2%	3	11.6%	1	7.4%	4	5.6%	8	7.1%	4	4.0%	10
有色金属冶炼和压延加工业	6.5%	4	7.3%	4	3.3%	9	6.2%	5	10.4%	2	8.3%	2	5.7%	7	11.9%	1	8.1%	2
金属制品业	0.9%	17	0.3%	22	0.7%	19	1.4%	21	0.8%	22	2.1%	18	1.5%	21	1.5%	19	3.0%	14
通用设备制造业	1.7%	12	0.9%	17	0.7%	18	3.6%	12	3.4%	12	2.9%	15	4.6%	10	4.7%	8	5.8%	4
专用设备制造业	0.7%	19	3.1%	8	0.3%	24	3.2%	15	3.4%	11	3.0%	14	6.2%	6	4.6%	9	5.0%	7

续表

行业	呼包鄂榆城市群 1998年 占比	排名	2007年 占比	排名	2017年 占比	排名	关中平原城市群 1998年 占比	排名	2007年 占比	排名	2017年 占比	排名	中原城市群 1998年 占比	排名	2007年 占比	排名	2017年 占比	排名
汽车制造业	2.6%	10	2.4%	11	1.5%	12	8.2%	2	10.1%	3	7.9%	3	3.2%	12	3.2%	12	4.2%	9
电气机械和器材制造业	1.0%	16	0.3%	21	0.2%	28	4.5%	8	4.0%	9	5.6%	7	2.9%	14	2.5%	15	3.6%	11
计算机、通信和其他电子设备制造业	1.1%	15	2.5%	10	0.8%	16	11.7%	1	2.8%	15	5.2%	8	1.4%	23	0.6%	26	5.2%	6
仪器仪表制造业	0.0%	35	0.0%	36	0.1%	31	1.4%	22	0.8%	21	0.7%	27	0.2%	34	0.4%	32	0.4%	30
其他制造业	0.3%	26	0.1%	26	0.1%	30	0.6%	26	0.1%	31	0.2%	33	0.3%	31	0.7%	25	0.1%	37
废弃资源综合利用业	0.0%	37	0.0%	35	0.0%	36	0.0%	37	0.0%	37	0.1%	35	0.0%	37	0.0%	36	0.1%	35
电力、热力生产和供应业	7.6%	3	11.2%	3	9.0%	4	6.5%	4	4.9%	7	4.5%	10	9.0%	1	8.3%	3	4.2%	8
燃气生产和供应业	0.2%	29	1.8%	14	0.7%	17	0.1%	33	0.3%	27	1.3%	20	0.1%	35	0.2%	34	0.3%	32
水的生产和供应业	0.4%	23	0.3%	20	0.3%	26	0.3%	29	0.2%	28	0.1%	34	0.3%	30	0.1%	35	0.1%	36

附录 B 黄河流域三大城市群全局空间自相关性回归结果

附表 B-1 黄河流域三大城市群全局空间自相关性回归结果

变量	相关程度 I 2015年	相关程度 I 2016年	相关程度 I 2017年	期望值 E(I) 2015年	期望值 E(I) 2016年	期望值 E(I) 2017年	标准差 sd(I) 2015年	标准差 sd(I) 2016年	标准差 sd(I) 2017年	统计量值 z 2015年	统计量值 z 2016年	统计量值 z 2017年	P 值 2015年	P 值 2016年	P 值 2017年
IEE	−0.074	−0.013	−0.053	−0.037	−0.037	−0.037	0.127	0.127	0.124	−0.292	0.187	−0.125	0.77	0.852	0.901
ISO	−0.107	−0.141	−0.159	−0.037	−0.037	−0.037	0.108	0.11	0.116	−0.649	−0.938	−10.49	0.517	0.348	0.294
IRD	0.025	0.021	0.012	−0.037	−0.037	−0.037	0.107	0.101	0.099	0.576	0.581	0.492	0.564	0.561	0.623
EP	−0.043	−0.111	−0.079	−0.037	−0.037	−0.037	0.12	0.123	0.119	−0.048	−0.604	−0.355	0.962	0.546	0.722
ISA	0.004	0.004	0.001	−0.037	−0.037	−0.037	0.142	0.124	0.124	0.331	0.327	0.305	0.74	0.743	0.761
IAG	−0.151	−0.051	−0.056	−0.037	−0.037	−0.037	0.124	0.124	0.124	−0.916	−0.116	−0.149	0.359	0.908	0.881
IECS$_{cl}$	−0.097	−0.232	−0.217	−0.037	−0.037	−0.037	0.115	0.124	0.124	−0.52	−1.571	−1.442	0.603	0.116	0.149
RCE$_s$	0.122	0.19	0.363	−0.037	−0.037	−0.037	0.127	0.126	0.126	1.255	1.793	3.183	0.209	0.073	0.001
RCE$_w$	−0.014	0.041	−0.077	−0.037	−0.037	−0.037	0.126	0.121	0.123	0.183	0.64	−0.327	0.855	0.522	0.743
EP	−0.043	−0.111	−0.079	−0.037	−0.037	−0.037	0.12	0.123	0.119	−0.048	−0.604	−0.355	0.962	0.546	0.722
PD	0.309	0.314	0.34	−0.037	−0.037	−0.037	0.125	0.125	0.127	2.771	2.801	2.974	0.006	0.005	0.003

彩　图

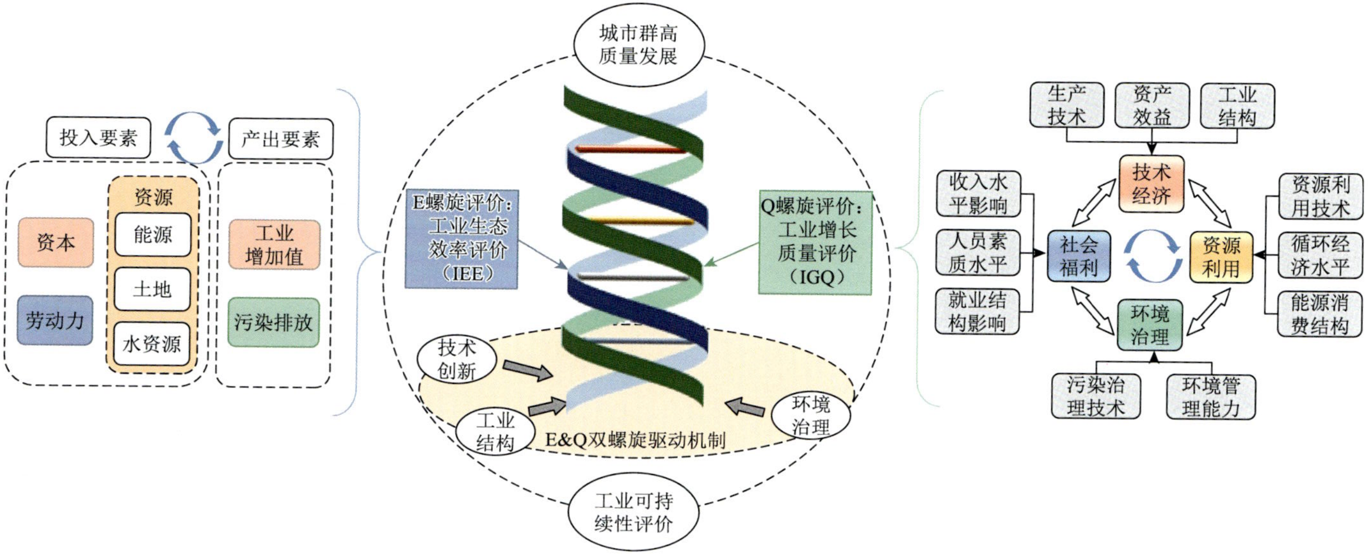

图 3-3　城市群工业可持续性评价的效率-质量（E&Q）双螺旋评价概念模型

(a)

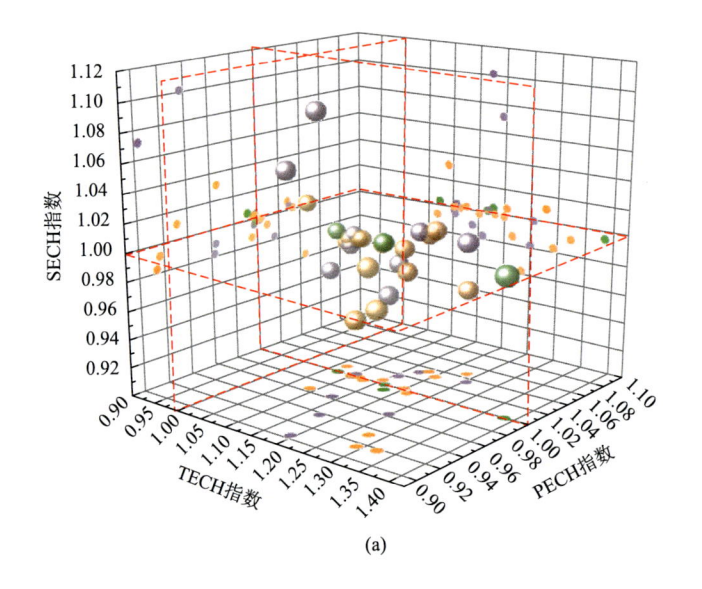

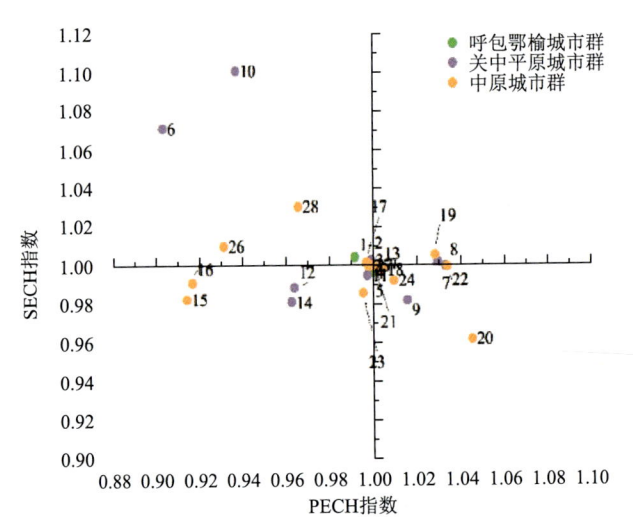

(b)

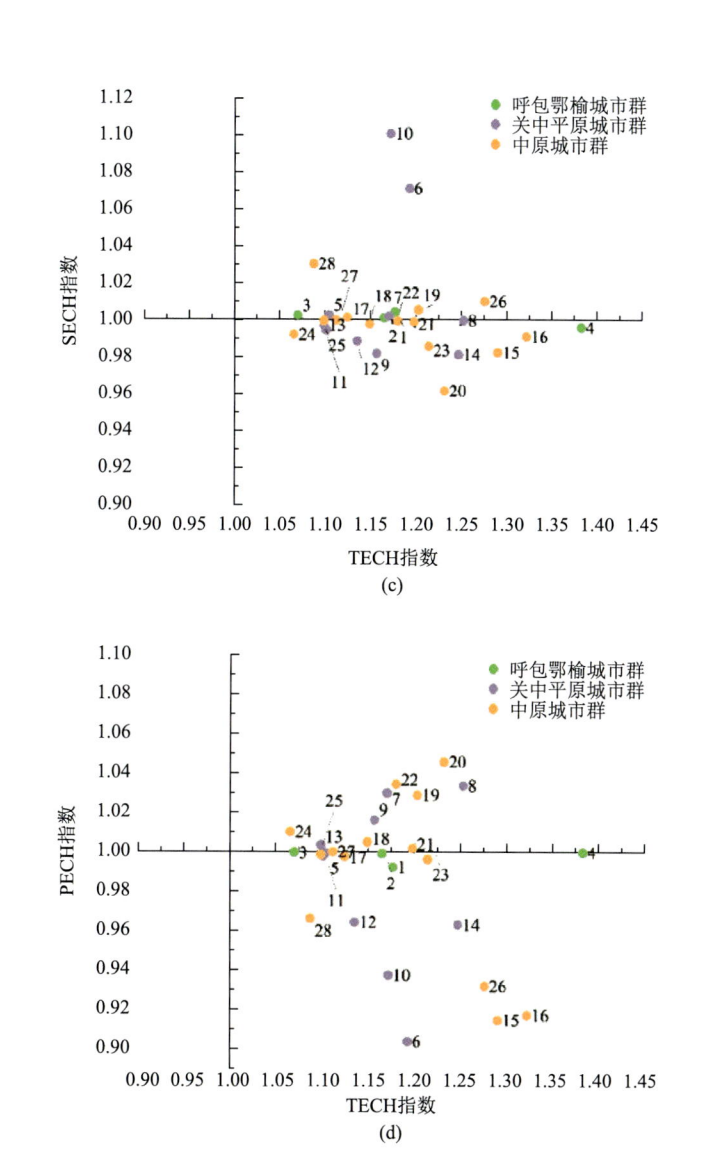

图 4-7 各城市 TECH、SECH 和 PECH 指数均值分布特征（1998~2017 年）

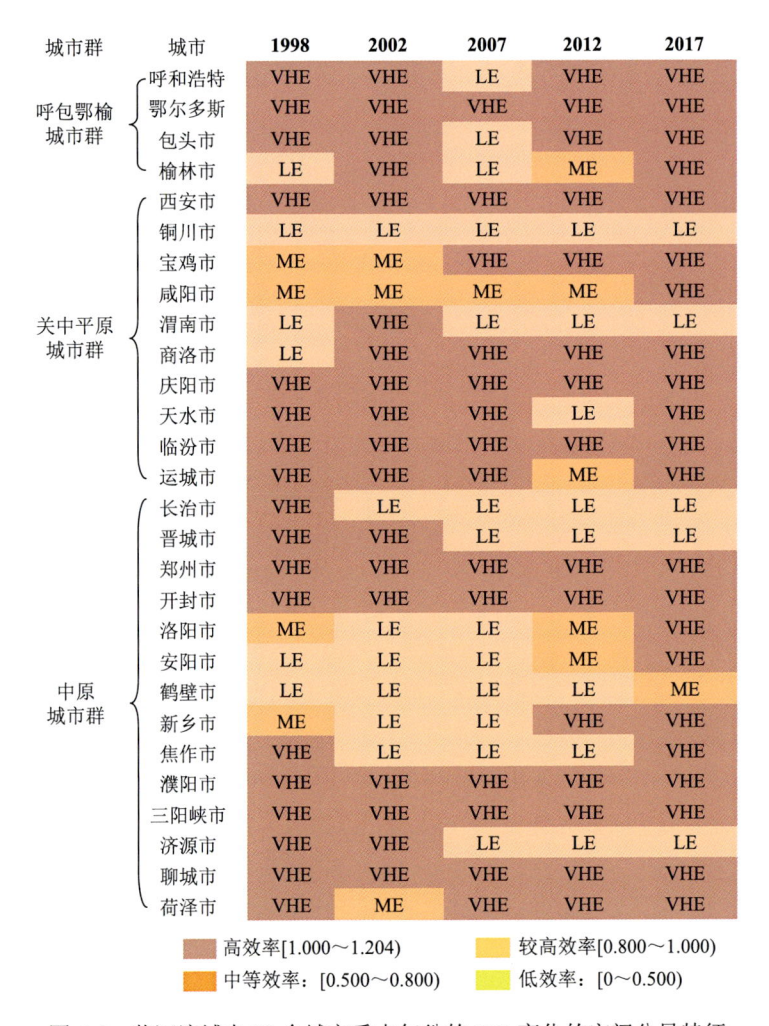

城市群	城市	1998	2002	2007	2012	2017
呼包鄂榆城市群	呼和浩特	VHE	VHE	LE	VHE	VHE
	鄂尔多斯	VHE	VHE	VHE	VHE	VHE
	包头市	VHE	VHE	LE	VHE	VHE
	榆林市	LE	VHE	LE	ME	VHE
关中平原城市群	西安市	VHE	VHE	VHE	VHE	VHE
	铜川市	LE	LE	LE	LE	LE
	宝鸡市	ME	ME	VHE	VHE	VHE
	咸阳市	ME	ME	ME	ME	VHE
	渭南市	LE	VHE	LE	LE	LE
	商洛市	LE	VHE	VHE	VHE	VHE
	庆阳市	VHE	VHE	VHE	VHE	VHE
	天水市	VHE	VHE	VHE	LE	VHE
	临汾市	VHE	VHE	VHE	VHE	VHE
	运城市	VHE	VHE	VHE	ME	VHE
中原城市群	长治市	VHE	LE	LE	LE	LE
	晋城市	VHE	VHE	LE	LE	LE
	郑州市	VHE	VHE	VHE	VHE	VHE
	开封市	VHE	VHE	VHE	VHE	VHE
	洛阳市	ME	LE	LE	ME	VHE
	安阳市	LE	LE	LE	ME	VHE
	鹤壁市	LE	LE	LE	LE	ME
	新乡市	ME	LE	LE	VHE	VHE
	焦作市	VHE	LE	LE	VHE	VHE
	濮阳市	VHE	VHE	VHE	VHE	VHE
	三阳峡市	VHE	VHE	VHE	VHE	VHE
	济源市	VHE	VHE	LE	LE	LE
	聊城市	VHE	VHE	VHE	VHE	VHE
	荷泽市	VHE	ME	VHE	VHE	VHE

高效率[1.000～1.204)　　较高效率[0.800～1.000)
中等效率:[0.500～0.800)　　低效率:[0～0.500)

图 5-4　黄河流域内 28 个城市重点年份的 IEE 变化的空间分异特征

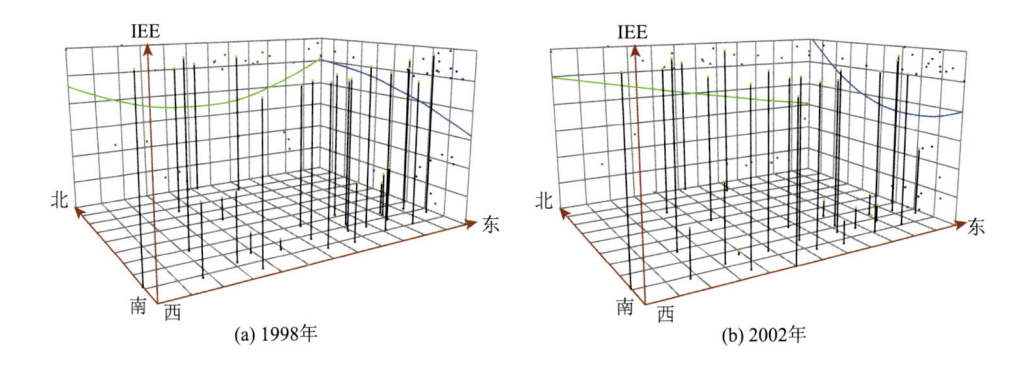

(a) 1998年　　(b) 2002年

(c) 2007年   (d) 2012年

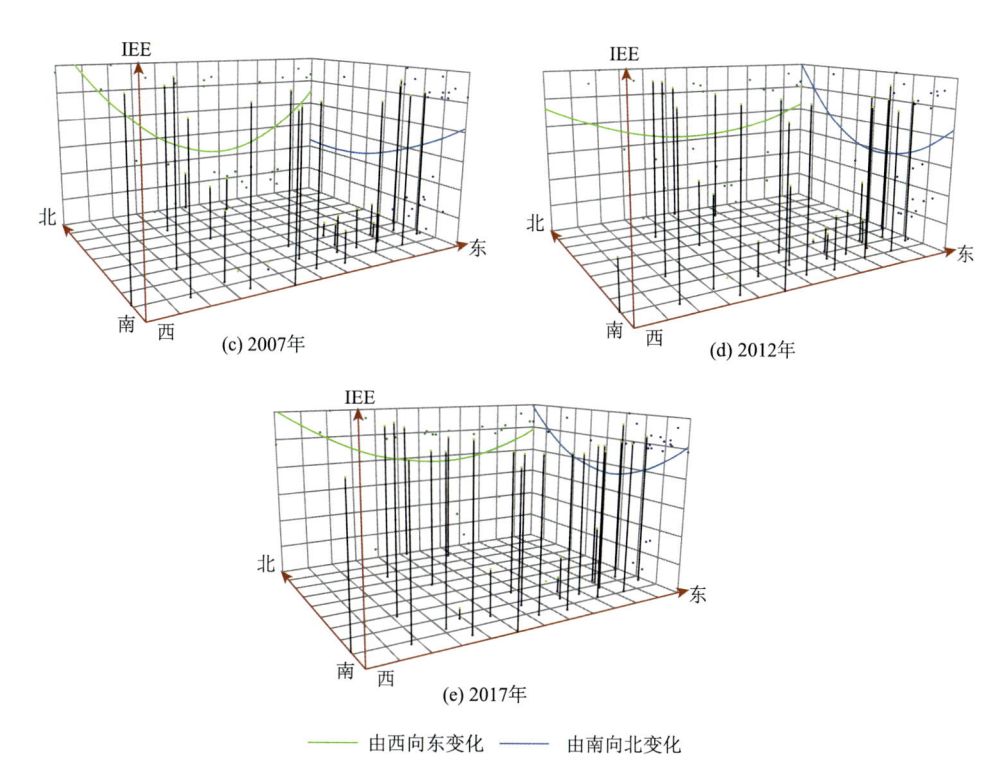

(e) 2017年

—— 由西向东变化   —— 由南向北变化

图 5-5　重点年份 IEE 空间格局与趋势面变化

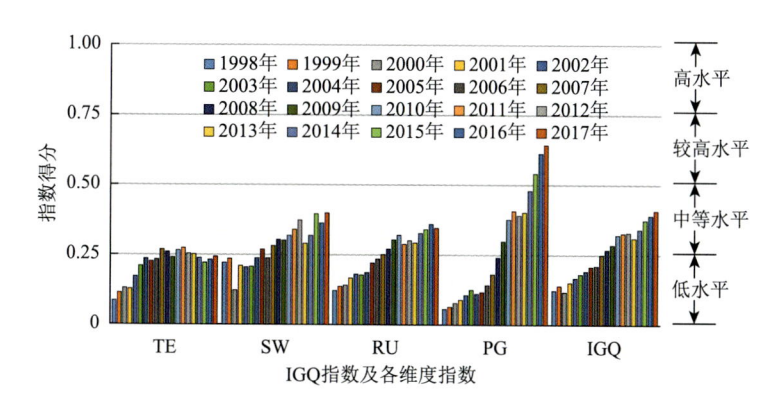

图 6-1　研究区 IGQ 指数及各维度指数平均值变化趋势（1998~2017 年）

(a) 呼包鄂榆城市群

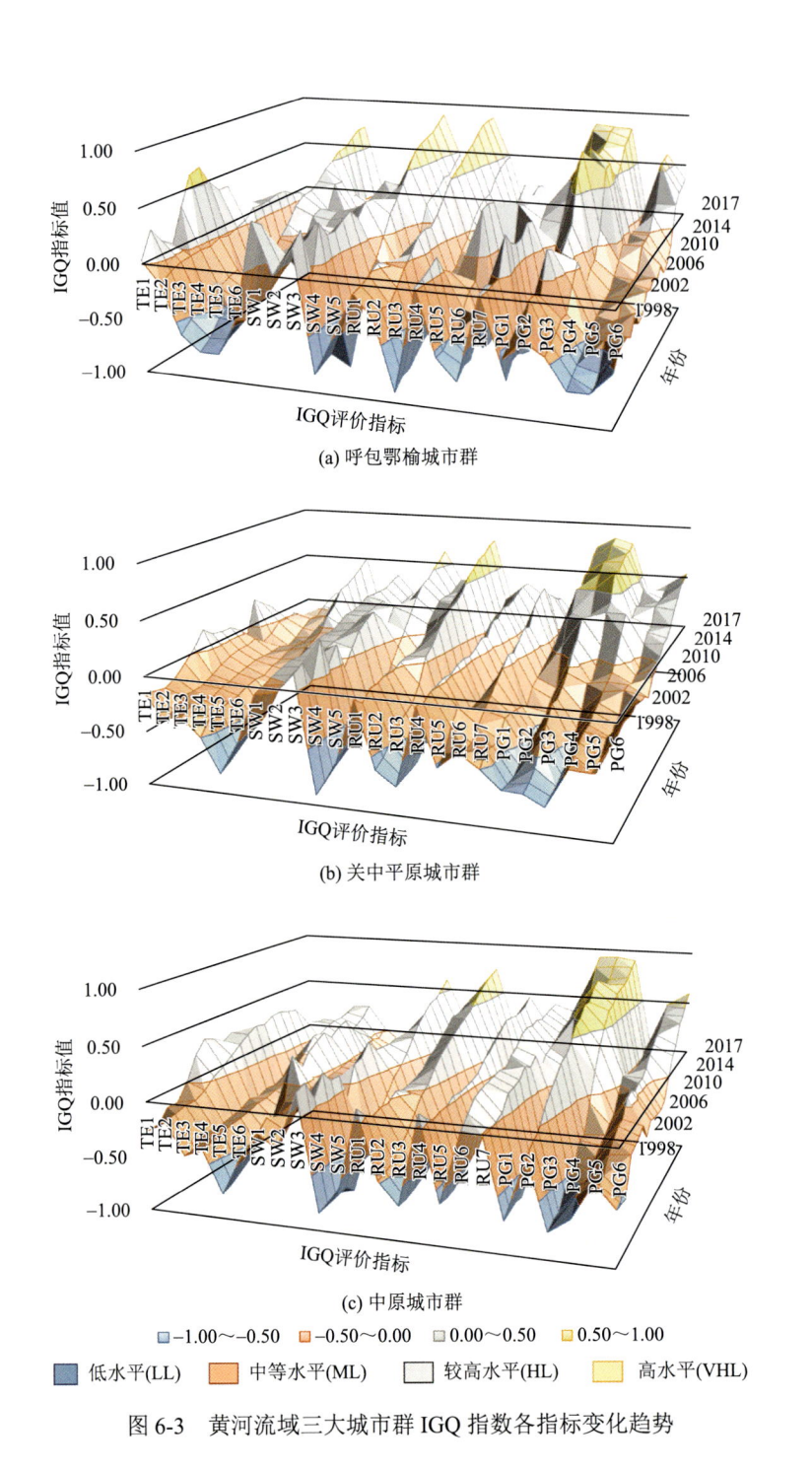

(b) 关中平原城市群

(c) 中原城市群

■ −1.00~−0.50　■ −0.50~0.00　■ 0.00~0.50　■ 0.50~1.00

■ 低水平(LL)　■ 中等水平(ML)　■ 较高水平(HL)　■ 高水平(VHL)

图 6-3　黄河流域三大城市群 IGQ 指数各指标变化趋势

(a) TE

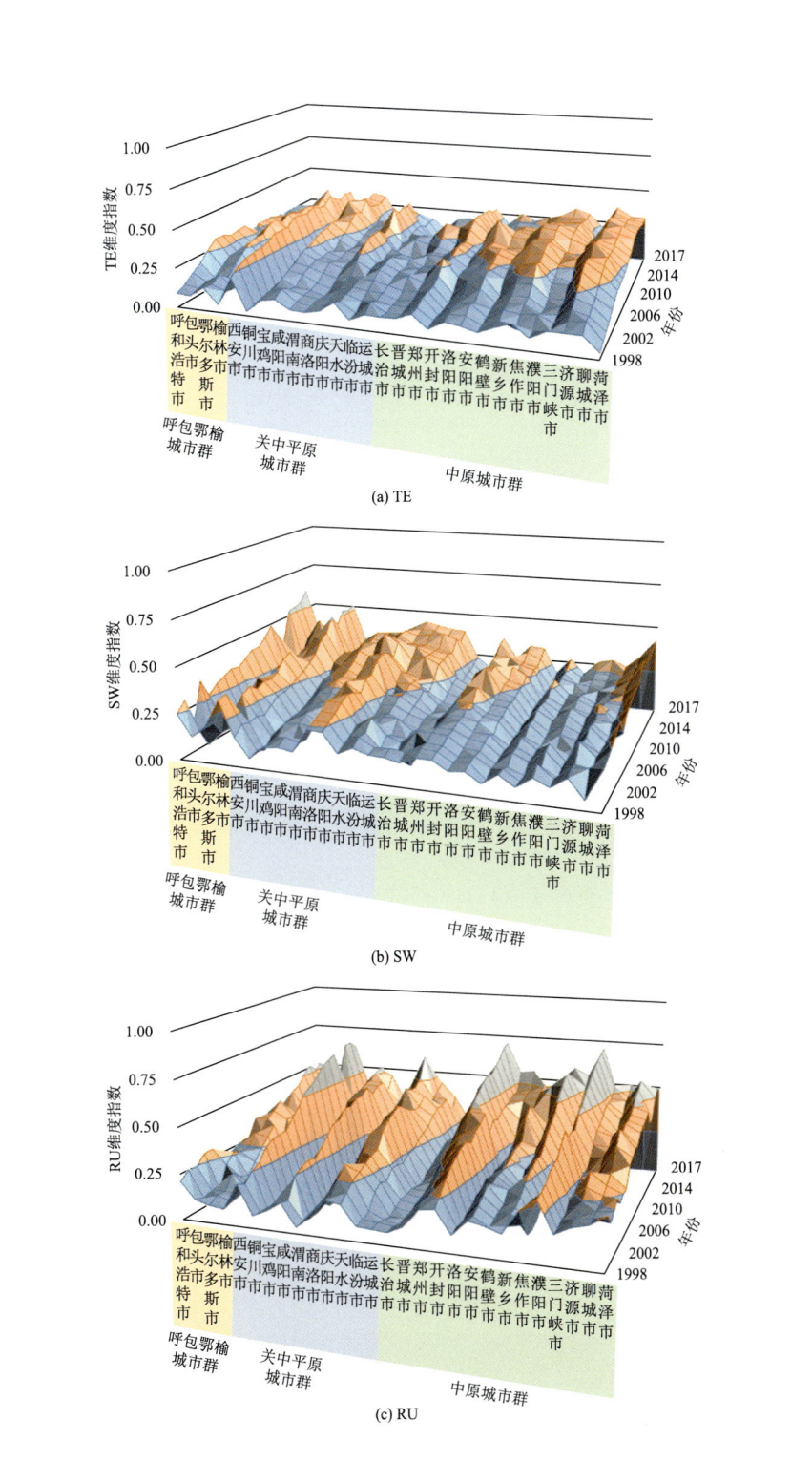

(b) SW

(c) RU

(d) PG

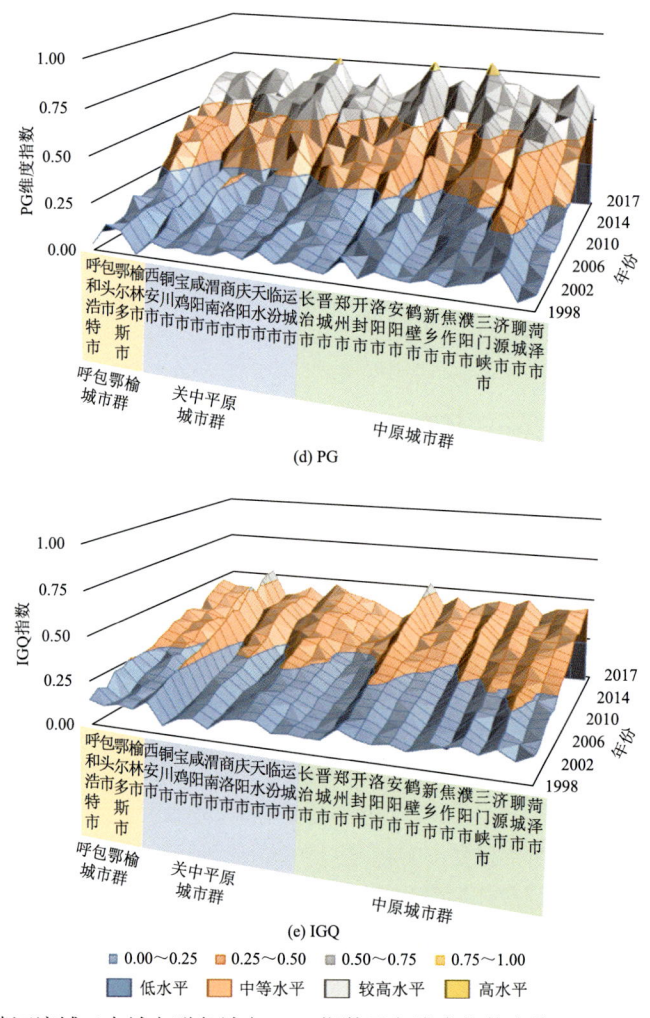

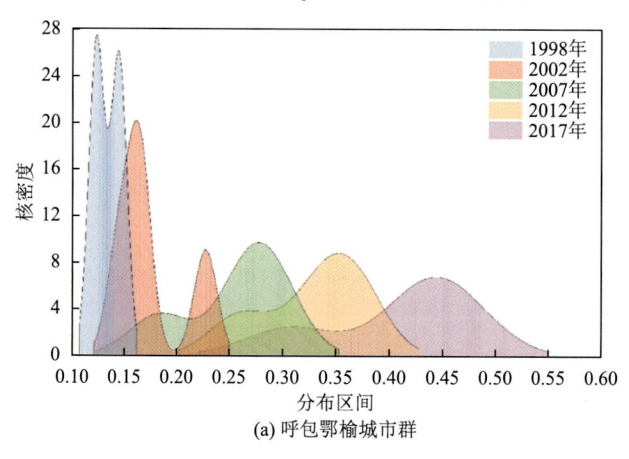

(e) IGQ

■ 0.00~0.25 ■ 0.25~0.50 ■ 0.50~0.75 ■ 0.75~1.00
■ 低水平   ■ 中等水平   ■ 较高水平   ■ 高水平

图 6-4 黄河流域三大城市群各城市 IGQ 指数及各维度指数变化（1998~2017 年）

(a) 呼包鄂榆城市群

(b) 关中平原城市群

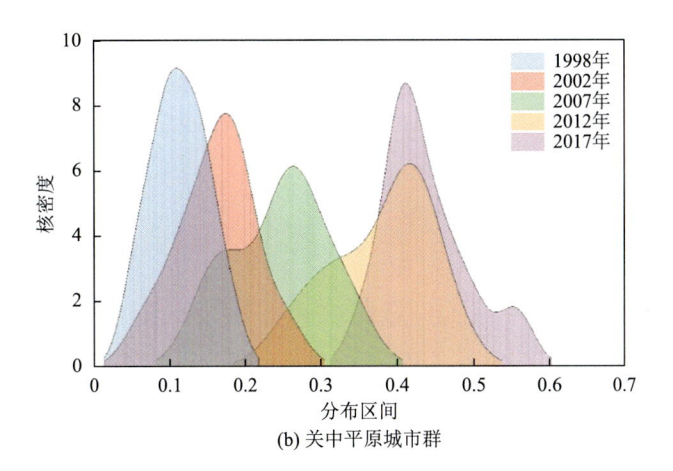

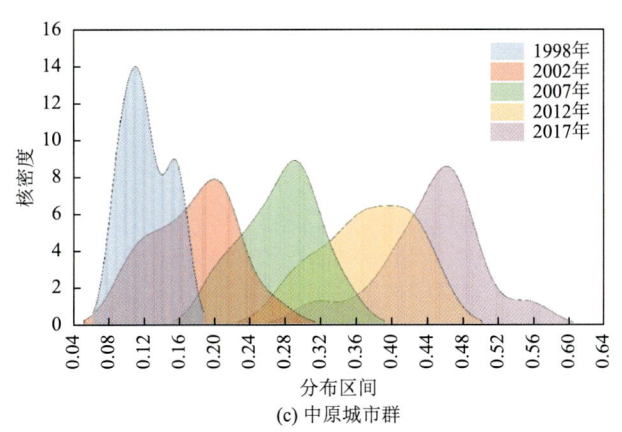

(c) 中原城市群

图 6-5 黄河流域三大城市群 IGQ 核密度分布趋势

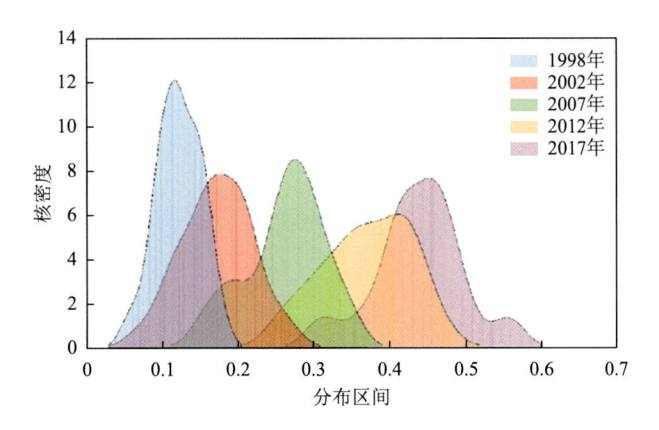

图 6-6 研究区整体 IGQ 核密度分布趋势（1998～2017 年）

(a) 1998年

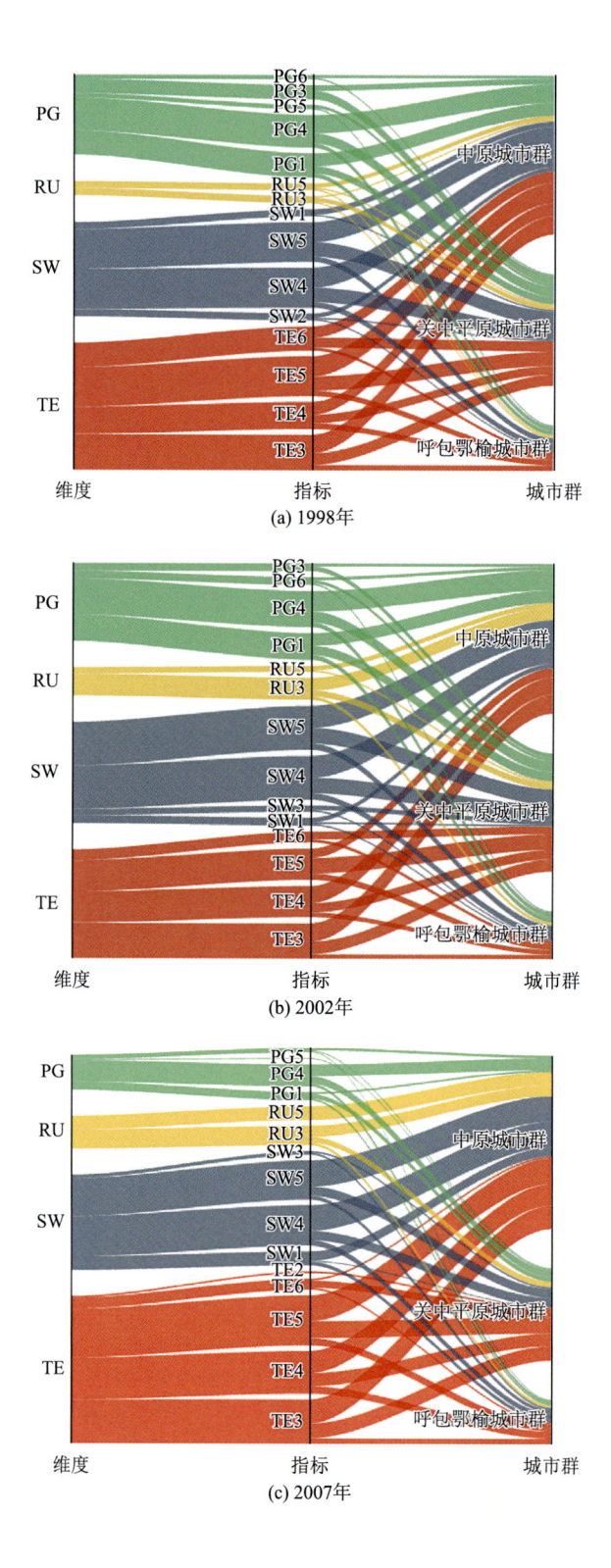

(b) 2002年

(c) 2007年